ESSAI PHILOSOPHIQUE

SUR

L'AME DES BETES.

OÙ L'ON TRAITE

DE SON EXISTENCE & DE SA NATURE.

Et où l'on mêle par occasion

DIVERSES REFLEXIONS *sur la nature de la* LIBERTE', *sur celle de nos* SENSATIONS, *sur* L'UNION DE L'AME *&* DU CORPS, *sur* l'IMMORTALITE' DE L'AME &c. *Et où l'on réfute diverses* OBJECTIONS *de Mr.* BAYLE.

A AMSTERDAM,

Chez FRANÇOIS CHANGUION.

M. DCC. XXVIII.

AVERTISSEMENT.

CE n'eſt ni pour amuſer ſimplement ſa propre curioſité, ni
pour flatter celle du Public, qu'on a
entrepris cet Ouvrage. Comme on
s'y eſt propoſé de plus grandes vûes,
on oſe dire que quelle qu'en ſoit la
forme, il renferme des ſujets dignes
d'attention. Dans les Traitez, qui portent un titre approchant de celui-ci,
tout rouloit ſur une controverſe de
pure Philoſophie; il s'agiſſoit ou de
défendre, ou de combattre un des
plus ingenieux paradoxes du Carte-
ſianiſme, & de ſavoir ſi les Bêtes ont
une Ame, ou ſi elles n'en ont point.
Juſques-là peu importe aux hommes
de quelle maniere une cauſe ſi liti-
gieuſe ſoit décidée. Mais il a paru
dans le monde un eſprit hardi, chi-
caneur, ſubtil, artificieux, né pour
brouiller tout dans les Sciences. Il a
manié cette queſtion de façon, à la
rendre un des beaux trophées du Pyr-

* 2

rho-

AVERTISSEMENT.

rhonifme, & fous prétexte de déveloper les difficultez qu'elle renferme, il a porté à la Religion & à la Morale les coups les plus dangereux. C'eft tout dire, qu'après avoir rejetté comme abfurde l'hypothefe des Automates, il défie qu'on puifle marquer une différence effentielle, du côté de l'ame, entre les bêtes & nous. Il n'eft pas befoin que je montre quelles affreufes conféquences, pour les mœurs, naiflent d'une fi étrange penfée; les Libertins ne nous épargnent que trop la peine de les tirer.

Cette efpece de gens, qui, à la honte de la Raifon humaine, s'eft fi prodigieufement accrue de nos jours, a je ne fai quelle fympathie pour les bêtes; elle s'eft toujours plû à faire entre nous & le refte des animaux une comparaifon, qui nous rabaifle jufqu'à eux, ou qui les releve jufqu'à nous. Ce n'eft pas affez au gré du Libertin, zélé pour leur gloire, que les brutes nous reffemblent à certains égards; il veut qu'elles nous égalent. Ainfi l'ordonne l'intérêt d'un cœur vicieux. L'homme, nous dit-il, n'a d'autre guide que les paffions; il va comme

les

les animaux brutes, où l'attrait du plaisir le mène, & n'a par dessus elles que l'orgueil & la vaine gloire. Pour ce qui est d'une ame spirituelle, de la Liberté, du pouvoir de pratiquer la Justice & la Vertu ; ce sont des privileges chimeriques, que nous nous attribuons sans les posseder. Ainsi parle le Libertin ; on seroit tenté de l'en croire sur sa parole, s'il ne nous parloit que de lui-même.

C'est ainsi que ce qui ne paroit quelquefois qu'une spéculation indifferente d'esprits oisifs, se tourne en maxime décisive pour la conduite. A quoi bon, dites-vous, ces subtils raisonnemens pour prouver qu'il y a de differentes espéces d'esprits ? Mais si l'on accorde qu'il n'y a point entre les esprits de pareilles differences, voyons un peu ce qui s'ensuivra. L'ame des bêtes, car certainement elles en ont une, est toute pareille à la nôtre ; sous des organes un peu moins délicats elles ont mêmes facultez, & même intelligence que nous. Quoi donc ? un simple arrangement different, dans les fibres du cerveau nous imposera-t-il des devoirs que les

bêtes

bêtes ne connoiſſent point, & nous
aſſurera-t-il une toute autre deſtinée.

Auſſi l'Auteur de cet Ecrit, en
prouvant que les brutes ont une ame
immaterielle, a-t-il examiné quelle
pourroit être ſa nature; cette recherche fait la meilleure partie de l'Ouvrage, étant la principale du deſſein.
Il a crû que ſur une matiere obſcure,
mais intereſſante, comme celle-là, les
conjectures étoient permiſes, & con-
tent d'avoir placé l'ame des bêtes dans
un rang inferieur à l'ame humaine
(car c'eſt jusques-là, que l'on eſt ac-
compagné de la certitude) il abandonne au jugement des Lecteurs l'hypotheſe qu'il a choiſie, & que ſa ſeule
vrai-ſemblance lui fait préferer à pluſieurs autres, qui pouvoient s'offrir.

Quoi qu'on ait raiſonné de tout tems
ſur l'ame des bêtes, ce qui regarde
ſa nature eſt une matiere preſque nouvelle; perſonne qu'on ſâche, ne l'a-
voit approfondie; certaine terreur pa-
nique pourroit bien en être cauſe, on
s'eſt arrêté tout court, devant des difficultez que l'Auteur a eu la hardieſſe
de franchir. Cependant il n'étoit pas
poſſible, ſans déveloper cette derniere

AVERTISSEMENT.

niere queſtion, de rien décider ſur
la premiere ; les ténebres de l'une obſ-
curciſſoient l'autre. Le moyen, en effet, de prendre parti contre *Deſcartes*,
tandis que l'on n'oſe admettre un principe ſpirituel, qui ne ſoit ni Ange, ni
Ame humaine ? Aimeroit-on mieux
les ames materielles de l'Ecole ?

On doit pardonner à l'Auteur le
nombre de diſcuſſions importantes,
qu'il a renfermées dans un Ouvrage aſſez court. Conduit par le fil imperceptible des matiéres & des idées, il a
ſenti qu'elles appartenoient toutes à
ſon principal ſujet. Tout ſe tient dans
un certain ordre de ſpéculations ; voulez-vous déveloper une verité ? il faut
en éclaircir vingt autres, qui l'avoiſi-
nent, & dont la lumiere vient, pour
ainſi dire, l'éclairer par réflexion.

Un autre point, ſur lequel l'Auteur
aura beſoin d'apologie, c'eſt le tour
abſtrait qui regne dans pluſieurs endroits de ſon ouvrage ; quelque ſoin
qu'il ait pris pour adoucir & pour é-
gayer, de tems en tems, l'air ſombre
des raiſonnemens métaphyſiques. A
cela pourtant il trouve une bonne ex-
cuſe ; c'eſt la nature de ſon ſujet. Bien

* 4

des "

des gens appellent volontiers obscur
ce qui n'est qu'abstrait. Il a tâché de
se garantir du premier de ces défauts;
mais il n'a pu se sauver du second, si
tant est que c'en soit un. Car il y a
de l'injustice à vouloir que toutes les
veritez soient également riantes, & à
ne les recevoir qu'à la faveur des agrémens, dont elles sont revêtues. Il y
a d'importantes véritez peu susceptibles de ces agrémens; il en coûte de
l'attention pour s'élever jusqu'à elles,
mais l'attention est quelque chose de
bien penible & de bien triste, pour le
commun des hommes. Il n'importe,
afin de plaire aux vrais Sectateurs de
la Verité, il faut se résoudre quelquefois d'essuyer le dégout de ceux qui
ne l'aiment guére.

On n'a pû s'empêcher de citer en
beaucoup d'endroits, moins pour
l'ornement, que pour le besoin. Ces
citations sont d'ordinaire de simples
renvois. Il valoit mieux indiquer
d'excellentes sources, que de redire
inutilement, & plus mal, ce que d'habiles gens ont déja dit, ou que de se
parer des dépouilles des meilleurs
Ecrivains, en composant un gros Volume

AVERTISSEMENT.

lume des lambeaux de quantité d'autres.

L'Auteur ayant eû pour but de s'inftruire, en compofant cet Eflai, a le même but en le publiant. Découvrir & communiquer la Verité c'eft l'ambition qui l'anime, & un des plaifirs dont il foit le plus touché Il fouffrira patiemment les Cenfeurs, pourvû qu'il trouve des Juges. L'approbation de ceux-ci, ou leur critique lui fera également avantageufe. Il femble qu'on ne devroit jamais écrire, que pour offrir des veritez au Public, & pour en apprendre de lui. Heureux, & le Public & les Auteurs, s'ils fubftituoient à des liaifons d'amufement & de vanité, un commerce d'inftructions & de lumieres!

TABLE

DES

CHAPITRES.

SECONDE PARTIE,

Où l'on recherche quelle est la nature de l'Ame des Bêtes.

DES CHAPITRES.

entre

DES CHAPITRES.

** **

& la bête; il est le lien & le Citoyen des
deux Mondes. Ce double raport naturel
de l'Ame humaine aux corps, & aux esprits, demande que si l'ame est immortelle le corps le soit aussi. Les sages Payens
n'ont vû que la premiere de ces veritez,
Le Dogme de la Resurrection des corps,
inouï à la Raison, & cependant très-conforme à ses lumieres, est pour la Religion
Chrétienne un caractere admirable de Divinité. 289

FIN DE LA TABLE.

A D.

ESSAI
PHILOSOPHIQUE
SUR
L'AME DES BETES.

DISCOURS PRELIMINAIRE.

*Reflexions sur l'Histoire de cette question.
Vicissitudes d'opinions auxquelles elle a
donné lieu. Les progrès de la Philosophie dans notre Siècle en favorisent plus
que jamais l'éclaircissement. Plan de cet
Ouvrage.*

JE ne connois rien de plus humiliant
pour l'esprit humain que ce flux & re-
flux d'opinions qui s'observe chez les
Philosophes dans différents Siécles.
Ce qu'il y a de remarquable, c'est qu'un
même homme ne peut guères s'être appliqué long-tems à l'étude de la Vérité sans
éprouver en lui de pareilles vicissitudes. On

A

em-

embraffe un nouveau Syftême avec chaleur, parce qu'on y croit voir des caractères d'é-vidence ; l'a-t-on effayé durant quelque tems, il commence à ne paroître plus que vrai-femblable, enfuite on le trouve tout-à-fait faux, puis abfurde & ridicule ; on en vient à regarder en pitié cette même opi-nion que l'on refpectoit, & l'on la change pour une autre d'auffi bon cœur qu'on en avoit abandonné de plus anciennes pour celle-là.

En général, le prémier penchant d'un efprit Philofophe, c'eft de s'éloigner de toute fa force des opinions vulgaires, & de facrifier les préjugez naturels aux para-doxes les plus hardis. Mais il arrive fou-vent, qu'après s'être promené tout à fon aife fur des paradoxes, il vient à s'en dé-gouter, & qu'une méditation plus appro-fondie le ramène par de nouvelles rou-tes, à ces fentimens communs dont il s'é-toit écarté.

Il eft même plus avantageux qu'on ne penfe d'avoir fait tout ce chemin : nous ne fommes pas affez heureux pour trouver le Vrai du premier coup, & quoi que fouvent les fentimens où s'accordent le commun des hommes, foient véritables dans le fond, ils fe trouvent toûjours mêlez de je ne fai combien de faux préjugez, qui défigurent étrangement la Vérité. Or le même cou-rage qui nous pouffe à nous établir des o-pinions, bien loin des routes battues, nous ayant fait fécouer les préjugez de l'enfan-ce, ce, il arrive, que quand l'expérience ou la réflexion, nous a rendu suspectes nos opinions acquises par le raisonnement, & nous en a montré le foible, nous revenons avec moins de peine à la Verité pure & simple qui tient ordinairement le milieu, entre les paradoxes philosophiques, & les préjugez vulgaires, & qui n'est au fond autre chose que ce que l'impression naturelle nous persuadoit; mettant à part les erreurs que nous confondions avec elle. Mais aussi quelquefois il arrive que ce milieu, auquel on se trouve obligé de revenir, après mille & mille détours, est un sage Pyrrhonisme; On entre dans l'examen d'une question par rejetter le sentiment populaire, comme le plus grossiérement déraisonnable, & ne trouvant pas mieux son compte dans les Systêmes les plus ingénieux, quand on les considére de près, la conclusion qui résulte de nos recherches, c'est que nous manquons de lumiéres pour décider la question qui en est l'objet. Voilà ce que bien des gens pensent, sur celle de l'ame des Bêtes, qui va faire le sujet de ce Traité. Elle est un exemple illustre de ces révolutions si fréquentes dans la Philosophie, où l'esprit humain semble parcourir un cercle, & revenir dans la suite des Siécles au même point qu'il avoit quité: tant il est difficile dans les choses naturelles, de découvrir la Verité, & facile de s'imaginer l'avoir trouvée! L'ame des Bêtes étoit un sujet

A 2

assez

affez digne d'inquieter les Anciens Philofophes ; il ne paroît pourtant pas qu'ils fe
foient fort tourmentez fur cette matiére,
ni que partagez entr'eux fur tant de points
différens, & d'humeur, comme ils l'étoient,
à s'entre-difputer tout, à fe contrarier fur-
tout, il fe foit fait de la nature de cette ame
un nouveau prétexte de querelle. Ils ont
tous donné dans (1) l'opinion communé
que les Brutes fentent & connoiffent, attribuant feulement à ce principe de connoiffance, plus ou moins de dignité, plus
ou moins de conformité avec l'ame humaine ; & peut-être, fe contentant d'en-
veloper diverfement fous les favantes ténèbres de leur ftile énigmatique, ce préjugé groffier, mais trop naturel aux hommes, que la matière eft capable de penfer. Car je ne compte prefque pour rien,
ce que les Cartéfiens (a) alléguent de St.
Auguftin, pour le mettre dans leur parti,
ni

(a) Voy. M.
Dilly Prêtre
d'Ambrun,
dans fon
Traité *de la
connoiffance
des bêtes.*
Chap. 28.

(1) *Pythagore* attribuoit aux Bêtes νοῦν καὶ θυμόν.
Mais par-là il n'entendoit point la Raifon & l'Intelligence qu'il accorde à l'Homme feul, la faifant la derniere des Subftances raifonnables. Selon l'explication de
Timée de Locres, Pythagore a crû l'ame des Bêtes une partie de l'ame du monde, ou de cette matiére fubtile tirée
des Aftres, qui compofoit auffi l'ὄχημα de l'ame humaine & donnoit la vie au corps terreftre & materiel
de l'homme. Ceux qui ont crû que *Pythagore* donnoit
aux bêtes une ame raifonnable que la feule organization empêchoit de faire fes fonctions, fe font trom-
pez. *Dacier, Vie de Pythag.* pp. 88. 92. qui fe trompe
lui-même en croyant que le fentiment de ce Philofophe n'étoit pas éloigné de l'hypothefe des machines.

ni les paſſages ambigus que le P. *Pardies* a tiré d'*Ariſtote* même, (a) comme favorables au ſyſtême des machines, (& c'eſt l'endroit où ce Pére donne le plus lieu de le ſoupçonner, de (b) la prévarication dont on l'accuſe) ni la prétention de Mr. du *Rondel* qui croit (c) remarquer dans les ſentimens de *Seneque*, & de *Diogéne*, beaucoup de reſſemblance avec la doctrine de *Deſcartes* ſur cet Article. Je pourrois faire voir qu'il n'eſt rien de plus mal fondé que l'antiquité de cette opinion, ſi mon deſſein ne m'engageoit, à en faire ici l'examen, plûtôt que l'hiſtoire.

Mais ſi les Philoſophes ançiens ont laiſſé en paix les préjugez populaires ſur cette grande queſtion, les Modernes y ont ſignalé leur hardieſſe. *Deſcartes* ſuivi d'un parti nombreux, eſt le prémier Philoſophe qui ait oſé traiter les Bêtes de pures machines; car à peine *Gomeſius Pereira*, qui le fit quelque tems avant lui, merite-t-il qu'on lui donne ce titre; puisqu'il tomba dans cette Hypothéſe par un pur hazard, & que, ſelon la (d) judicieuſe reflexion de Mr. *Bayle*, il n'avoit point tiré cette opinion de ſes véritables principes. Auſſi ne lui fit-on l'honneur, ni de la rédouter, ni de la ſuivre, pas même de s'en ſouvenir; & ce qui peut arriver de plus triſte à un Novateur, il ne fit point de Secte.

Deſcartes eſt donc le prémier, que la ſuite de ſes profondes méditations ait conduit à nier l'ame des Bêtes, paradoxe auquel

A 3

quel

(a) *Pardies Diſcours de la connoiſſance des bétes.* § 70.-75 V. *Bayle* Dict. Crit. Art. *Pereira* rem. HΔ 2de. édit. & rem. H, la diſenſion des paſſages des Anciens qui paroiſſent favoriſer cette opinion. V. auſſi *Huet* Cenſ. Philoſ. Carteſ. C. 8. § 8. p. m. 249.

(b) *Bayle* art. *Rorarius* icin. C. p. 2601. de la 2de. édit.

(c) Art. PEREIRA rem. E.

(d) *Nouv. de la Rép. des Lettres.* Mars 1684. p. 22.

quel il a donné dans le monde une vogue extraordinaire. Et certainement cette pensée, toute bizarre qu'elle paroît, fait honneur à l'esprit humain, si vous considérez quel chemin il a dû faire pour y parvenir, à la regarder même comme fausse, vû l'état où la Philosophie se trouvoit au commencement du dernier Siécle ; par combien de nouvelles veritez n'a-t-il pas fallu passer, pour pouvoir imaginer & défendre une telle erreur avec autant de vraisemblance ?

Les opinions ont leur cours, & le monde, ce me semble, commence fort à se dégouter de celle-ci. Le Cartésianisme a toûjours triomphé, tant qu'il n'a eu en tête que les ames matérielles d'*Aristote*, que ces substances incomplettes tirées de la puissance de la matière, pour faire avec elle un tout substantiel qui pense & qui connoît dans les Bêtes. On a si bien mis en déroute ces belles entités de l'Ecole, que je ne pense pas qu'on s'avise de les reproduire jamais ; ces fantômes n'oseroient soutenir la lumiére d'un siécle comme le nôtre & s'il n'y avoit pas de milieu entr'eux & les *Automates Cartésiens*, on seroit indispensablement obligé d'admettre ceux-ci. Heureusement, depuis *Descartes*, on s'est apperçû d'un troisiéme parti qu'il y avoit à prendre ; car c'est le sort des hommes de n'atteindre que par dégrez à ce qu'il y a de plus raisonnable. Une erreur découverte est remplacée d'ordinaire par quelque

quelque autre erreur un peu moins abſurde, qui ne ſe ſoutient qu'à la faveur de la
comparaiſon qu'on en fait avec l'ancienne, & par l'ignorance de quelque choſe de
mieux. La ſeule abſurdité des ames matérielles a ſuffi durant quelque tems, pour
maintenir en crédit le Syſtême des Automates, mais celui-ci a eu ſon tour, & ſon ridicule s'eſt dévelopé, dès qu'on a pû s'a-
viſer d'une Hypothéſe plus vrai-ſemblable.
Ce qui nous a mis ſur les voyes de cette
hypothéſe, c'eſt une idée plus juſte qu'on
s'eſt fait, depuis quelque tems, du Monde intellectuel (a). On a compris que ce
Monde doit être beaucoup plus étendu
qu'on ne croyoit, & qu'il renferme bien
d'autres habitans que les Anges, & les a-
mes humaines; ample reſſource pour les
Phyſiciens, par tout où le Méchaniſme
demeure court, en particulier quand il s'a-
git d'expliquer les mouvemens des Brutes.
Mais je ne ſai quelle fatalité a voulu,
qu'on n'ait point profité de ces ouvertu-
res, pour former ſur l'ame des Bêtes, un
Syſtême fixe & régulier. Je n'ai vu juſqu'ici que des conjectures vagues qui ne
ſatisfont guéres. L'eſprit n'eſt point con-
tent qu'on lui diſe en général, qu'il y a
un principe immatériel qui produit dans
les Brutes tous leurs phénoménes; ſi l'on
n'oſe conjecturer quelle eſt la nature de
ce principe, & ſi l'on ne tente de répondre aux difficultez qui naiſſent de ſon exiſtence. C'eſt laiſſer dans la Philoſophie un

(a) Locke
*Eſſai ſur
l'Entendem.
humain* Liv.
4. Ch. III.
§ 27.

A 4 grand

grand vuide qui tourne visiblement au profit du Pyrrhonisme.

Je serai moins timide dans mes recherches; mais je déclare d'avance, que ma hardiesse ne va que jusques aux conjectures, sur-tout ce qui me sera particulier dans cet Ouvrage. Je ne prétends point garantir la vérité du Système que je me suis fait sur la nature de l'ame des Brutes: il m'a plû par sa seule vrai-semblance, & parce qu'il me paroît être à l'abri de ces difficultez accablantes dont un (a) fameux Pyrrhonien semble menacer tous les Systêmes imaginables sur cette matiére. Je divise tout ce Traité en deux Parties. Dans la premiere il sera question de prouver l'exiltence de l'ame des Bêtes, & pour y mieux réüffir, 1. Je proposerai d'abord le Systê-me des Automates Cartéfiens, & je tâche-rai de donner un précis auffi exact & auffi fidelle des raifons qui le favorifent que fi je l'avois moi-même adopté. 2. Je montrerai qu'il faut reconnoître dans les Brutes, un principe immatériel uni à leur machine, lequel est la caufe de tous ces mouvemens que nous admirons en elles. Dans la feconde Partie j'examinerai quelle est la nature de cette ame, & j'expliquerai en détail ce qu'il me paroît qu'on pourroit penfer de plus raifonnable là-deffus. Je rendrai raifon par cette hypothéfe des principaux phénoménes, & tâcherai par fon fecours de répondre aux principales objections. Je commence par expofer un peu

en

(a) Bayle Dict. Crit. Art. Rorarius 1cm. G.

en détail le Systême des Automates quelque connu qu'il soit, parce que c'est le seul qui soit digne d'être réfuté, & qu'on ne peut aller à la Vérité qu'au travers de ses ruines. Afin de le mettre mieux dans son jour, laissons parler le Cartésien, & l'écoutons plaider lui-même sa cause, il va dire bien des choses dont nous profiterons ensuite contre lui-même.

PREMIERE PARTIE.

Où l'on prouve qu'il doit y avoir dans les Bêtes un principe immateriel.

CHAPITRE I.

Exposition du Systême des Automates. Premier fondement de ce Systême, l'inspection du Corps humain. Doubles Loix auxquelles il est soumis, selon son état absolu & relatif.

LEs Bêtes ressemblent aux hommes; elles ont comme nous un Corps organisé, qui se meut & qui exerce, à peu près, les mêmes fonctions que le nôtre. L'exterieur & l'interieur de leur machine ont une analogie sensible avec celle du Corps humain; & de tout ce qui tombe sous nos sens, il n'est rien qui aproche de plus près l'Homme que la Bête. Mais jusqu'où les Bêtes nous ressemblent-elles? elles se meuvent comme nous; leurs actions imitent assez bien les nôtres: mais sentent-elles, connoissent-elles comme nous?

nous ? c'est-là le point embarrassant, &
voilà précisement où l'on commence à décider par préjugé, & où il est bien difficile de décider par raison.

Pour nous démêler de cet embarras,
continue le Cartésien, il me semble que,
comme nos jugemens touchant la nature
des Bêtes sont fondez uniquement sur l'a-
nalogie de cette nature avec la nôtre, nous
ne pouvons mieux faire, que d'examiner
d'abord celle de l'homme, entant qu'il est
un composé de corps & d'ame, de pensées & de mouvemens.

Je présupose connue la distinction réelle, & la difference essentielle des deux
substances, avec celle des proprietez &
des opérations qui sont propres à chacun.
Descartes l'a montré, S. *Augustin* l'avoit
prouvé long-tems avant lui, &, à la honte du Genre-humain, il ne falloit qu'un
peu de bon-sens pour s'en convaincre ; tout
sentiment est une perception & une pensée ; il ne peut se trouver que dans un sujet qui se connoît soi-même, c'est-à-dire
dans un esprit, & par consequent le sentiment ne peut se trouver dans la matiére.
Il y a contradiction, il y a impossibilité
métaphysique, que la matière sente, &
soit capable de sentiment, comme il y a
contradiction qu'elle pense, & soit capable de pensée. On ne sauroit contester
non plus, que le Corps humain ne soit
une machine, en prenant ce mot dans cette idée précise où conviennent les produc-

tions

tions de la nature & de l'art. J'appelle machine, un tout formé de l'assemblage regulier de diverses parties tellement dispo-sées, enchainées & proportionnées l'u-ne à l'autre. qu'il en résulte un mouve-ment uniforme & regulier, par rapport à ce tout. Il est, ce me semble, évident que le Corps humain ne differe des ma-chines que l'art a inventées, que par la délicatesse, le nombre & l'arrangement merveilleux de ses ressorts, par la compo-sition & la varieté infinie de ses mouve-mens, par l'artifice & la beauté de sa struc-ture. C'est une machine infiniment plus composée, & mieux construite que toutes les autres; & cela ne doit pas surprendre, puisqu'elle est de la façon du Créateur de l'Univers.

Cette admirable machine a donc neces-sairement en elle-même le principe de son mouvement; la vie du corps animal n'é-tant autre chose que ce mouvement cons-tant & régulier, qui maintient toûjours la machine dans le même état: toutes les fonctions vitales, comme le mouvement du cœur, celui des poumons, le battement des artères, la digestion des alimens, la circulation du sang & des esprits, la sé-crétion des humeurs &c, appartiennent à la machine, & ne suposent, outre les forces mouvantes déja établies dans la Na-ture, & qui influent continuellement sur cet-te machine comme sur tous les Corps de l'Univers, aucune action d'un principe imma-

immateriel on d'une ame qui lui foit unie. Rapellez-vous encore, la correfpondance mutuelle, l'harmonie, la proportion qu'ont entr'elles toutes les parties du corps humain, pour executer tant de divers mouvemens particuliers, felon les loix les plus exactes de la Mechanique. Je difpenfe ici le Cartéfien d'entrer dans le détail qui feroit infini & hors d'œuvre. On peut voir l'excellent Traité de *Borelli de motibus animalium*, & tous les Anatomiftes qui depuis *Galien* ont traité de l'ufage des parties. Il me fuffit d'indiquer d'un feul mot les vuës qui ont rapport à mon fujet.

Appliquons-nous à confiderer dans la machine humaine un feul rapport général, qui en comprend une infinité d'autres; c'eft celui de toutes les parties, tant internes qu'externes, avec le cerveau. Le cerveau eft le réfervoir des efprits, & le principe de tous les nerfs, qui de ce centre de leur origine, s'étendent jufqu'aux extrêmitez du corps, fe ramifient & s'entrelaffent en mille maniéres différentes dans toutes les parties, & forment une efpéce de labyrinthe. Ces nerfs font comme autant de cordes tenduës par où tous les membres fe remuent, ou plûtôt, ce font autant de petits tuyaux, par lefquels les efprits animaux du cerveau, où eft leur fource, coulent dans les differens mufcles néceffaires au mouvement. Il y a entre les nerfs une dépendance & des fympathies qui produifent, comme nous verrons

rons enfuite, les jeux les plus furprenans dans la machine, & qui fuffifent pour expliquer d'une maniére affez fimple, fes mouvemens les plus compliquez.

Par le moyen des nerfs, non feulement le cerveau tient dans fa dépendance les membres exterieurs, mais il entretient auffi une correfpondance étroite avec les parties internes, principalement avec le cœur. Mais il eft important d'obferver que cette dépendance univerfelle & fi étroite de tout le refte de la machine à cette feule partie que nous nommons le cerveau, par le moyen des nerfs, eft double, & renferme deux rapports oppofez. Comme le cerveau donne le branle à tout le corps, & lui communique l'impreffion de toutes fes déterminations ; reciproquement, l'action des objets extérieurs fur le Corps, (& je dis la même chofe des mouvemens internes,) fe communique en un inftant au cerveau, par le moyen des nerfs ; & c'eft au cerveau que les diverfes impreffions faites fur les organes des fens vont fe réunir & fe terminer : ainfi le cerveau eft tout à la fois centre de mouvement, & centre de fenfation.

Maintenant, confiderons qu'il y a dans l'homme une ame jointe à cette machine, & que quelle que puiffe être la caufe de cette merveilleufe union, elle confifte dans un certain empire, & dans une certaine dépendance reciproque entre les deux fubftances ; ou, fi vous voulez, dans une cor-

refponrespondance mutuelle de pensées & de mouvemens, en sorte que l'ame n'est pas un seul instant sans agir sur le corps, c'est-à-dire sans y produire quelque mouvement; ni le corps sans agir sur l'ame, c'est-à-dire sans y exciter quelques pensées. Developons un peu tout ceci.

Il ne faut pas se représenter, ajoute le Cartésien, cette influence reciproque des deux substances l'une sur l'autre, comme interrompue, & n'agissant que par intervales, & par accès: Au contraire, c'est une action constante & uniforme: Voici comme je la conçois. Il doit y avoir dans le cerveau un endroit principal qui soit, par rapport à cette partie, ce qu'elle est elle-même par rapport à la machine entiére, c'est-à-dire, un centre où se réunissent assez exactement les impressions de tous les sens, & d'où le mouvement se puisse propager jusqu'aux extrêmitez du corps. Quoique les recherches les plus délicates des Anatomistes n'ayent pû assigner au juste cet endroit, & que *Descartes* se soit trompé, en le mettant dans la glande Pineale, du moins, on ne peut s'empêcher de le placer quelque part dans le centre ovale; puisque c'est-là que les fibres & les nerfs prennent leur naissance: Ce sera, si vous voulez, le centre ovale tout entier que nous prendrons pour le *Sensorium* ou siége de l'ame après (a) Mr. *Vieussens;* car il n'importe pour notre but d'avoir une précision plus exacte.

(a) Voyez un bon extrait de sa *Neurographia Universalis,* dans les *Nouv. de la Rep. des Lett.* mois de Nov. 1685, P. 1193.

Quand

Quand je dis que l'ame eſt unie à ce *Senſorium*, & par ſon intervention à tout le corps, j'entends que Dieu donne à l'ame une ſenſation ou perception confuſe, mais forte & conſtante de cette petite portion de matiére organiſée qui l'aplique à cette matiére, de ſorte qu'elle en aperçoit tous les mouvemens, d'une perception confuſe que je nomme ſenſation, & qu'elle agit ſans ceſſe ſur cette matiére, en y produiſant quelque mouvement. Or en vertu du raport mutuel établi entre le *Senſorium* & tout le reſte de la machine, l'ame continuellement appliquée au *Senſorium* s'aperçoit confuſement de tous les mouvemens qui ſe paſſent dans le corps, & des impreſſions que les objets du dehors font ſur ſes organes, par celles que reçoit le *Senſorium*, leſquelles ſont à l'égard de l'ame repréſentatives, pour ainſi dire, de tout ce qui arrive au corps : & voilà comment nous ſentons notre corps & nous nous appercevons des objets. Vous voyez que de la même maniere s'explique aiſément l'action de l'ame ſur le corps, par la détermination qu'elle imprime au *Senſorium*. Je conçois donc l'ame dans l'état d'union comme étant en même tems active & paſſive, comme appliquée à ſon corps d'un côté par une perception continuelle qu'elle en a, laquelle eſt modifiée par les divers changemens qui s'y produiſent, & c'eſt ce qui fait la varieté de ſes Senſations; d'autre côté par une action continuelle ſur

le

le *Senforium*, qui tantôt y demeure renfermée, tantôt fe transmet au refte du corps;
mais qui dans l'un & dans l'autre cas, produit toujours quelque effet que l'ame aperçoit. Car il s'en faut beaucoup que l'ame n'a-
perçoive toûjours immédiatement fon action entant qu'elle eft caufe de mouvement:
& je diftingue trois fortes de mouvemens
dans le corps humain. 1. Ceux qui font abfolument involontaires & indépendans de
l'ame; je mets dans ce rang tous les mouvemens vitaux qui entretiennent la machine, par exemple la palpitation du cœur,
le battement des artéres &c. 2. Les mouvemens abfolument volontaires, ceux dont
l'ame a une idée diftincte, & qu'elle veut
produire felon cette idée qu'elle en a, comme quand je remue ma main pour écrire
& ma langue pour parler; mon ame connoît en général ce mouvement de la langue & de la main, & ma volonté a pour
objet ce mouvement connu: ce font ceux
qui font appellez dans l'Ecole *actus impe-
rati*. 3. Il y a des mouvemens qui ne font
ni tout-à-fait volontaires, ni involontaires
abfolument; c'eft lors que l'ame agit fur
le corps, fans connoître diftinctement
l'objet, & l'effet immédiat de fon action;
par exemple, quand l'ame imagine, & fe
reffouvient, ces opérations ne s'exécutent
que par l'entremife du cerveau. L'ame n'a
aucune idée diftincte du cours que doivent
prendre les efprits animaux, des traces où

B

ils

ils doivent couler, des fibres qu'ils doivent écarter, des pores qu'ils doivent ouvrir pour exciter dans l'ame l'image ou la fensation de certains objets. Cependant elle détermine précifement les efprits de la maniere qu'il faut pour exciter cette image. On fait que les diverfes paffions, comme la crainte, la joye, la triftefle, produifent certaines impreffions dans le cerveau, & par lui dans tout le corps, quoi que l'ame ignore de quelle nature font ces impreffions, & n'ait point eu de volonté directe de les produire; & même dans les mouvemens volontaires des membres du corps, l'ame qui connoît & qui veut diftinctement ces mouvemens extérieurs, ne connoît ni ne veut de la même maniére, cette détermination précife des efprits qui les execute. On en peut dire autant de ces actions auxquelles on donne pour principe le fentiment, & qui précedent en nous toute délibération, tout commandement formel de l'ame; comme lors que je me fuis brûlé la main, & que je la retire auffi-tôt, fans refléxion. Ce n'eft pas qu'au fond dans toute cette efpéce d'action notre volonté n'agiffe, mais c'eft qu'alors la volonté n'a pour objet qu'une fenfation confufe à laquelle elle s'attache, fi elle eft agréable, & qu'elle s'efforce de repouffer fi elle eft douloureufe. Cet effort ou ce penchant aveugle de l'ame, en vertu des loix de l'union, eft fuivi d'une impreffion dans le *Senforium*, qui

qui détermine le corps à s'éloigner de l'objet ou à s'unir avec lui selon l'espece de sentiment qu'il excite.

Ainsi regardant l'homme comme composé d'une machine & d'un principe intelligent, j'y distingue quatre raports, ou quatre dépendances d'action. 1. Les objets extérieurs par l'impression qu'ils font sur les organes du corps, agissent sur le *Sensorium*, en vertu de la correspondance générale de toutes les parties du corps avec le cerveau, &c. 2. Le *Sensorium* détermine l'action de tout le reste du corps. 3. Le *Sensorium* selon les impressions qu'il reçoit, excite certaines pensées dans l'ame. 4. L'ame par ses pensées produit certaines impressions dans le *Sensorium*. Ces deux derniers rapports se mêlent & se combinent avec les deux premiers, en une infinité de maniéres différentes; presque toutes les actions du corps sont accompagnées ou précedées en nous de sentiment & de connoissance; souvent notre volonté suit la disposition que nous avons à certains mouvemens, d'où pourtant il ne semble pas qu'on doive inferer que ces actions & ces mouvemens ont nécessairement pour cause le sentiment & la connoissance. Cette admirable composition d'esprit & de matiére qui se rencontre dans l'homme, & ces differens raports de dépendance pour l'action, ont rendu bien difficile, non seulement le discernement entre les proprietez de son ame & celles de son

corps, mais auſſi la détermination du pouvoir qu'auroient chacune de ces deux natures ſeparées, & entr'autres des opérations dont la machine ſeule ſeroit capable; ſi l'ame n'en régloit point les mouvemens.

CHAPITRE II.

*Où l'on diſcerne les mouvemens qui naiſſent
du pur mechaniſme du corps d'avec ceux
qui dépendent de ſon union avec l'âme :
d'où il paroît, que le corps humain eſt une
machine qui ſubſiſteroit independamment
de cette union.*

Notre Carteſien fait là-deſſus une
conjecture, qui plus elle aura de
vrai-ſemblance, plus elle facilitera
l'eclairciſſement de ſon Syſtême ſur les
Automates. Il eſt conſtant que le principe
de la vie du corps n'eſt point dans l'ame :
comme ce n'eſt point elle qui l'a formé,
(1) ce n'eſt point elle qui lui donne, &
qui

(1) *Henri Moore* attribue à l'ame de l'animal avec
le pouvoir de remuer la matiere, celui d'organizer
une certaine matiere duëment préparée pour recevoir
ſon action & prendre ſous cette action la forme pré-
ciſe d'homme ou de bête, ſelon la nature de cette a-
me. C'eſt-là, dit-il, le premier degré de l'union vi-
tale. *Tract. de Anima* Cap. VI. p m. 26. Mais une telle
faculté plaſtique ne ſauroit conduire à l'union qui renferme autant de ſenſation que d'action & qui ſuppoſe

qui lui conferve fon mouvement; elle ne
fait que le déterminer differemment, pour
produire ce que nous nommons les Actions
libres. Puis donc que la machine humaine a en elle-même le principe de la vie
qui eft la fource de toutes les actions extérieures que l'ame tire du corps à fa volonté, qui nous empêchera de croire qu'il
y a dans l'organifation même de la machine un principe pour produire & pour
regler fes mouvemens extérieurs d'une maniére convenable aux befoins du Corps,
fans aucune intervention de l'ame. Certainement le corps humain pourroit vivre
fans être uni à aucun Principe intelligent,
alors toutes les fonctions vitales s'y paffe-
roient comme à préfent; Le cœur auroit
fa fyftole & fa diaftole; les artéres bat-
troient regulierement; le fang circuleroit
& fe filtreroit dans les chairs; il y auroit
dans le mouvement des efprits animaux
un fonds fuffifant pour mouvoir les membres, felon toutes les déterminations imaginables.   Il ne faut que lier enfemble les
deux premiers des quatre raports dont nous
venons de parler; il ne faut que fupofer
les nerfs & les fibres du cerveau tellement
arrangez, entremêlez, & ajuftez les uns

aux

fe que l'ame au premier moment de l'union trouve
le tout organizé, & que c'eft cette organization qui
met l'ame en état d'agir fur lui & de fentir à fon
occafion. Voi. auffi ce que dit *Locke* touchant un
privilege des Anges. *Effai fur l'Ent. humain* Liv. II.
Chap. XXIII. §. 13.

B 3

aux autres, & joints avec une si juste correspondance avec toutes les parties du
corps, que l'ébranlement causé dans le
Sensorium par les objets extérieurs, fit
faire au corps par raport à ces objets, certaines actions conformes à ses besoins, &
qui auroient pour but sa conservation &
son avantage. Ainsi, au lieu qu'à présent
la Créature nous fait arriver à ce but par
un grand détour, l'objet fait sur les organes une impression qui se transmet au
Sensorium comme à son dernier terme, le
Sensorium ébranlé avertit l'ame de la présence de l'objet par certains sentimens qu'il
y excite, & l'ame se réglant sur le sentiment agréable ou triste qu'elle reçoit de
l'objet, ou seulement, sur l'idée de l'objet même & des raports avantageux ou
nuisibles que sa Raison ou son experience
lui fait voir entre cet objet & son corps,
détermine son corps par le moyen du *Sen-*
sorium au mouvement convenable en cette occasion; dans l'Automate que nous
supposons, tout se feroit d'une maniére
plus simple; ses mouvemens seroient reglez sur la disposition interne du corps, &
sur l'impression des objets exterieurs, &
cela selon la Loi du besoin & de l'utilité.
Une telle liaison immédiate entre deux
sortes de mouvemens subordonnez l'un à
l'autre dans le même Automate, entre
l'impression que reçoit le cerveau des objets du dehors, & celle qu'il donne à la
machine, paroit plus simple & plus facile

le à comprendre, que celle que l'experience nous montre être entre les mouvemens & les penfées.   Et puis que le corps animal a déja en lui-même indépendamment de l'ame le principe de fa vie & de fon mouvement; il femble que le Créateur eût laiffé l'ouvrage imparfait, s'il n'eût pas donné, pour ainfi dire, à la machine une tablature qui reglât fes mouvemens; s'il n'eût pas établi entr'elle & les objets, une certaine harmonie, propre à la maintenir dans un bon état: certainement la première de ces idées nous conduit à l'autre.

Mais il y a plus qu'une fimple conjecture, ajoûte ici le Cartefien; l'experience nous fournit des preuves inconteftables de ce Méchanifme. Quoi que les nouveaux raports qu'introduit l'union du corps & de l'ame, le cachent & l'affoibliffent; l'action plus vifible & plus conftante d'une caufe étrangére, je veux dire du Principe intelligent, ne permet guére à celui-ci de fe déployer dans toute fon étenduë; cependant elle fe manifefte comme à la dérobée, par plufieurs effets que nous avons lieu de remarquer tous les jours.

I. Il eft certain que l'homme fait un grand' nombre d'actions machinalement, c'eft-à-dire, fans s'en apercevoir lui-même, & fans avoir la volonté de les faire; actions que l'on ne peut attribuer qu'à l'impreffion des objets, & à une difpofition primitive de la machine, où l'influence de l'ame n'a aucune part. De ce nombre font les (1) habitudes corporelles, qui viennent de la réiteration fréquente de certaines actions, à la préfence de certains objets; ou de l'union des traces que diverfes fenfations ont laiffées dans le cerveau; ou de la liaifon d'une longue fuite de mouvemens, qu'on aura réiterez fouvent dans le même ordre, foit fortuitement, foit à deffein. A cela fe raportent toutes les difpofitions acquifes par l'art. Un Muficien, un joueur de Luth, un Danfeur, executent les mouvemens les plus variez & les plus ordonnez tout enfemble, d'une maniére très-exacte, fans faire la moindre attention à chacun de ces mouvemens en particulier; il n'intervient qu'un feul acte de la volonté, par où il fe détermine à chanter, ou jouer un tel air, & donne le premier branle aux efprits animaux; tout le refte fuit regulierement fans qu'il y penfe. Il faut dire la même chofe d'un Orateur, qui pour prononcer une Harangue apprife par cœur, n'a befoin que de déterminer fa langue à proferer le premier mot; d'un homme qui l'efprit plein

de

(1) Temoin ce fou dont parle *Willis* dans fon Traité *de anima Brut.* Ch. XVI. qui comptoit auffi bien les heures par lui-même que l'horloge la mieux reglée l'eût pû faire. Voyez l'explication de ce Phénomene, par raport au mechanifme des habitudes, dans la *Philof. de Regis*, Phyf. Liv. VIII. I. Part. Chap. XXIV. p. 84. V. quelque chofe de femblable dans la *Rep. des Lettres* Octob. 1685. p. 1091.

de ses affaires, se met en chemin &c. Raportez à cela tant d'actions surprenantes des gens distraits, des Somnambules &c: dans tous ces cas les hommes font autant d'Automates.

II. Il y a des mouvemens naturels tellement involontaires, que nous ne saurions les retenir, comme, par exemple, ce méchanisme admirable qui tend à conserver l'équilibre, lors que nous nous baissons, lors que nous marchons sur une planche étroite ; le clignement des yeux, quand quelque chose vient passer devant eux avec promptitude ; les mouvemens que fait un homme qui se sent fraper ; le tressaillement que nous cause quelque bruit extraordinaire &c.

III. Les goûts & les antipathies naturelles pour certains objets, qui dans les enfans precedent le discernement & la connoissance, & qui quelquefois dans les personnes formées surmontent tous les efforts de la Raison, ont leur fondement dans le méchanisme, & font autant de preuves de l'influence des objets sur les mouvemens du corps humain.

IV. On fait combien les passions dépendent du degré du mouvement du sang, & des impressions reciproques que produisent les esprits animaux sur le cœur, & sur le cerveau, dont l'union par l'entremise des nerfs, est si étroite. On fait comment les impressions du dehors peuvent exciter ces passions, ou les fortifier,

B 5

entant

entant qu'elles font de fimples modifications de la machine. *Defcartes* dans fon
Traité des Paffions, & le P. *Malebranche*
dans fa *Morale* expliquent d'une maniére
fatisfaifante le jeu de la machine à cet é-
gard, & comment, fans le fecours d'aucune penfée, par la correfpondance & la
fympathie merveilleufe des nerfs & des
mufcles, chacune de ces paffions, confi-
derée comme une émotion toute corporelle, répand fur le vifage un certain air
qui lui eft propre, eft accompagnée du
gefte & du maintien naturel qui la caracteri-
fe, & produit dans tout le corps des mouvemens convenables à fes befoins, & proportionnez aux objets.

Mais les loix de l'union de l'ame &
du corps refferrent extremement ce pouvoir du mechanifme, & ne lui permettent d'agir, qu'autant qu'il s'accorde a-
vec le but de l'union. Ce but n'eft point
directement & principalement la confervation du corps. L'ame étant d'une nature plus excellente que lui, n'eft point
faite pour lui : c'eft lui au contraire qui eft
fait pour elle. L'union de l'ame avec lui,
eft tout à la fois une union d'empire & de
dépendance, & tout cela cependant par
raport à elle. Dieu veut que le corps fer-
ve à l'ame d'inftrument pour certaines connoiffances, pour certaines fenfations, &
que fon bonheur depende en partie du
corps ; voila ce qui l'intereffe, & l'oblige
de veiller à fa confervation, puis que du
bon

bon état du corps depend en partie la tranquilité de l'ame. De plus, le Corps fournit à l'ame la matiere & l'occafion d'exercer un grand nombre de vertus : l'empire qu'elle a fur lui eft la fource d'une infinité d'actions libres. Or pofant une fois cet empire de l'ame qui commande aux mouvemens du corps, les loix du méchanifme qui fuffifoient pour regler les actions neceffaires à fa confervation, s'il eût exifté feparement de l'ame, doivent être affoiblies & fufpenduës. Il faut deformais que ce foient les volontez de l'ame, qui produifent les mêmes actions qu'auroient produit l'impreffion des objets du déhors, ou la difpofition intérieure de la machine. Voila d'où vient que nous ne fentons point cette attraction ou cette impulfion méchanique des objets, & que ce font nos fenfations & nos jugemens qui nous déterminent. L'action continuelle de l'ame fur le corps, dont nous avons déja parlé, & par où chaque nouvelle modification de l'ame excite quelque nouveau mouvement dans le *Senforium*, & l'exercice frequent qu'elle a fait, dès l'enfance, de fon empire fur le corps, dans les actes libres ; a rompu la liaifon naturelle qui fe trouvoit entre l'ouverture de certaines traces du cerveau, & le cours des efprits dans certains mufcles, pour executer tels ou tels mouvemens. Il y auroit d'extrêmes inconveniens que le corps pût fouftraire inceffamment fes opérations

tions au pouvoir de l'ame. Il est évident, par exemple, que si de l'impression d'une certaine image sur la retine, si d'un certain ébranlement du nerf optique transmis jusques au *Sensorium*, suivoit infailliblement une détermination du cours des esprits animaux dans les muscles des jambes, telle qu'il le faut pour courir, l'ame ne seroit plus maîtresse des actions du corps; il ne seroit pas plus en son pouvoir d'empêcher le mouvement résultant de l'impression de l'objet, que d'arrêter l'impression de l'objet même sur ses organes; il ne seroit pas plus possible à un homme de s'empêcher de fuïr à la présence d'un objet nuisible, que de ne pas voir cet objet qui s'offre à ses yeux, tandis qu'il aura les yeux oùverts. L'ame seroit obligée de ceder toûjours & d'obéïr aveuglément aux besoins du corps; & dès-là, plus d'actions libres.

Il est donc devenu nécessaire que l'ame pourvoye elle-même à la conservation du corps, à laquelle son propre bonheur est attaché, puisqu'obéïssant à l'ame il ne peut plus obéir à l'impression des objets. Voilà pourquoi entre cette impression faite dans le cerveau & le mouvement du corps, il intervient une perception de l'ame comme principe de nos mouvemens spontanées, en sorte que c'est presque toûjours ou une volonté confuse, comme il arrive dans les mouvemens brusques qui suivent une violente sensation; ou une volonté

lonté diſtincte, comme dans les opérations
précédées de raiſonnement & de choix,
qui donne aux eſprits animaux la direction,
& aux organes le jeu neceſſaire pour executer les actions utiles à l'animal, telles
que celles de prendre & d'avaler les alimens, de s'approcher de certains objets,
d'en fuïr, ou d'en repouſſer d'autres, de
parler, de crier &c. Il eſt ſi vrai que c'eſt
uniquement en faveur du but de l'union
des deux ſubſtances,& pour maintenir l'empire qu'il a plû au Créateur de donner à
notre ame ſur notre corps, que les loix
du méchaniſme ſont interrompues & cé-
dent à d'autres loix purement arb'traires,
cela, dis-je, eſt ſi vrai que dans les cas
extraordinaires où l'empire de l'ame eſt
fort affoibli, & en partie ſuſpendu, comme dans le ſommeil à l'égard des Somnambules, chez les enfans, chez les foux,
&c. on remarque à proportion plus d'effets de cette influence immédiate des objets ſur les actions du corps. Le méchaniſme & l'inſtinct régagne tout le pouvoir
que perd la Raiſon & la connoiſſance.

Il eſt aiſé de voir où doivent aboutir
toutes ces réfléxions ſur le corps humain,
conſiderant comme un Automate exiſtant
indépendamment d'une ame,ou d'un principe de ſentiment & d'intelligence; c'eſt que
ſi nous ne voyons faire aux Brutes. que ce
qu'un tel Automate pourroit executer en
vertu de ſon organiſation, il n'y a, ce
ſemble, aucune raiſon qui nous porte à
ſuppo-

fuppofer un Principe intelligent dans les Brutes, & à les regarder autrement que comme de pures machines ; n'y ayant alors que le préjugé qui nous faffe attacher au mouvement des Bêtes, les mêmes penfées qui accompagnent en nous des mouvemens femblables : c'eft ce qui refte à faire pour la défenfe de l'hypothéfe Cartéfienne.

CHAPITRE III.

Application de ces principes aux Bêtes. Dieu peut faire des machines qui fe confervent, & qui produifent des mouvemens reglez & fuivis. Empire des objets extérieurs fur le cerveau, très-étendu, lors qu'il n'eft point balancé par celui de l'Ame. Le Cartéfien fe tire aifément d'une objection que le P. Daniel croit infoluble.

CHANGEONS donc préfentement d'objet, & nous appliquons à regarder les Brutes. Qu'y voyons-nous ? Une machine affez femblable à la nôtre, quoique des varietez infinies, foit pour la figure extérieure, foit pour la difpofition du dedans, diverfifient cette reffemblance felon les differentes efpeces de ces Animaux. Mais nous ne les envifageons ici que dans cette nature générique dans laquelle ils conviennent tous, & qui les diftingue de l'efpéce humaine. Encore une fois, que

décou-

découvrons-nous de nos propres yeux dans les Brutes? Une machine naturelle, un corps organifé dont les mouvemens internes, celui du cœur, du diaphragme, des inteftins, des artéres, celui du fang, & des efprits, entretiennent la machine entiere en bon état, ou plûtôt conftituent l'être de la machine, & font la fource d'une infinité de mouvemens qu'elle produit à nos yeux. Tout cela, comme nous l'avons vû, ne fuppofe point une ame dans le corps humain, & par conféquent n'en demande aucune dans la Brute; ce ne font que des mouvemens enchainez les uns aux autres, comme ceux des rouës d'une pendule.

S'il reftoit encore à quelqu'un du fcrupule là-deffus, continue notre Philofophe, ie le prie de confiderer que l'union de l'ame à un corps vivant fuppofe la vie, c'eft-à-dire un principe intériéur du mouvement, dans cette machine, & ne le produit point. L'ame ne pourroit fe fervir du corps, ni le remuer comme il lui plaît, fi elle n'y trouvoit une certaine force mouvante prête à obéïr à ces directions. Si l'ame étoit dans le corps, principe du mouvement, 1. Elle fauroit qu'elle l'eft. 2. Elle pourroit l'augmenter autant qu'il lui plairoit: l'homme le plus foible acquerroit, quand il voudroit, la force du plus vigoureux; elle pourroit auffi le diminuer. 3. Elle pourroit conferver fon corps fans le fecours du repos, du fommeil, & des alimens

limens. (1) Elle l'empêcheroit de s'affoiblir par le travail, de s'ufer par la vieilleff-
fe, de fe déranger par les maladies, & d'ê-
tre détruit par la mort. Une bonne preuve encore, que l'ame n'eft point, principe
de vie dans les Brutes, ce font les expériences que fit St. *Auguftin* fur certains in-
fectes qu'il avoit coupez par morceaux,
& dont il remarqua que les differentes parties fe mirent à courir en des fens oppofez, & à fe détourner fuivant l'óbftacle
qu'il leur oppofoit, de la ligne de leur
mouvement. On peut voir (2) la démonf-
tration qu'il en tire contre l'ame des Bêtes, (au fens que nous prenons ce mot,
favoir d'un principe indivifible & véritable-
ment uni) dans fon Livre *de quantitate*
animæ.

Les mouvemens des Brutes confiderez
fimplement comme des mouvemens, font
une fuite neceffaire des internes; c'eft un
jeu de la machine qui ne nous conduit à
rien au de-là d'un principe materiel.
Ainfi

(1) Voyez les conféquences abfurdes qui fuivroient
de ce que l'on placeroit dans l'ame le principe de la
vie du corps expofées dans un beau détail par Corde-
moy *Difcernement du corps & de l'ame.* p. m. 115 -- 122.
(2) Voyez de bons raifonnemens fur cela dans la
Preface de *Schuyl* fur le Traité de Defcartes *de Homine.*
Voy. auffi les diverfes Experiences faites par le Dr. *Wood-*
vard fur les animaux vivans qu'il a diffequez, d'où il
refulte que chaque partie organifée de l'animal fait fes
fonctions vitales, ayant en propre fa fenfibilité & fon
action indépendamment du cœur & du cerveau. *The*
Natural Hiftory of the Eacrth illuftrated. Introd. p. 67.--
103.

Ainſi de ce qu'un chien eſt un corps organiſé & vivant, de ce qu'il a un cœur, un
cerveau, des veines, des artéres, du ſang
qui circule dans ſes artéres & dans ſes veines ; de ce qu'il a des membres extérieurs
d'une certaine ſtructure, & des muſcles
pour les remuer, il s'enſuit qu'il pourra
ſauter, marcher, courir, faire tous les
cris, tous les tours, & toutes les contor-
ſions que nous voyons faire à un chien ;
& qui l'empêcheroit de faire tout cela ?
L'ame du chien, s'il en avoit une, ne
pourra tout au plus que déterminer le
mouvement qu'elle trouvera dans la machine, à telles ou telles actions.   S'il ne
ſe trouvoit pas dans le cerveau des eſprits
animaux qui y coulent actuellement, s'il
ne ſe trouvoit pas des muſcles, qui par
la réunion de pluſieurs tuyaux, fortifient
l'action du liquide qui les remplit, ſi ces
muſcles n'étoient pas inſerez aux os, d'u-
ne maniére convenable pour les plier & les
remuer comme il le faut ; en un mot ſi
la ſtructure de l'animal entier, n'étoit pas
favorable aux mouvemens qu'il exécute,
l'ame ne produiroit point ces mouvemens ;
elle ne peut, tout au plus, que donner ſes
ordres dans un petit Etat où elle trouve
tout heureuſement diſpoſé pour l'exécu-
tion.   Vous voyez donc que dans la machine, que nous ſuppoſons n'être point
ſoumiſe aux directions d'une ame, le ſeul
hazard faiſant couler les eſprits plus ou
moins vîte dans telle partie, ou dans telle

C   autre,

autre, produira tous les divers mouve-mens que nous voyons, & en devra toûjours produire quelqu'un, quoique sans ordre, sans liaison & sans suite.

Mais il y a plus dans les animaux, & c'est où commence la difficulté. On remarque une suite, un ordre, une liaison dans leurs actions. On les voit agir réguliérement, par rapport aux objets, & pour un but général qui est la conservation de chaque individu & celle de toute l'espéce. Ce raport est plus ou moins sensible dans les differentes espéces d'animaux : Les uns tendent au but général par des méthodes plus variées, plus composées, plus fines que ne font les autres ; mais cependant, tous y tendent, depuis l'animal le plus noble jusqu'au plus vil insecte, depuis l'Elephant jusqu'au Ciron. On y voit par tout des traces plus ou moins distinctes d'un ordre qui conduit à ce grand dessein. Car il faut d'abord poser pour certain que tout ce que font les Brutes se raporte au but que nous avons dit ; comme les hommes n'agissent que par le désir du bonheur, & pour le bonheur, les bêtes ne font rien (a) qui ne tende ou à conserver la machine, ou à conserver l'espece ; & tous les faits que l'on nous raporte de leurs passions, ou de leurs vertus, toutes les actions qu'on leur attribue, & qu'on prétend être indépendantes de ce but, ou sont de pures visions, ou reviennent indirectement à ce but unique. Tout ce que nous con-noissons

(a) *Grotius; de Jure B. & P. Prolеg. n. 7. dans Bayle* art. *Rora-rius* rem. K.

noissons de l'instinct, de la discipline des animaux ; toutes les marques qu'ils semblent nous donner de sentiment & d'intelligence aboutissent-là. Ce qu'on leur voit faire pour se nourrir, pour se loger, pour fuir les périls, la correspondance & l'intelligence qui regne entre ceux de même espéce, le soin qu'ils ont de leurs petits ; les ruses qu'ils employent pour attaquer leurs ennemis, (a) pour se défendre, pour se dérober à leur poursuite, la souplesse, la docilité de ceux que les hommes dressent & aprivoisent pour leur usage, en un mot, toute cette suite d'opérations merveilleuses, a pour derniere fin leur propre conservation, c'est-à-dire, celle de la machine.

Le Cartésien vous demande là-dessus ; croyez-vous que Dieu ne puisse pas faire une machine semblable au corps d'un Chien, d'un Cheval, d'un Singe, laquelle se conserve elle-même, en produisant les mouvemens necessaires pour cela, comme de marcher & de s'approcher quand on lui présente du pain, de le saisir avec les dents, de le mâcher, de l'avaler ensuite ; de s'éloigner du feu quand il est trop proche, de fuir un précipice qui s'offre à ses yeux, de se soutenir dans l'eau en nâgeant ; je ne raporte ici que les actions les plus simples, & l'on doit comprendre sous ce peu d'exemples ceux des mouvemens plus fins & plus composez. Ne concevez-vous pas que le Créateur ait pû établir une tel-

(a) *Grot.* ubi *sup. Lib.* I. Cap. 2. §. 1. ibique not.

le harmonie entre cet Automate & les differens corps qui l'environnent, que de la
différente impreſſion qu'ils feront ſur le
nerf acouſtique, ſur l'optique, ſur ceux
qui ſervent à l'odorat &c. combinée avec
les diſpoſitions internes de l'eſtomac, du
cœur &c., & avec tout l'état intérieur,
reſulteront des mouvemens convenables
aux objets, proportionnez au bien de la
machine; & ſemblables à ceux qui dans
l'homme ſont accompagnez ou prévénus
par le ſentiment. Cette ébauche de méchaniſme que nous avons remarqué dans
l'homme, par raport aux mouvemens involontaires, aux habitudes, aux paſſions,
aux ſympathies, aux antipathies, nous ouvrent des vuës là-deſſus qu'il nous eſt aiſé d'étendre ; d'autant mieux que nous
avons déja vû la raiſon qui empêche que
l'empire des objets ne ſoit ni fort étendu, ni fort ſenſible dans l'homme, raiſon
priſe du but de l'union d'une ame raiſonnable & libre avec un corps; raiſon que
nous n'avons aucun lieu d'admettre dans
les Brutes, ſans ſuppoſer ce qu'il faudroit
prouver par ailleurs, & ce qui eſt en queſtion, ſavoir qu'elles ayent une ame raiſonnable. Ainſi le peu de traces de méchaniſme qui paroiſſent dans l'homme, nous
fait naitre l'idée d'un méchaniſme parfait,
très-poſſible dans la bête, & ſuffiſent
pour autoriſer cette idée; ſans que les argumens pris de ce que dans des actions
ſemblables à celles des bêtes, nous n'obſervons

fervons pas chez nous le même mechanifme, puiffent la ruiner.   Voilà pourquoi,
pour le remarquer en paffant, (a) une objection du *P. Daniel* fur les mouvemens
fpontanées, quoi qu'il la faffe valoir avec
beaucoup de confiance, porte vifiblement
à faux : la voici.   Si lors qu'un chien fe
jette fur un plat de viande, ce font les
rayons de lumiére refléchis de cette viande
dans fon œil & les corpuscules odorants
qui s'en exhalent & qui viennent à frapper
fon odorat, qui produifent en lui le mouvement par lequel il s'en approche, fans
qu'il faille avoir recours à un principe con-
noiffant & fenfitif qui donne le branle au
corps du chien ; pourquoi moi-même é-
tant affis à certaine diftance d'une table
couverte de viande, ayant faim, & mon
ame bien réfolue de ne s'oppofer point à
cette impreffion des objets fur mon cerveau, ne me fens-je point attiré vers cette viande & pouffé par une impulfion ma-
chinale à m'en aprocher, à en prendre, à
en mettre fous la dent.   Il a bien paru
que le Cartéfien lui alléguera l'action de
l'ame fur le cerveau, mais il a cru prevenir cette réponfe en étendant fa fuppofition, & difant ; je veux laiffer agir la machine , mon ame ne met aucun obftacle
à l'ébranlement des objets, cependant le
mouvement ne fuit point.   En rappellant
ici ce que j'ai dit ci-deffus des loix de l'u-
nion & de l'action continuelle de l'ame
fur le corps par le moyen des efprits,

(a) Suite de
Voyage du
Monde de
Defcartes,
pp. 22.-32.

Le P. Da-
niel ubi fup.
P. 27.

C 3   vous

vous voyez que la suppofition du Jéfuite eft impoffible. Il n'y a pas de milieu pour l'ame entre déterminer le cours des efprits animaux pour une certaine action, & les retenir lors qu'elle a préfenté l'idée de cette action. L'empire de l'ame fur les mouvemens fpontanées, eft tel qu'elle ne fauroit s'en deffaifir au moment qu'elle penfe à ces mouvemens: Lors qu'étant affis je penfe à l'action de me lever & de marcher, & que dans le moment précis que mon ame y penfe, elle s'abftient de vouloir cette action, elle l'empêche pofitivement, elle arrête le cours des efprits propres à l'executer, malgré l'impreffion des objets qui les folliciteroit à prendre ce cours, parce qu'il importe pour affurer la liberté de l'ame unie, & fon empire fur le corps, qu'elle y foit le premier principe de ces fortes de déterminations, & qu'elle les caufe, ou par une volonté expreffe qui fuppofe l'idée diftincte de l'action, ou par un defir confus envelopé dans la fenfation comme nous l'avons déja expliqué. Quand même nous n'aurions pas recours à ce défir confus, pour expliquer les mouvemens indéliberez, & que le pur mechanifme agiroit alors, nous pourrions bien fuppofer en cas pareils, un empire des objets qui n'interefferoit point celui de l'ame; puifqu'alors elle feroit occupée ailleurs, & ne voudroit rien par rapport à l'action: au lieu que dans le cas propofé la feule volonté de ne point agir eft un obftacle po-
fitif

fitif que l'ame aporte à l'action, lequel contrebalance fufifamment l'impreſſion des objets extérieurs, & qui ſuivant les loix de l'union doit la contrebalancer. On peut oppoſer à l'argument fondé ſur ce cas imaginaire, dont les conditions ſont impoſſibles, ce grand nombre d'actions involontaires, dont l'ame profondément occupée d'autre choſe, ne s'aperçoit pas, & qui pourtant gardant une certaine régularité, par rapport aux objets, ſemblent prouver aſſez clairement que c'eſt la ſeule impreſſion des objets qui les produit. (1) Rien ne donne une plus juſte idée des Automates Cartéſiens que la comparaiſon employée par Mr. *Regis*, de certaines machines hydrauliques, que l'on voit dans les grottes & les fontaines de certaines maiſons des Grands, où la ſeule force de l'eau déterminée par la diſpoſition des tuyaux, & par quelque preſſion extérieure, remue diverſes machines. Il compare les tuyaux des fontaines aux nerfs, les muſcles, les tendons &c. ſont les autres reſſorts qui appartiennent à la machine ; les eſprits ſont l'eau qui les remue ; le cœur eſt comme la ſource, & les cavitez du cerveau ſont les regards. Les objets extérieurs qui par leur préſence agiſſent ſur les organés

---

(1) Regis *Cours de Philoſ.* Tome 2. Avert. du Liv. VII. p. m. 504. Voyez cette même Comparaiſon ingenieuſement pouſſée dans LA FORGE, *Traité de l'eſprit de l'homme.* chap. XIX, init.

nes des sens des bêtes, sont comme les étrangers qui entrant dans la grotte, selon qu'ils mettent le pied sur certains carreaux disposez pour cela, font remuer certaines figures; s'ils s'aprochent d'une Diane, elle fuit, & se plonge dans la fontaine; s'ils avancent davantage, un Neptune s'aproche & vient les menacer avec son Trident. On peut encore comparer les bêtes dans ce Systême, à ces orgues qui jouent differens airs par le seul mouvement des eaux; il y aura de même, disent ces Messieurs, une organization particuliére dans les bêtes, que le Créateur y aura produite, & qu'il aura differemment reglée dans les diverses espéces d'animaux, mais toujours proportionnément aux objets, toûjours par rapport au grand but de la conservation de l'individu & de l'espéce, rien de plus aisé que cela au suprême Ouvrier, à celui qui connoît parfaitement la disposition & la nature de tous ces objets qu'il a créez; l'établissement d'une si juste correspondance, ne doit rien couter à sa puissance & à sa sagesse. L'idée d'une telle harmonie paroît grande & digne de Dieu; cela seul doit, dit-on, familiariser un Philosophe avec ces paradoxes si choquans pour le préjugé vulgaire, & qui donnent un ridicule si apparent au Cartésianisme sur ce point; par exemple, qu'un Chien qui crie lors qu'on le frappe, ne sent pourtant aucune douleur, qu'il n'a point de joye, ni d'amour pour son maître,

lors

lors qu'il le flatte & le careffe; qu'il obéit à fon maître, fans favoir ce qu'il lui commande; qu'un agneau fuit le loup, fans avoir peur du loup, & une infinité d'autres qui nous choquent à caufe de l'habitude où nous fommes d'attacher une idée de fentiment à des mouvemens femblables à ceux qui fe paffent en nous.

Il fuit de la fuppofition générale d'une telle harmonie, que les bêtes auront quelque chofe d'analogue à ce que nous appellons paffion, imagination, mémoire; comme toutes ces facultez en nous fuppofent une organization particuliere du cerveau, qui détermine & modifie notre perception, des differentes manieres auxquelles nous donnons ces noms; il n'y a qu'à concevoir la même organization, ou la même difpofition du cerveau dans les bêtes, feparée de la perception, & voilà leur imagination & leur mémoire, d'où naiffent toutes les actions que nous attribuons à l'une & à l'autre de ces facultez.

Par là s'explique la difcipline des Bêtes, les habitudes qu'elles contractent, les difpofitions qu'elles acquiérent & qui leur tiennent lieu de l'expérience. Il fuffit de penfer que leur cerveau étant le principe des mouvemens de l'animal, & recevant lui-même diverfes impreffions de la part des objets du dehors, il s'y forme une infinité de traces plus ou moins profondes plus ou moins étendues, par où les efprits' ont plus de difpofition & de facilité à couler

C 5

ler

ler, qu'ailleurs, que ces efprits peuvent fortuitement les renouveller, & les fortifier,
fans une nouvelle impreffion du dehors;
c'eft l'imagination & la mémoire que ces
traces peuvent s'unir d'une infinité de maniéres, en forte que quand les efprits ouvrent l'une, ils en ouvrent en même tems
une ou plufieurs autres; à peu près comme l'eau coule dans une prairie entreçou-
pée de mille canaux.   Par cette liaifon de
traces & d'efpéces, s'expliquent les habitudes des animaux, & comment on parvient à les dreffer: peut-être qui voudroit
s'en donner la peine, expliqueroit-il affez
naturellement par-là, la merveilleufe police des Elephans qu'*Elien* dans (1) fon
Hiftoire des animaux. nous dit s'être fait
admirer du Peuple Romain dans l'Amphi-
théatre aux jeux publics que donna *Germa-*
nicus, & la docilité de ceux que dreffent
les Siamois, au raport du P. *Tachard* dans
fa Rélation du Voyage de Siam; & ce
que (2) *Pline* rapporte à la louange de ces
ani-

---

(1) *Ælian.* Lib. 2. *de Nat. Animal* C. XI. qui a
pour titre περὶ τῆς τῶν ἐλεφάντων εὐμαθείας τε
καὶ εὐπειθείας.

(2) L. VIII. *Hift. Nat.* C. I. *init.* met la Religion
entre les vertus morales des Elephans. *Maximum eft*
Elephas proximumque humanis fenfibus &c. Voy. l'Art.
Rorarius Rem. D. p. m. 2602. b. Voyez auffi *Celfe*
qui dit quelque chofe d'aprochant fur ces animaux
οὐκ οἶδα δ' ὅπως ὁ Κέλσος καὶ ὄρχυ ἐλεφάντων
ἄκουσε καὶ ὅτι εἰσὶν οὗτοι πιστότεροι πρὸς τὸ θεῖον
ἡμῶν καὶ γνῶσιν ἔχουσι τοῦ Θεοῦ. Orig. Philocal.
C. 19.

animaux dans le beau paſſage cité par M. *Bayle*. Je ne fais que couler ici ſur les ſources d'explications ; on peut conſulter ſur l'union des eſpéces dans le cerveau, l'explication ingénieuſe & détaillée qu'en donne M. *Dilly* dans le livre que j'ai cité ; & l'on verra, de la maniére dont il la manie, que c'eſt une des meilleures clefs de la Doctrine Carteſienne ſur les Auto-mates.

C. 19. p. 259. edit. *Tarini*. Voyez tout ce Chap. où *Celſe* attribue aux bêtes la Religion, parce qu'elles poſſedent l'art de la divination & de la Magie comme les Aigles & les Serpens, & outre cela exercent la Juſtice & la Charité. Ce ne ſont pas les Payens ſeule-ment qui ſe ſont plû à debiter de pareilles réveries. V. l'Hiſtoire d'un chien de Corbie, dont la devotion étoit exemplaire, & qui écoutoit la Meſſe fort mo-deſtement & avec toutes ces poſtures qu'il faut avoir ſelon que le Prêtre lit l'Evangile ou qu'il fait l'éle-vation de l'Hoſtie. *ap. Ephem. nat. curioſ.* Rep. des Lett. Sept. 1686. p. 1019. Qui voudra voir un grand nom-bre de preuves de la même force en faveur de la theſe de *Celſe* n'a qu'à conſulter le judicieux Auteur du livre intitulé *De l'honneur que les Bêtes ont rendu à ſ'Euchariſtie.*

C H A-

CHAPITRE IV.

Suite des argumens du Cartesien. Machines surprenantes que les hommes ont faites. Comparaison de l'art humain avec l'art divin. L'Instinct des brutes suppose une Raison extérieure qui les conduit, en produisant par le méchanisme des effets raisonnez. La Sagesse incréée, la Raison universelle est la Raison des brutes. Magnificence de cette idée qui mal entendue a produit celle de l'ame du monde. Dieu ne fait rien d'inutile. Les Bêtes n'ont donc point d'ame. Conclusion du Plaidoyer du Cartesien.

CONTINUONS d'écouter le partisan de cette Doctrine, il va nous alleguer en sa faveur une nouvelle considération, qui me paroit avoir quelque chose d'éblouïssant, elle est prise des productions de l'art. On sait jusqu'où est allée l'industrie des hommes dans certaines machines; leurs effets sont inconcevables, & paroissent tenir du miracle, dans l'esprit de ceux qui ne sont pas versez dans la méchanique. Rassemblez ici toutes les merveilles dont vous ayez jamais ouï parler en ce genre; Des (a) Statuës qui marchent, des mouches artificielles qui volent, & qui bourdonnent; des araignées de même fabrique qui filent leur toile; des oiseaux qui chantent, une tête d'or qui parle, un Pan qui

jouë

(a) V. Kircher. Oedip. Tom. 2. Claf. 8. C. 3. apud Pardies, de la conoiss. des bêtes, §. 20.

jouë de la flute; on n'auroit jamais fait
l'énumération, même à s'en tenir aux gé-
néralitez de chaque espéce, de toutes ces
inventions de l'art qui copie si agréablement la nature.   Les Cartéfiens croyent
que l'on pourroit tirer de ces effais imparfaits, de ces foibles ébauches, des Ma-
chiniftes, le même usage que les Chimis-
tes tirent de leurs fermentations artificielles, par où, dit Mr. DE FONTENELLE, *en
contrefaifant la nature on attrape quelquefois
fon fecret.*   Voici donc comme nos Philofophes raifonnent.   Réüniffez tout l'art
& tous les mouvemens furprenans de ces
différentes machines dans une feule; ce ne
fera encore que l'art humain; jugez ce que
produira l'art divin.   Remarquez qu'il ne
s'agit pas d'une machine en idée, que Dieu
pourroit produire; la machine eft toute
produite; le corps de l'animal eft inconteftablement une machine compofée de
refforts infiniment plus déliez que ne feroient ceux de la machine artificielle, où
nous fuppofons que fe réünit toute l'induftrie répanduë & partagée entre tant
d'autres que nous avons vû jufqu'ici.   Il
s'agit donc de favoir, fi le corps de l'animal étant, fans comparaifon, au deffüs
de ce que feroit cette machine, par la délicateffe, la varieté, l'arrangement, la compofition de fes refforts, nous ne pouvons
pas juger, en raifonnant du plus petit au
plus grand, que fon organization peut cau-
fer cette varieté de mouvemens réguliers,
que

que nous voyons faire à l'animal; & si, quoi que nous n'ayons pas à beaucoup près là-dessus une connoissance exacte & complette, nous ne sommes pas en droit de juger qu'elle renferme assez d'art pour produire tous ces effets.

En vain replique-t-on, qu'il n'est rien de plus vague que l'idée des Cartesiens, qu'ils ne peuvent donner la description précise de cette fabrique, qu'ils s'expliquent toûjours confusément, indéterminément, qu'ils ne parlent jamais que de certaines fibres, de certaines traces; sans nous marquer en detail le tissu de ces fibres, la nature de ces traces &c. C'est là très mal raisonner, n'en déplaise au P. *Daniel* qui s'égaye fort sur cet article. Nous avons une idée claire de certaines causes générales, dont la fécondité peut produire mille effets particuliers: nous connoissons clairement cette fécondité, quoi que nous ne puissions déterminer au juste la maniére dont cette cause s'applique à tel & tel effet. Nous savons que les Plantes, les metaux, les mineraux, & tous les corps physiques, ne différent entr'eux que par la grosseur, la configuration, l'arrangement de leurs parties intégrantes; il nous est pourtant impossible de déterminer la figure, la grosseur, l'arrangement précis des parties insensibles qui composent chaque corps, qui en constituent la forme, & qui le differencient de tous les autres. Outre cela, l'objection peut

peut se retorquer contre ceux qui la font. Vous, Messieurs, dira le Cartésien, vous moquez de mon Hypothése, parce que je ne puis vous la démontrer en détail; expliquez-moi, je vous prie, quelle est cette differente impression des objets sur vos organes qui produit, ou excite dans votre ame les differentes sensations des couleurs, des sons, des odeurs. Non seulement les sensations qui dépendent des differens sens, mais les varietez infinies de chaque espéce de sensation, supposent autant de varietez dans l'impression faite sur les organes. Vous n'expliquerez jamais ces varietez, qu'en vous servant de ces termes vagues de *certains nerfs* &c. que vous me réprochez. Vous demandez pourquoi un chien demeure immobile quand on prononce certaines paroles, & se met à sauter au son de certaines autres? Vous ne vous payez pas de la correspondance, que je suppose entre un certain ébranlement du nerf acoustique & certain mouvement dans les jambes, parce que cela est vague; je demande à mon tour, pourquoi l'ame du chien reçoit-elle deux idées distinctes, lors qu'on prononce deux differens mots? Vous voila dans le même embarras que moi.

L'admirable instinct des animaux, si nous en voulons tirer quelque conséquence, semble conclurre pour le Méchanisme: vous voyez dans chaque espéce une maniére d'agir uniforme, beaucoup plus sûre & beaucoup plus fixe, & qui les mè-

ne

ne beaucoup plus droit à leur but, que
les hommes n'iroient en pareil cas, aidez
comme ils le font, de tous les fecours du
raifonnement & de l'experience. (1) Les
bêtes font renfermées dans une certaine
Sphere dont elles ne s'écartent jamais, &
dans cette Sphere, elles paflent toute l'induftrie humaine. Ce n'eft point par les
inductions du raifonnement, & par les
vuës que donne l'expérience, que les brutes choififfent leurs alimens, fe fervent
des avantages particuliers de la ftructure
de leurs corps pour fe défendre, que l'hirondelle bâtit fon nid, que les abeilles
conftruifent leurs ruches, & que les fourmis rempliffent leurs magazins; que les
mères en général pourvoient fi admirable-
ment, fi convenablement, à la nourriture
de leurs petits. On voit dans chaque efpéce
pour toutes ces differentes fonctions, un
art, des vuës, un ordre, une proportion
des moyens aux fins, qui nous raviffent en
admiration, & que l'intelligence humaine
n'au-

(1) Cette inegalité de raifon & d'induftrie dans les
Bêtes reflemble affez au caractere de ces efprits que
M Bayle fuppofe prefider à la Fortune Art. Timoleon
rem K. §. VI. à la fin. L'inftinct & la ftructure dans
chaque efpece de brutes fupplée l'intelligence par raport aux befoins de chacune, qui font bornez: dans
l'homme où les befoins font plus étendus l'intelligence feule fupplée à ces divers méchanifmes. V. Myl.
Shaftesbury Characterift. Tome II. the Moralifts p. 304.
Sur l'inftinct des animaux Voy. Shaftesb. ubi fup. p. 308.
&c. & le Spect. Tom. II. Difc. XXI. & XXII. De la
Traduction Françoife, fur les fins & les ufages de
leurs differentes fabriques.

n'auroit pû ni prevoir, ni imaginer. Cet art que possede chaque animal, est exacte ment renfermé dans un petit cercle : il paroît également dans tous les individus ; il y paroît tout d'un coup, sans préparation ; il n'est jamais fautif, ni derangé le moins du monde. Qui peut avoir averti l'agneau que le loup est son ennemi ? Qui-est-ce qui a conseillé aux Abeilles de chasser les Guêpes qui gâteroient leur ouvrage ? Sous quel Maitre d'Architecture ont-elles apris à construire si artistement leurs cellules ? Qui leur a donné la recepte de leur miel ? C'est la Nature, dit-on, c'est l'instinct. D'accord, mais qu'entendez-vous par ces mots d'instinct & de nature ? De bonne foi, (1) une si grande habileté & des lumieres si infaillibles, mais bornées à un seul objet, & qui ne passent jamais une certaine Sphere, c'est ce qu'on ne peut attribuer

(1) „ Il n'y a rien de plus deraisonnable, de plus „ contradictoire & de plus bizarre, que de vouloir que „ les bêtes fissent avec connoissance & par connois- „ sance mille actes de Raison, sans Raison. *Essais nou-* „ *veaux de Morale de l'ame de l'homme.* Ch. 7. p. 43.

„ On ne peut reconnoître dans les Bêtes des instincts „ qui les éclairent, puis qu'ils ne nous éclairent pas „ nous-mêmes qui sommes d'ailleurs incontestable- „ ment capables d'être éclairez par la Raison. *Ibid.* „ p. 35.

„ Une Raison finie est toujours imparfaite & limi- „ tée. C'est une lumiere qui ne fait point toûjours „ agir de même façon, elle n'est pas déterminée à „ un objet seulement. Elle conduit & est conduite : „ Or il est certain que la Raison des Bêtes n'a aucun „ de ces caracteres. *Ibid.* p. 36.

D

tribuer raisonnablement à l'ame des Bêtes. Vous vous recrierez tant qu'il vous plaira, (a) que c'est faire des suppositions inconcevables, ridicules, extravagantes, que de pretendre expliquer par la seule disposition de la machine, tout ce qui se passe dans la Republique des Abeilles; que cette multiplicité de ressorts, que ces combinaisons infinies d'impressions & de mouvemens qu'il faudroit supposer dans chaque Abeille, par raport à tous les emplois qu'elle execute, & pour répondre à toutes les rélations qu'elle a avec les autres Abeilles du même essain, est une chose dont l'absurdité revolte l'esprit; je détruirai par la retorsion toute la force de cet argument, car si l'ame de l'Abeille régle par son action sur la machine toutes ces opérations, ou l'art qu'elles renferment doit être attribué à cette ame, à qui Dieu en aura communiqué au moment de sa Création toutes les idées, & toutes les régles par une habitude infuse, ce qui seroit placer l'ame de ces petits animaux infiniment au dessus de l'ame humaine; ou bien, il faut que vous conveniez que c'est la structure particuliére du cerveau de l'abeille qui modifie son ame d'une maniere propre à imprimer à son corps telle ou telle suite de mouvemens; & c'est revenir par un grand détour au méchanisme qu'on vouloit éviter. Ainsi les différences que l'on aperçoit dans les animaux, par raport au plus ou moins d'art, de finesse,

do

(a) Suite du Voyage du Monde de Descartes pp. 63 - 65.

de connoissance, dependront de la différente structure de leurs organes.

De là le Cartésien conclut que l'Intelligence qui préside aux mouvemens des animaux, n'est autre que celle du Créateur, dont l'art infini a sû préparer en eux par une espéce d'harmonie préétablie, tant de mouvemens si variez, si reglez, & proportionnez avec une si exacte justesse aux fins qu'il s'est proposé, qu'ils ne s'en écartent jamais. Le Cartésianisme ne fait que donner à cette conclusion un peu plus d'étenduë qu'elle n'en a dans l'autre Systême; car on convient assez généralement, ce me semble, que le dernier but de certaines actions des Bêtes, sur tout celles que nous attribuons à l'instinct, n'est pas un but que l'ame de l'animal se propose, mais celui du Créateur.

On sent mieux que je ne puis l'exprimer, la magnificence de cette idée; & je ne sai, pour prendre ici le contrepied d'un (a) Auteur célèbre, en me servant de ses propres termes, si ce qu'elle a de trop vaste & de trop élévé pour notre esprit, feroit une juste raison de s'en défier. Il semble par un passage de *Plutarque* qu'*Anacharsis*, Philosophe Scythe, l'avoit du moins entrevuë: Il dit „que les animaux „ brutes obéïssent dans leurs mouvemens „ aux impressions que leur donnent les „ Dieux, à peu près (1) comme la flêche „ tirée

(a) *Fontenelle* dans l'Eloge de Mr. *Leibnitz*. Il dit que ce que le Systême de l'harmonie préétablie a de trop vaste &c. est une juste raison de s'en défier.

(1) Ὥσπερ Σκύθαις τόξα καὶ Ἕλλεσι κίθα-ξαι

,, tirée par un Scythe, fuit la direction du
,, mouvement que fa main lui imprime,
,, & comme la Lyre & la Flûte dans cel-
,, le du Grec, font dociles à l'impreffion
,, qu'elle.

ϱαι λύραιτε καὶ ἄυλοι συμπαθῶσι. Plut. *in Sym-
pof.* verfus finem. Un homme qui auroit bien envie
de trouver dans l'Antiquité l'opinion des Automates
la trouveroit à coup fûr dans ces paroles d'*Anacharfis.*
Ce n'eft pourtant point tout-à-fait cela fi on examine bien ce paffage. *Gorgias* venoit de raconter
l'Hiftoire d'*Arion* fauvé par les Dauphins : on avoit enfuite allegué d'autres exemples de l'amitié que cette
efpéce d'animaux porte aux hommes & des bons offi-
ces qu'elle leur avoit rendus. Sur quoi *Anacharfis* prenant la parole, dit que ce que *Thalès* avoit foutenu,
que les parties les plus confiderables de l'Univers, font
gouvernées par une ame, doit s'étendre aux plus remarquables evenemens de la vie humaine, qui font
fans doute foumis à un pouvoir fuperieur; que comme le corps eft un inftrument de l'ame, l'ame elle-
même eft un inftrument dans la main de Dieu; que
comme le corps animal a de deux fortes de mouvemens, les uns qui procedent du corps feul; les autres
qui font les plus nobles & en plus grand nombre,
dont l'ame eft le principe, de même il y a des actions
que l'ame opere par fon propre pouvoir, mais qu'il y
en a beaucoup plus où elle n'a que l'inftrument de la
volonté & du pouvoir de Dieu. Ce Philofophe ajoûte qu'il feroit injurieux à la fageffe des Dieux de fuppofer, qu'ils fe contentent d'employer le feu, l'eau, les
vents, les nuages & la pluye pour exécuter les deffeins
de leur Providence fur les hommes, pour les proteger
ou pour les punir; & qu'ils ne fe fervent point pour
les mêmes fins de l'action des animaux ζωῶν auffi
dociles aux impreffions que les Dieux voudroient
leur donner, que la flêche d'un Scythe &c. Ce n'eft
point là l'idée Cartéfienne d'une Raifon divine qui
gouverne les animaux par le pur méchanifme. *Anacharfis* fuppofe au contraire que c'eft l'ame de ces animaux qui obeît aux impreffions que lui donne la Divinité & que p. ex. chaque animal a fon ame en propre,

,, qu'elle leur donne, & rendent fidelé-
,, ment tous les fons qu'il plaît au joueur
,, d'en tirer.

Cette vafte Intelligence qui embraffe
tout l'Univers, qui anime & dirige tout,
qui fe manifefte par tout avec des caractéres auffi brillans que variez, mais qui cependant réfide dans un feul Efprit infini,
eft quelque chofe de fi grand que l'efprit
humain a toujours eu de la peine à le concevoir. De là vient (1) l'opinion fi commune chez les Anciens Philofophes, touchant l'ame du Monde, qu'ils concevoient
répanduë par tout l'Univers, dont les a-
mes humaines & celles des animaux brûtes étoient autant de portions, & qui s'ac-
commodant à la difpofition des corps particuliers qu'elle animoit, raifonnoit dans
l'homme, fentoit dans les bétes, & ve-
getoit dans les plantes. L'efprit humain
foible

(1) Voyez-la parfaitement bien refutée dans DITTON
Difc. concerning the Refurrect. of Chrift. Append Sect. VIII.
Lés Partifans de ce Syfteme fe ferviroient volontiers des
expreffions, quoi que dans un autre fens, d'*Anacharfis.*
Ils employent la comparaifon d'une orgue dont les
differens tuyaux remplis par un même fouffle rendent une grande varieté de fons. L'ame du Monde
reffembleroit à ces Muficiens de l'Antiquité qui
jouoient avec des flutes conjointes, c'eft-à-dire avec
plufieurs flûtes qu'un feul homme embouchoit à la
fois, pour plus de juftefle dans l'accompagnement.
Voyez auffi la doctrine de l'ame du Monde foutenue
dans un autre fens & developée par divers paffages
d'*Ariftote* que l'on prouve l'avoir enfeignée en concluant des corps organizez à l'Univers, ap. CUD-
WORTH *Intell. Syft.* L. 3. §. 23. 24.

foible & borné n'a pû concevoir l'Intelligence qui gouverne l'Univers, qu'en la partageant & la dissipant, pour ainsi dire, en une infinité de parcelles, qu'en assignant à divers sujets distincts, une mesure distincte de raison & de connoissance. On a crû voir dans chaque partie du Monde, autant de principes particuliers de vie, de volonté, de pensée, d'action, qu'on voyoit de formes, de propriétez distinctes dans les corps, & de phénoménes differens. C'est ce qui a donné lieu aux fictions des Poëtes, qui animent toute la nature. Ce n'est pas dans leur seule imagination qu'ils les ont puisées; Ils ont suivi la pente universelle de l'esprit humain, & c'est à cause du raport qu'elles ont avec ce penchant, que ces fictions nous plaisent. (a) C'est encore là une des sources du Polythéisme. C'est incontestablement celle des préjugez & du langage obscur de l'Ecole, quand elle enseigne que la Nature abhorre le vuide; quand elle parle de l'antiperistase, de la guerre des Elemens, des sympathies de certains corps, & de leurs antipathies. C'est la clef de mille maniéres de parler très-familiéres dans le langage commun &c. Vous voyez qu'un Cartésien, pour peu qu'il ait d'éloquence, a ici un fort beau champ.

Il souscrit donc à cette thése prise dans un bon sens, *Deus est anima brutorum*, l'Intelligence Divine est la Raison des Brutes. Non qu'elle s'applique à chaque Automate

te pour y produire immédiatement tels &
tels mouvemens; mais elle lui donne, par
l'agencement des reſſorts qui le compo-
ſent, une certaine tablature qu'il ſuit ſu-
violablement, en vertu des Loix méchaniques.   Pour tout réduire en deux mots,
Dieu peut produire une machine qui ſans
la direction d'une ame qui lui ſoit unie, exécute tout ce que nous voyons faire aux bêtes. Le corps des bêtes réaliſe cette idée,
parce que ce que nous en connoiſſons
nous montre que c'eſt une machine ex-
trémement compoſée, & cela même que
nous n'en ſaurions pénétrer tout l'artifice
& tous les reſſorts, nous aide à comprendre qu'ils peuvent être dans un degré d'art
& de fineſſe qui réponde à la variété des
phénoménes.   Si le peu de découvertes
que nous avons faites dans cette ſtructure, nous fourniſſent des principes d'explications générales pour les actions les plus
ſimples, une connoiſſance parfaite nous
donneroit tout le détail qui nous embar-
raſſe.   En un mot, Dieu a pû former de
pareils Automates; il eſt même digne de
la magnificence du Créateur d'en avoir
formé. La merveilleuſe ſtructure des animaux, dont nous connoiſſons aſſez pour
ſavoir combien nous ſommes éloignez
de connoître tout, nous conduit naturellement là; rien n'oblige d'y admettre une ame
qui ſeroit hors d'œuvre, puis que toutes
les actions des animaux ont pour derniére
fin la conſervation du corps, & qu'il eſt

de la Sagesse divine de ne faire rien d'inutile; d'agir par les plus simples voyes; de
proportionner l'excellence & le nombre
des moyens à l'importance de la fin; par
conséquent Dieu n'aura employé que des
loix méchaniques pour l'entretien de la
machine; il aura mis en elle-même, &
non hors d'elle, le principe de sa conservation & de toutes les opérations qui y tendent. Donc, si nous voulons régler nos
jugemens sur nos connoissances distinctes,
& ne point deviner ce que nous ne voyons
pas, il faut avouer que rien ne nous persuade raisonnablement de l'existence de l'a-
me des Bêtes. Voila le plaidoyer du Cartésien fini.

CHAPITRE V.

*Refutation du Systême des Automates. Tout
se reduit à une Question de fait, où la
simple possibilité ne prouve rien. Deux
Principes qui fondent la certitude morale.
Ils sont incompatibles avec l'hypothese Car-
tésienne qui par consequent est propre à
jetter dans le Pyrrhonisme. C'est l'endroit
foible de cette hypothése. Imprudence de
ceux qui l'ont attaquée par cet endroit. En
refutant les Automates, ils ont travaillé à
rendre douteuse l'existence des ames humaines.*

J'Ai tâché dans l'exposé que je viens de
faire du fameux Systême des Automates,

tes, de ne rien omettre de ce qu'il a de plus fpécieux, & de repréfenter en petit (car les détails euffent été inutiles vû le grand nombre d'Ecrits que nous avons fur cette matiére) toutes les raifons directes qui peuvent établir ce Syftême, lefquelles étant bien pefées fe reduifent à ceci ; c'eft que le feul méchanifme rendant raifon des mouvemens des Brûtes, l'hypothéfe qui leur donne une ame eft fauffe, par cela même qu'elle eft fuperfluë. Cela n'étoit point inutile à mon but. Il eft toujours, non feulement jufte, mais avantageux de mettre dans le plus beau jour que l'on peut, l'opinion que l'on veut combattre ; car on n'en découvre jamais mieux tout le foible, que lors qu'on en a fenti tout le fort.

Je redis ici hardiment ce que j'infinuois dès l'entrée ; l'Hypothéfe Cartéfienne revolte le préjugé naturel de tous les hommes ; elle amufe enfuite la Raifon pour quelque tems, enfin elle fe voit détruite par la Raifon même qui prend le parti du préjugé, en dévelopant ce qu'il y a de réel & de folide dans ces impreffions confufes que l'on appelle penchans naturels de l'efprit à croire, ou à ne pas croire. Car la Raifon, qu'eft-elle au fonds, qu'un bon fens plus developé & plus lumineux, qui démontre aux efprits fpéculatifs ce que le vulgaire ne fait que fentir ? Je mets en fait, que fi l'on veut raifonner fur l'expérience, on démonte les machines Cartéfiennes ;

D 5   &

& que posant pour fondement les actions que nous voyons faire aux bêtes, on peut aller de conséquence en conséquence, en suivant les régles de la plus exacte Logique, jusqu'à démontrer qu'il y a dans les bêtes un principe immatériel lequel est cause de ces actions. Il ne faut pas, ce me semble, chicaner les Cartésiens sur la possibilité d'un méchanisme qui produiroit tous ces phénoménes. Ils disent de belles & bonnes choses quand ils nous parlent de la fécondité des loix du mouvement, des miraculeux effets de la Méchanique, de l'étenduë incompréhensible de l'Entendement divin; & quand ils comparent l'industrie des machines que l'art des hommes a construites, avec le merveilleux infiniment plus grand qne le Créateur de l'Univers pourroit mettre dans celles qu'il produiroit. Je regarde cette idée féconde & presqu'infinie des possibilitez méchaniques, des combinaisons de la figure & du mouvement, jointe à celle de la sagesse & de la puissance du Créateur, comme le fort inexpugnable du Cartésianisme. On ne sauroit dire où cela ne méne point; & certainement quiconque a tant soit peu consulté l'idée de l'Etre infiniment parfait, prendra bien garde à ne nier jamais la possibilité de quoi que ce soit, pourvû qu'il n'implique pas contradiction.

Mais dès que le Cartésien prenant pied sur cette possibilité qu'on lui accorde, vient argumenter de cette maniére: Puis
que

que Dieu peut produire des êtres tels que mes Automates, qui nous empêchera de croire qu'il les a produits? Les opérations des brûtes quelque admirables qu'elles nous paroissent peuvent être le résultat d'une combinaison de ressorts, d'un certain arrangement d'organes, d'une certaine application précise des Loix générales du mouvement, laquelle de votre aveu l'art divin est capable de concevoir & de produire: donc il ne faut point attribuer aux bêtes un principe qui pense & qui sent, puis que tout peut s'expliquer sans ce principe; donc il faut conclurre qu'elles sont de pures machines: on fera bien alors de lui nier cette conséquence, & de lui dire; Nous avons certitude qu'il y a dans les bêtes un principe qui pense & qui sent; tout ce que nous leur voyons faire nous conduit à un tel principe; donc nous sommes fondez à le leur attribuer, malgré la possibilité contraire qu'on nous oppose.

Remarquez qu'il s'agit ici d'une question de fait, savoir si dans les bêtes un tel principe existe ou n'existe point. Nous voyons des effets, ce sont les actions des bêtes; il s'agit de découvrir quelle en est la cause, & nous sommes astreints ici à la même maniére de raisonner dont les Physiciens se servent dans la recherche des causes naturelles, & que les Historiens employent quand ils veulent s'assurer de certains événemens. Les mêmes principes qui nous conduisent à la certitu-

de

de sur les questions de ce genre, doivent nous déterminer dans celle-ci. Dès que l'on sort du païs des démonstrations & de la sphere des idées abstraites, où la certitude est toûjours accompagnée d'évidence, on n'a pour guide que ces deux régles, qui font le fondement de ce qu'on appelle certitude morale. La premiere régle, c'est que Dieu ne sauroit tromper. Voici la seconde : la liaison d'un grand nombre d'apparences ou d'effets réunis avec une cause qui les explique, prouve l'existence de cette cause. Si dans une suite d'apparences ou d'effets, on n'en peut reduire que quelques-unes à une certaine cause particuliére, si la cause supposée n'explique qu'une partie des apparences, sans expliquer l'autre partie, alors cette cause est simplement probable, & sa probabilité croît en même proportion que le nombre des effets expliquez. Mais si la cause supposée explique tous les phénoménes connus, s'ils se réünissent tous à un même principe, comme autant de lignes dans un centre commun, si nous ne pouvons imaginer d'autre principe qui rende raison de tous ces phénoménes que celui-là, nous devons tenir pour indubitable l'existence de ce principe. Voila le point fixe de certitude au delà duquel l'esprit humain ne sauroit aller ; car il est impossible que notre esprit demeure en suspens, lors qu'il y a raison suffisante d'un côté, & qu'il n'y en a point de l'autre. Il lui est impossible

lors

lorſqu'il voit une ſuite d'effets, de ne pas affirmer l'exiſtence d'une cauſe qui rend clairement raiſon de ces effets, & qui ſeule en rend raiſon. Si nous nous trompons malgré cela, c'eſt Dieu qui nous trompe, puiſqu'il nous a faits de telle maniére, & qu'il ne nous a point donné d'autre moyen de parvenir à la certitude ſur de pareils ſujets. Si les Bêtes ſont de pures machines, Dieu nous trompe ; cet argument eſt le coup de mort pour l'hypothéſe des machines.

Les adverſaires du Cartéſianiſme avoient déja entrevû cet endroit foible ; mais ils n'ont pas bien ſû conduire l'attaque, ou peut-être n'ont-ils pas oſé la pouſſer comme il faloit, de peur de fournir des armes aux Pyrrhoniens. Le P. *Pardies* (a) n'a fait qu'éfleurer l'objection : elle eſt devenue beaucoup plus rédoutable dans les mains du P. *Daniel* (b). J'avoue qu'il l'a maniée avec eſprit & que ſon Livre eſt capable d'embaraſſer les Cartéſiens en les reduiſant à une eſpéce d'abſurde. Je dis une eſpéce ; car ce tour de raiſonnement où il combat le dogme par ſes conſéquences, diſant aux Cartéſiens ; Si vos argumens prouvent que les Bêtes ne ſont que des machines, vous ne pouvez être aſſuré que tous les hommes, excepté vous ſeul, ne ſont pas autant d'Automates ; ce tour de raiſonnement, dis je, n'eſt qu'un appel à la perſuaſion invincible où nous ſommes tous, qu'il y a dans le monde autant d'ames

(a) *Diſcours de la con-noiſſance des bêtes.*
§ CXVII.
(b) *Suite du Voyage du Monde de Deſcartes,* pp. 49. - 73.

mes humaines diſtinctes de la nôtre, que
nous voyons de corps vivans ſemblables
au nôtre, & qu'en un mot, tous ces hommes avec qui nous converſons ſont des
Etres intelligens auſſi bien que nous. Cela
s'appelle argumenter *ad hominem*, & jetter
des ténèbres ſur une matiére ſans rien
prouver ni rien éclaircir. Le ſilence où
l'on réduit le Cartéſien devient le triomphe du Sceptique qui ne manquera pas d'admettre tout du long la conſéquence, &
de faire ſon profit des difficultez que le P.
Daniel fait naître ſur l'exiſtence des ames
humaines, ſans apporter quoi que ce ſoit
qui léve ces difficultez. Cet Auteur employe la ruſe ordinaire de ceux qui jouent
le role avantageux d'attaquant. Ils ne ſe
ſoucient pas de rien établir, pourvû qu'ils
ruïnent la théſe de leur adverſaire : Ils ne
s'arrêtent point d'ordinaire à la combattre
dans le point de vûe ſur lequel roule la
diſpute ; ils la transportent par la voye des
conſéquences dans d'autres cas ſuppoſez,
où cette théſe donne plus de priſe au ridicule ; c'eſt-là qu'ils font tomber tout leur
effort ; ils montrent qu'une opinion par
ſes ſuites neceſſaires, tend à faire douter
de certaines choſes généralement reconnues pour vrayes ſans ſe mettre en peine
d'apporter des preuves poſitives qui du
même coup établiſſent démonſtrativement
ces veritez, & renverſent la theſe qui tendoit à les ébranler. Tel eſt l'inconvenient
de la méthode du P. *Daniel* ; il faut tâcher.

cher d'y rémedier, en montrant directement l'exiſtence d'une ame intelligente
dans chaque homme que nous voyons,
nous aſſurent auſſi celle d'un principe immatériel dans les bêtes.

CHAPITRE VI.

On prouve au Pyrrhonien, en appliquant les
deux principes ci-deſſus, que les hommes
qu'il voit ne ſont pas autant d'Automates.
On démontre par la même voye contre le
Cartéſien, que les Brutes ne le ſont pas.
Replique du Cartéſien. On entend trop
finement les actions des Bêtes. C'eſt l'i-
magination & la prévention qui les racon-
te. Foibleſſe de cette défenſe.

AVOUONS-LE d'abord; ſi Dieu peut
faire une machine qui par la ſeule
diſpoſition de ſes reſſorts exécute toutes
les actions ſurprenantes que l'on admire
dans un chien, ou dans un ſinge, il peut
former d'autres machines qui imiteront
parfaitement toutes les actions des hommes. L'un & l'autre eſt également poſſible à Dieu, & il n'y aura dans ce dernier cas, qu'une plus grande dépenſe
d'art: Une organization plus fine, plus
de reſſorts combinez feront toute la difference. Dieu dans ſon entendement infini renfermant les idées de toutes les com-
binaiſons, de tous les rapports poſſibles
de figures, d'impreſſions, & de déterminations

nations de mouvement, & son pouvoir
égalant son intelligence, il me paroît clair
qu'il n'y a de différence dans ces deux suppositions que celle des dégrez du plus &
du moins qui ne changent rien dans le païs
des possibilitez.   Je ne vois pas par où les
Cartésiens peuvent échaper à cette conséquence, & quelles disparitez essentielles
ils peuvent trouver, entre le cas du méchanisme des Bêtes qu'ils défendent, &
le cas imaginaire qui transformeroit tous
les hommes en Automates, & qui rédui-
roit le Cartésien à n'être pas bien sûr qu'il
y ait d'autres Intelligences au Monde que
Dieu & son propre Esprit. Mr. *Bayle* nous
renvoye au P. *Lamy* Bénédictin qui renverse, dit-on, ce prétendu parallele en
faisant voir, qu'on n'a nulle raison solide
d'attribuer de la connoissance aux bêtes,
au lieu que chacun peut se convaincre par
de fortes raisons que les hommes connoif-
sent & ne font pas de pures machines. Je
voudrois voir ces raisons qui font pour
l'homme, & qui lui font si particulieres
qu'elles né concluent rien pour la bête.
On auroit tort de ramener la vieille répon-
ce, (1) tirée du langage que les hommes
em-

____

(1) Voyez pourtant cette réponse mise dans un affez beau jour par LA FORGE, *Traité de l'esprit humain*,
p m. 35. ibid. Chap. XX. p. 359. - 362. & CORDE-
MOY *Disc. sur la parole* p. 8. - 23. Il ajoute une autre
raison prise des actions qui n'ont aucun raport à l'u-
tilité du corps, ou qui tendent même à sa destruction.
Je renvoye à ces deux Auteurs parce que je n'ai point
vû le Livre du P. *Lamy*.

employent des difcours fuivis, des entretiens foutenus que je puis lier avec un autre homme ; où j'interroge & où l'on me ré-
pond en conformité à ce que j'ai demandé, où les idées qu'excitent dans mon efprit, les fons que tel homme profére, fe
lient, par une jufte correfpondance avec
celles que je voulois exprimer en lui parlant.   Le P. *Daniel* a forcé ce retran chement; il a montré, que le difcours n'é-
tant qu'une fuite de fons formez par une
fuite de divers mouvemens dans les organes de la parole, ces mouvemens peuvent avoir été préparez & produits méchaniquement, de forte qu'en vertu de la
machine, ajuftée à la différente difpofition des corps extérieurs, il fuffit que le
cerveau foit frapé de tels ou tels fons,
pour déterminer les efprits à remuer la
langue comme il le faut pour prononcer
telles paroles rangées dans un certain ordre.   Il a fort bien fait voir, que les fignes font équivalens aux paroles, pour
défigner une ame raifonnable; il a même
foutenu d'une maniére affez plaufible, que
les actions fuivies & proportionnées à un
certain but, repréfentent auffi clairement
une penfée & une intelligence, que le feroit une harangue ou une converfation de
deux heures, & que l'on remarque dans
les brutes de ces actions fuivies & raifonnées qui découvrent, pour le moins, autant d'intelligence que celles de plufieurs
animaux à figure humaine; Il eft étrange,

E

&

& quel sujet ici de lamentations sur la foi-
blesse de l'esprit humain! Il est étrange
que l'on puisse pousser des Philosophes
même avec une idée aussi creuse que celle-là. Mais cela nous montre à quel
point c'est une voye d'égarement que de
vouloir raisonner sur la puissance de Dieu en
abandonnant l'experience, & de conclurre
de ce que Dieu peut faire à ce qu'il a fait.
Les Pyrrhoniens ne demandent pas mieux
que de s'égarer ainsi, en égarant les autres avec eux, à travers le païs perdu des
possibilitez. Tâchons de leur fermer la
bouche, par des preuves qui tendent à
l'éclaircissement de notre question principale.

Si j'avois affaire à un Pyrrhonien de
cette volée, comment m'y prendrois-je,
pour lui prouver que ces hommes qu'il
voit ne sont pas des Automates? Je ferois
d'abord marcher devant moi ces deux principes. 1. Dieu ne peut tromper. 2. La
liaison d'une longue chaîne d'apparences
avec une cause qui explique parfaitement
ces apparences, & qui seule me les explique, prouve l'existence de cette cause.
Convenez avec moi, Monsieur, lui di-
rois-je, que la pure possibilité ne prouve
rien, puisque qui dit possibilité qu'une chose soit de telle manière, pose en même
tems possibilité égale pour la manière opposée. Dans la pure possibilité l'esprit
garde un parfait équilibre; il ne penche de
côté ni d'autre; il ne nie, ni n'affirme
rien

rien. Supposé dans une question, simple possibilité d'une part, & deux dégrez seulement de probabilité de l'autre, ces deux degrez emportent la balance, & l'esprit doit pencher de ce dernier côté, d'autant de degrez. Supposez encore que dans une question problematique, il y ait quatre degrez pour le non, & dix pour le oui, mon esprit doit pencher au oui de six degrez. Mais si je découvre une infinité de probabilitez pour un des partis qu'il y a à prendre sur la seule question, vous voyez bien, que la seule possibilité qui se trouve dans l'autre parti, n'empêche pas qu'il n'y ait certitude entiere pour celui que j'ai pris. En un mot, vous voyez que la simple possibilité ne sauroit déterminer à embrasser quelque parti que ce soit. Appliquons ceci à notre question. Vous m'alleguez qu'il est possible que Dieu ait fabriqué des machines semblables (1) au corps humain, qui par les seules loix du

(1) L'imagination des Poëtes a prévenu celle des Philosophes sur ce Merveilleux outré ; témoin ces Trepieds ouvrage de *Vulcain* qui alloient d'eux-mêmes dans l'Assemblée des Dieux au raport d'*Homere* ; & ces belles Esclaves d'or que *Thetis* trouva chez *Vulcain*, à ce que raconte ce même Poëte, qui paroissoient vivantes, & qui réellement douées avec cela d'entendement, de force & de souplesse par une faveur particuliere des Immortels avoient si bien apris l'art de leur Maitre, qu'elles travailloient auprès de lui, & lui aidoient à faire ces ouvrages surprenans qui croient l'admiration des Dieux & des hommes. *Iliad.* XVIII. V. ce que dit là-dessus l'Abbé T E R R A S S O N, *Dissert. Crit.*

sur

du méchanisme parleront, s'entretiendroit
avec moi, feront des discours suivis, écri-
ront des Livres bien raisonnez, pratique-
ront la plus fine manœuvre des Arts pour
produire les Ouvrages les plus industrieux.
Ce sera Dieu dans ce cas, qui ayant toutes les idées que je reçois à l'occasion des
mouvemens divers de ces Etres que je
crois intelligens comme moi, fait jouer
les ressorts de certains Automates pour
m'imprimer ces idées à leur occasion, &
qui execute tout cela lui seul par les seules loix du méchanisme.   J'accorde que
tout cela est possible; mais comparez un
peu votre supposition avec la mienne;
Vous, vous attribuez tout ce que je vois,
à un méchanisme caché, qui vous est parfaitement inconnu, aussi·bien qu'à moi,
dont, quelqu'effort que vous fassiez, vous
ne pouvez ni vous former vous même l'i-
dée, ni me la donner.   Vous supposez
une cause dont vous ne voyez assurément
point la liaison avec aucun des effets, &
qui ne rend raison d'aucune des apparences; moi je trouve d'abord une cause dont
j'ai l'idée, une cause qui réunit, qui explique toutes ces apparences; cette cause
c'est une ame semblable à la mienne, laquelle est unie à un corps semblable au
mien.

sur l'Iliade Tome 2. p 246. Ne diroit·on pas que
l'Harmonie préétablie a été imaginée d'après ce modelle? Homere & Mr. Leibnitz se ressemblent assez par
leur amour demesuré pour le merveilleux. Il y a une
certaine Philosophie qui sympathise avec la Fable,

mien. Je fai que je fais toutes ces mêmes actions extérieures que je vois faire aux autres hommes par la direction d'une ame qui penfe, qui raifonne, qui a des idées, qui eft unie à un corps dont elle régle comme il lui plaît les mouvemens. Je prononce des difcours fuivis, je fixe mes penfées par l'écriture, je fais certaines actions, qui expriment mes penfées & qui tendent à exécuter les deffeins que j'ai conçûs. Je vois clairement la liaifon de toutes ces opérations differentes, avec les idées & les volontez de mon ame intelligente & raifonnable; une ame raifonnable m'explique donc clairement des opérations pareilles que je vois faire à ces corps humains qui m'environnent. J'en conclus qu'ils font unis comme le mien à des ames raifonnables. Voilà un principe dont j'ai l'idée, qui réunit & qui explique avec une parfaite clarté les phénomenes innombrables que je vois. Je ne puis par conféquent m'empêcher d'admettre ce principe. La pure poffibilité d'une autre caufe dont vous ne me donnez point l'idée, votre méchanifme poffible, mais inconcevable, & qui ne m'explique aucun des effets que je vois, ne m'empêchera jamais d'affirmer l'exiftence d'une ame raifonnable qui me les explique, ni de croire fermement que les hommes avec qui je commerce tous les jours, ne font pas de purs Automates. Et prenez-y garde, ma croyance eft une certitude parfaite; puis qu'elle rou-

E 3

le

le fur cet autre principe évident, c'eft
que Dieu ne fauroit tromper: Or fi ce
que je prends pour des hommes comme
moi n'étoient en effet que des Automates,
il me tromperoit, il feroit alors tout ce
qui feroit neceffaire pour me pouffer dans
l'erreur, en me faifant concevoir d'un côté une raifon claire des phenomènes que
j'apperçois, laquelle pourtant n'auroit pas
lieu; tandis que de l'autre, il me cache-
roit la véritable.

Tout ce que je viens de dire s'applique
aifément aux actions des Brutes, & la conféquence va toute feule. Qu'apperce-
vons-nous chez elles ? des actions fuivies,
raifonnées, qui expriment un fens, & qui
repréfentent les idées, les defirs, les in-
térêts, les deffeins de quelque Être particulier. Il eft vrai qu'elles ne parlent pas;
& cette difparité entre les bêtes & l'homme vous fervira tout au plus à prouver
qu'elles n'ont point comme lui, des idées
univerfelles, qu'elles ne forment point de
raifonnemens abftraits. Mais elles agif-
fent d'une manière conféquente ; cela
prouve qu'elles ont un fentiment d'elles-
mêmes, & un intérêt propre qui eft le
principe & le but de leurs actions ; nous
l'avons déja remarqué plus haut, tous les
mouvemens des bêtes tendent à leur utilité, à leur confervation, à leur bien-être.
Pour peu qu'on fe donne la peine d'obferver leurs allures, il paroît manifefte-
ment une certaine Société, entre celles de
même

même espéce, & quelquefois même entre les espéces différentes; elles paroiffent
s'entendre, agir de conçert, concourir
au même deffein; elles ont une correfpondance avec les hommes; témoin les chevaux, les chiens, &c; on les dreffe, ils
apprennent; on leur commande, ils obéif-
fent; on les ménace, ils paroiffent craindre; on les flatte, ils careffent à leur tour;
ils aiment, ils haïffent, ils ont pour leurs
maîtres, & leurs maîtres ont pour eux,
des fignes intelligens. Bien plus; car il
faut mettre ici à l'écart les merveilles de
l'inftinct, nous voyons ces animaux faire
des actions fpontanées, où paroît une i-
mage de raifon & de liberté, d'autant plus
qu'elles font moins uniformes, plus diverfifiées, plus finguliéres, moins pre-
vuës, accommodées fur le champ à l'occafion préfente. Là les animaux paroiffent réflechir fur les objets, rappeller le
paffé, prévoir l'avenir, tirer des conféquences de ce qu'ils ont vû à ce qu'ils n'ont
point vû; on les voit, Logiciens & Politiques nouveaux, profiter de l'expérience,
conclurre jufte de certains principes, imaginer des rufes, former & conduire un
deffein avec la derniere fineffe, & donner
fouvent le change aux hommes, en ces cas-
là plus bêtes qu'eux.

Ne diffimulons pourtant rien, & qu'il
foit permis au Cartéfien de reprendre pour
un moment la parole, & de produire une
nftance qui manquoit à fon plaidoyer.

On entend souvent, dit-il, trop finement
les actions des bêtes; on leur prête souvent trop d'esprit; la prévention générale
où nous sommes qu'elles pensent, à peu
près comme nous, nous fait trouver des
suites raisonnées dans des mouvemens où
il n'y en a point; parce qu'ils sont le pur
effet du hazard, ou que, plûtôt, ils ont
chacun leur cause particuliére. Ce sont
de ces Chiffres où notre préoccupation
nous fait lire ce que nous voulons, & toûjours ce que nous avons dans l'ame. E-
coutez parler un Chasseur, ou bien entre-
tenez quelqu'une de ces femmes qui ont la
passion des animaux; écoutez-les raconter
l'histoire des faits & gestes de leur chien,
de leur chat, ou de leur oiseau; ce sont
des récits tels qu'une Créature humaine
en pourroit fort bien être le sujet, des récits ornez, où, selon le défaut si justement reproché à quelques Historiens, les
motifs des actions tiennent autant de plā-
ce que les actions mêmes. Elles passion-
nent tout, elles animent tout, par tout elles
mettent du rafinement & des vuës; elles subs-
tituent imperceptiblement des pensées & des
reflexions à la place des mouvemens corporels; tout comme si ces reflexions &
ces pensées étoient visibles à leurs yeux, &
mêle perpétuellement dans leur recit ces
deux sortes de choses comme si ce n'en
étoit qu'une: Voila le langage de l'imagination qui est presqu'universel, comme
on peut l'observer dans tous les entretiens

qui

qui roulent fur cette matiére. Rien de
plus ordinaire que cette efpéce d'illufion,
Mettez - vous une fois dans l'efprit qu'un
homme eft fin & rufé, vous examinerez
curieufement toutes fes démarches, vous
les interprêterez felon votre idée, vous
foupçonnerez fouvent du deflein dans fes
actions les plus indifférentes. Au contraire, foyez perfuadé que tel autre homme eft un efprit des plus bornez, il fera
tout ce qu'aura fait le premier, fans que
vous vous avifiez de penfer qu'il ait des
vuës. L'idée que vous vous êtes formée
de fon génie, vous empêche d'être attentif à fes actions, & de les tirer à conféquence. Il en va de même des brutes,
voyez-les à travers la haute opinion que
nous en donne le préjugé vulgaire, vous
ne manquerez pas d'alleguer d'un air
triomphant, certaines actions qu'on leur
voit faire comme des preuves d'intelligence; tandis que celui qui les regarde d'un
œil Cartéfien, & qui les méprife jufqu'à
les traiter de machines, déduira ces mêmes actions des loix de la Méchanique,
d'une maniére du moins auffi vrai-femblable que la vôtre; & fur cela je renvoye à
plufieurs exemples dont on trouve de bonnes explications méchaniques dans les Auteurs que j'ai citez.

Revenons de notre petit écart, en difant que cette nouvelle inftance avance
peu les affaires des Cartéfiens; elle ne leur
fert qu'à chicaner un peu le terrein; ils

E 5

revien-

revendiquent, tout au plus, à leur Systême quelques actions équivoques, qu'on lui
oppose, quoi qu'elles puissent s'interpré-
ter en sa faveur; Mais qu'y gagnent-ils?
il y en a une infinité d'autres que l'on défie le machiniste le plus subtil d'approprier
jamais à son art.   On cite des bêtes mille & mille actions raisonnées, qui ne sont
pas même des branches de l'impression
uniforme & générale de l'instinct. Mais,
sans faire ferme là-dessus, disons tout d'un
coup que toutes les actions des bêtes sont
raisonnées, puis qu'elles se rapportent à
un but; savoir la conservation & l'avantage de la bête. Appliquons donc ici nos
deux régles, en comparant le dogme Cartésien avec l'Hypothése commune. Vous,
Cartésien, m'alleguez l'idée vague d'un
méchanisme possible, mais inconnu & inexplicable pour vous & pour moi; voila, dites-vous, la source des phénoménes que
nous offrent les bêtes: Et moi j'ai l'idée
claire d'une autre cause, j'ai l'idée d'un
principe sensitif; je vois que ce principe a
des rapports très-distincts avec tous les
Phénoménes en question, & qu'il explique nettement & réünit universellement
tous ces Phénoménes. Prenez garde,
je ne dis pas que j'aye une idée claire
de ce principe par rapport à tous ces
attributs essentiels, par rapport à tous les
effets qu'il peut produire, & à toutes les
modifications qu'il peut recevoir; je dis
seulement, que je vois avec évidence qu'il

peut

peut produire tous les phénoménes dont nous parlons, c'est-à-dire, toutes les actions des brutes; que ces actions le repré-sentent & se supposent manifestement; voici ma preuve. Je vois que mon ame en qualité de principe sensitif, produit mil-le actions & remue mon corps en mille maniéres, toutes pareilles à celles dont les bêtes remuent le leur dans des circons-tances semblables. Je ne connois point d'autre principe qui me donne ces raports distincts: Posez un tel principe dans les bêtes, je vois la raison & la cause de tous les mouvemens qu'elles font pour la con-servation de leur machine. Je vois pour-quoi un Chien retire sa pate, quand le feu le brûle; pourquoi il crie quand on le frappe, &c. Otez ce principe, je n'ap-perçois plus de raison ni de cause unique & simple de tout cela. J'en conclus qu'il y a dans les bêtes un principe de sentiment; puisque Dieu n'est point trompeur & qu'il seroit trompeur au cas que les bêtes fus-sent de pures machines; puis qu'il me pre-senteroit une multitude de phenoménes, d'où résulte necessairement dans mon es-prit, l'idée d'une cause qui ne seroit point.

CHA-

CHAPITRE VII.

Nouvelle preuve de l'existence de l'ame des brutes, prise de l'analogie de leur corps avec le corps humain. L'admirable structure de leurs organes ne peut avoir d'autre but que de loger une ame immatérielle, & d'être pour cette ame principe de sensation & instrument d'action. Reflexion sur l'usage des causes finales dans la Philosophie. Il faut distinguer entre les usages directs des choses & les usages accessoires.

MAIS il faut pousser plus loin ce raisonnement pour en mieux comprendre toute la force: supposons dans les bêtes, si vous le voulez, une disposition de la machine d'où naissent toutes leurs opérations surprenantes; croyons qu'il est digne de la Sagesse divine, comme le soutiennent les Cartésiens, de produire une machine qui puisse se conserver elle-même, & qui ait au dedans d'elle, en vertu de son admirable organization, le principe de tous les mouvemens qui tendent à la conserver. Je demande à quoi bon cette machine? pourquoi ce merveilleux arrangement de ressorts? pourquoi tous ces organes semblables à ceux de nos sens, pourquoi ces yeux, ces oreilles, ces narines, ce cerveau? C'est, dites-vous, afin de régler les mouvemens de l'Automate sur les impressions diverses des corps extérieurs.

Le

Le but de tout cela, c'est la conservation
même de la Machine.   Mais encore, je
vous prie, à quoi bon dans l'Univers des
machines qui se conservent elles-mêmes?
Ne vous récriez pas sur la hardiesse de
ma question ; ne dites pas que ce n'est
point à nous de pénétrer dans les vuës du
Créateur, & d'assigner les fins qu'il se
propose dans chacun de ses Ouvrages.
Votre reflexion très judicieuse en elle-même seroit-là fort mal appliquée, & por-
teroit manifestement à faux : (1) Il seroit
téméraire de vouloir deviner les vuës de
Dieu, quand il nous les cache ; mais il
est très-raisonnable de reconnoître ces vûës
quand il nous les découvre par des indi-
ces assez parlans.   Quoi! n'ai-je pas raison de dire, que l'oreille est faite pour
ouïr & les yeux pour voir, que les fruits
qui naissent du sein de la Terre sont desti-
nés à nourrir l'homme ; que l'air est necessaire à l'entretien de sa vie, puisque la
circu-

---

(1) *Socrate* faisoit consister la vraye Philosophie à
rechercher les causes finales des œuvres de la Nature.
De là vint le mépris qu'il conçût pour les Livres d'*A-
naxagore*. Voyez *Bayle* Dict. Crit. Article *Anaxagoras*
rem. R. & les réflexions qu'il fait sur l'impossibilité
de rendre raison par cette voye de l'arrangement de
l'Univers, savoir en montrant par des raisons particulieres que chaque corps y est au meilleur état qu'il
soit possible. Pour remplir le souhait de *Socrate*, il
faudroit avoir l'idée du tout, mais cela n'empêche
pourtant pas que les usages manifestes de plusieurs
parties ne nous prouvent l'existence de ce meilleur total. Voyez *Shaftesbury* T. 2. *the Moralists* p. 362.-365.
Voyez aussi *Cudworth True Intellect. Syst.* L. 1. chap. IV.
p. 686.

circulation du sang ne se feroit point sans cela. Nierez-vous que les differentes parties du corps animal, celles que nous voyons, celles que l'industrie des Automates nous découvre, soient faites par le Créateur pour l'usage que l'expérience indique? Si vous le niez, vous donnez gain de cause à tous les Athées.

Je vais plus avant. Les organes de nos sens, qu'un art si sage, qu'une main si industrieuse a façonnez, ont-ils d'autres fins dans l'intention du Créateur que les sensations même qui s'excitent dans notre ame par leur moyen? Doutera-t-on que notre corps ne soit fait pour notre ame, pour être à son égard un principe de sensation & un instrument d'action? qu'il ne nous ait été donné pour nous rendre susceptibles d'une certaine espéce de bonheur? pour nous mettre en état d'acquerir mille connoissances utiles & agréables, & pour nous fournir l'occasion d'exercer mille vertus dont un pur esprit n'est pas susceptible? En général, il paroît absurde de dire, que le corps soit à lui-même sa propre fin; Dieu qui a créé les corps & les esprits, a fait les Corps pour les Esprits. C'est une loi de l'ordre immuable que ce qui est simplement aperçû, est necessairement subordonné à ce qui apperçoit, & est fait pour lui; & s'il m'est permis de m'élever pour un moment à des vuës plus hautes, il me semble que le Monde materiel ne peut servir à la grande fin de tous les ouvrages de la Nature, qui est la gloire de son Auteur, que par le moyen des Intelligences créées qui le contemplent, & que par conséquent pour cette grande fin, il est subordonné aux Intelligences. Car la perception ou la sensation des corps, avec le pouvoir de les remuer, contribue en mille maniéres différentes à la perfection, à la félicité des esprits créés & conséquemment à la gloire du Créateur. L'union d'une ame à la machine du corps humain est, entre une infinité d'autres plans qui roulent dans l'Entendement divin, un moyen admirable de procurer le bonheur des Intelligences & d'avancer la gloire de Dieu. Ainsi ce que nous disions de l'organisation du corps humain, n'est qu'un cas particulier du principe général qui s'étend à la structure du Monde matériel, lequel est pour les Intelligences une source inépuisable de lumiéres, de plaisirs, & de secours pour connoître, aimer, glorifier le Créateur. Revenons.

Comme le but général de la Sagesse divine paroît être de raporter & subordonner le Monde corporel aux Intelligences qui se raportent elles-mêmes à Dieu, le but particulier de l'organization d'une certaine portion de matiére doit être de servir à quelque principe immatériel, certainement plus excellent qu'elle: ce que notre ame éprouve dans l'état d'union, nous découvre le but de l'organization de ce corps qui lui est uni; & de-là nous irons légi-

légitimement cette conféquence, que tout corps organifé, toute machine qui fe conferve elle-même, eft faite pour loger une ame, c'eft-à-dire, un principe immateriel, auquel cette machine foit fubordonnée comme inftrument de fenfation & d'action. Par la regle que nous avons ci-deffus appliquée avec fuccès, nous pouvons arriver ici à la certitude. Dans la machine des animaux nous découvrons un but très-fage, très-digne de Dieu, but verifié par notre expérience dans des cas femblables; c'eft de s'unir à un principe immateriel, & d'être pour lui fource de perception & inftrument d'action; voilà une unité de but, auquel fe rapporte cette combinaifon prodigieufe de refforts qui compofent le corps organifé. Otez ce but, niez ce principe immateriel, fentant par la machine, agiffant fur la machine, & tendant fans ceffe par fon propre interêt à la conferver, je ne vois aucun but d'un fi admirable ouvrage. Cette machine doit être faite pour quelque fin diftincte d'elle; car elle n'eft point pour elle-même, non plus que les roues de l'horloge, ne font point faites pour l'horloge. Je vois chacune de ces piéces artiftement façonnées, & agencées entr-elles, pour faire un tout qui fe remue, & qui conferve fon mouvement; mais ce tout, pour quel but, s'il n'y a point de fubftance immaterielle fimple & vrayement une, aux ufages de laquelle il fe raporte? Ne repliquez

quez pas, que comme l'horloge est construite pour marquer les heures, & qu'ainsi
son usage est de fournir aux hommes une
juste mesure du tems, il en est de même
des bêtes, que ce sont les machines que le
Créateur a destinées à l'usage de l'homme (1).   Il y a là-dessous une grande erreur ; car il faut soigneusement distinguer
les usages accessoires, & pour ainsi dire
étrangers, des choses, d'avec leur fin na-
turel-

(1) *Aristote* qu'on a nommé le Secretaire & le
confident de la Nature, & dont le genie, disoit-on,
n'avoit point d'autres bornes qu'elle, ne fut pourtant
admis qu'à moitié dans son secret sur cette matiere,
lui qui croyoit que les animaux avoient uniquement
été faits pour l'homme & que tant des bêtes sauvsges
n'existoient dans le monde qu'afin que leur peau nous
fournît dequoi avoir des habits. Ὥστε ὁμοίως δῆλον,,
dit-il, ὅτι καὶ γενομένοις οἰητέον τά τε φυτὰ τῶν
ζῴων ἕνεκεν εἶναι, καὶ τὰ ἄλλα ζῷα τῶν ἀνθρώπων χάριν. τά μεν ἥμερα καὶ διὰ τὴν χρῆσιν καὶ
διὰ τὴν τροφὴν, τῶν δ' ἀγρίων εἰ μη πάντα ἄλλα
τά γε πλεῖσα τῆς τροφῆς καὶ ἄλλης βοηθείας ἕνεκεν, ἵνα καὶ ἐσθὴς καὶ ἄλλα ὄργανα γίνηται ἐξ
αὐτῶν. εἰ ουν ἡ φύσις μηθὲν ἀτελὲς ποιουμε-
θα μάτην ἀναγκαῖον τῶν ἀνθρώπων ἕνεκεν ταῦτα
πάντα πεποιηκέναι τὴν φύσιν. Politic. L. I. c. 5. p.
47. edit. Heins. Quelle confiance de répondre ainsi
pour la Nature non-seulement des vuës qu'elle a, mais
de celles qu'elle n'a pas ! *Aristote* ressembloit à un
certain fou d'Athenes. Voy. *Entretiens sur la pluralité
des Mondes.* On peut voir sur le but de la création
de tant d'animaux, & sur-tout de ce Monde infini
d'Insectes qui peuplent invisiblement la terre, & dans
quel sens, ceux qui nuisent à l'homme sont créez
pour lui, le P. *Mallebranche*, Entret. XI. *sur la Religion
& la Metaphys.* p. 88, &c.

F

turelle & principale. Combien d'animaux brutes, dont l'homme ne tire aucun usage, comme les bêtes féroces, les insectes, tous ces petits êtres vivans dont l'air, l'eau & presque tous les corps sont peuplez! Les animaux qui servent l'homme ne le font que par accident; c'est lui qui les dompte, qui les apprivoise, qui les dresse, qui les tourne adroitement à ses usages. Croira-t-on que toute cette merveilleuse fabrique des parties du corps d'un chien, d'un cheval, d'un éléphant n'ait pour but que de procurer aux hommes le service qu'ils tirent de ces animaux? Cet usage n'est-il pas suppléé, surpassé même abondamment, par des machines infiniment moins composées & plus grossiéres, comme les Vaisseaux, les Moulins à vent, à eau, ou à feu? Encore un coup, il faut bien distinguer l'usage naturel, la fin principale d'une chose, d'avec les fins accessoires & les usages détournez: Nous nous servons des chiens, des chevaux, en les appliquant avec art à nos besoins, comme nous nous servons du vent pour pousser les Vaisseaux, & pour faire aller les Moulins. On se méprendroit fort de croire que l'usage naturel du vent & le but principal que Dieu se propose en produisant ce météore, soit de faire tourner les Moulins, & de faciliter la course des Vaisseaux; & l'on aura beaucoup mieux rencontré si l'on dit, que les Vents sont destinez à purifier & rafraichir l'air. Apliquez

ceci

ceci à notre sujet. Une horloge est faite pour montrer les heures, & n'est faite que pour cela; toutes les differentes pieces qui la composent sont necessaires à ce but & y concourent toutes (a). Mais y a-t-il quelque proportion entre la délicatesse, la varieté, la multiplicité, des organes des animaux, & les usages que nous en tirons, que même nous ne tirons que d'un petit nombre d'espéces & encore de la plus petite partie de chaque espéce? L'Horloge a un but distinct d'elle-même: mais regardez bien les animaux, suivez leurs mouvemens, voyez-les dans leur naturel, lors que l'industrie des hommes ne la contraint en rien, & ne l'assujettit point à nos utilitez & à nos caprices; vous n'y remarquez d'autre vue, que leur propre conservation; mais qu'entendez-vous par leur conservation, est-ce celle de la machine? Votre réponse ne satisfait point, vous répondez à la question par ce qui fait question même; la pure matiére n'est point sa fin à elle-même, encore moins peut-on dire d'une portion de matiére organisée, l'arrangement d'un tout matériel a pour but autre chose que ce tout; la conservation de la machine de la bête, quand son principe se trouveroit dans la machine même, seroit moyen & sa fin. Plus il y auroit de fine méchanique dans tout cela, plus j'y découvrirois d'art, & plus je serois obligé de recourir à quelque chose hors de la machi-

(a) Consultez sur ces usages indirects par raport aux insectes la *Bibliotheq. Anc. & Mod.* Tom. XXIV. p. 405.

ne, c'eſt-à-dire , à un être ſimple pour qui cet arrangement fut fait , & auquel la machine entiere eût un rapport d'utilité. Avant même que nous raiſonnions, un inſtinct ſecret de Raiſon nous dit , ou que cette organization n'a aucun but proportionné à l'art merveilleux qui y brille, ou que ce but eſt celui où nous conduit l'inſpection du corps humain, & ſes differens raports avec l'ame, connus par expérience.

C'eſt ainſi que les idées de la Sageſſe & de la véracité de Dieu, nous menent de concert à cette concluſion générale que nous pouvons déſormais regarder comme certaine (1).   Il y a une ame dans les bêtes,

(1) J'ai toujours été charmé de la comparaiſon que quelqu'un a faite entre la machine du corps animal & celle de l'Univers, tant elle m'a paru magnifique & inſtructive. L'examen des diſparitez & des raports qui ſe trouvent entre les deux objets comparez nous met ſur les voyes d'une meditation profonde. On découvre Dieu dans la ſtructure & dans les divers mouvemens de l'Univers, comme on découvre un principe immateriel dans les actions des hommes & des brutes. La difference conſiſte en ce que la ſtructure de la petite machine mène droit à l'intelligence infinie du Créateur auſſi-bien qué la ſtructure générale du Monde, au lieu que ce ſont ſeulement les mouvemens ſpontanées des animaux, qui nous découvrent l'ame inviſible qui leur eſt unie. L'ame qui gouverne l'Univers n'eſt point affectée par ſes mouvemens & n'en dépend point, parce qu'elle en eſt la cauſe totale. Mais la petite machine animale a autant d'empire ſur ſon ame que ſon ame en a ſur elle. Ici l'empire eſt joint à la dépendance, parce qu'il eſt precaire & que le même pouvoir ſouverain qui l'a donnée lui aſſigne des bornes. Mais la cauſe totale &
premie

tes, c'eſt-à-dire, il y a dans les bêtes, un principe immateriel uni à leur machine, fait pour elle, comme elle eſt faite pour lui, qui reçoit à ſon occaſion differentes ſenſations & qui leur fait faire tant d'actions qui nous ſurprennent, par les diverſes directions qu'elle imprime à la force mouvante renfermée dans la machine.

premiére ue peut dependre ainſi du monde qui eſt ſon effet. 2. L'Univers eſt une machine qui s'entretient par le mouvement même qui y eſt renfermé; le corps de l'animal a bien en lui-même le principe de ſa vie, qui dépend de la combinaiſon de ſon organization particuliere avec les loix générales de la communication des mouvemens par où l'Univers ſubſiſte ; mais comme ce corps eſt conſtruit pour affecter une ame, c'eſt cette ame qui doit contribuer à ſa conſervation contre le choc perpetuel cauſé par ces mêmes loix. Qui voudroit pourſuivre le parallele, il y a dans la vaſte machine du Monde divers Agens ſpirituels qui chacun dans leur département, ſont continuellement appliquez à reparer les défauts du mechaniſme, pour entretenir la juſte correſpondance de tout. On pourroit regarder ces Agens qui opérent ſous l'Intelligence inſinie comme autant d'ames partiales de ce grand corps.

ESSAI
PHILOSOPHIQUE
SUR
L'AME DES BETES.

* * * * * * * * * * * * * * * * * * *

SECONDE PARTIE,

Où l'on recherche quelle est la nature de cette Ame.

CHAPITRE I.

Embarras de cette nouvelle Question. Contradictions où tombent les Péripatéticiens. L'Ame des Bétes doit être une substance qui pense.

LA QUESTION que je vais traiter est plus obscure & plus épineuse cent fois, que celle qui m'a occupé jusques à présent: dans celle-ci l'on arrive à la Verité par un chemin droit & court. Mais sur celle-là où le secours des démons-

monſtrations nous manque, on riſque de
flotter au hazard de conjectures en conjectures & de courir à perte de vue dans
un monde de probabilitez, ſans trouver
de but aſſuré. Quiconque a exercé ſa Raiſon, n'ignore pas combien l'exiſtence des
choſes eſt plus facile à connoſtre que leur
nature. En faut-il un exemple? c'eſt l'a-
me des Bêtes.

Mr. *Bayle* raille agréablement les Péripatéticiens ſur ces airs de confiance avec
leſquels ils décident & reglent tout dans
cette matiere de leur pleine puiſſance &
autorité Philoſophique, & comme ſi la Nature devoit en paſſer par leurs déciſions,
ou qu'ils euſſent fouillé dans l'intérieur de
l'ame des Bêtes, avec autant de ſoin que
les Anatomiſtes fouillent dans leurs en-
trailles. Ils ſe rendent ridicules ſur tout,
par les contradictions où les jette leur maniére de raiſonner, contradictions dont
le Medecin Eſpagnol qui le premier nia
que les bêtes euſſent une ame, ſût bien
tirer avantage. Quand il s'agit de prouver à leurs Antagoniſtes ce que nioit *Pereira*, ils font un pompeux étalage des
actions des Brutes les plus ſurprenantes.
Celles qui marquent le plus de ruſe, de
fineſſe, de deſſein, ſont préciſement celles qu'ils choiſiſſent pour les leur oppoſer;
ils les preſſent d'un air triomphant, de
donner par leur méchaniſme des explications tant ſoit peu plauſibles à tant d'opérations qui marquent du raiſonnement &

*Diſtionn.
Crit.* Art.
Rorarius
rem. E. F.

de l'intelligence. Mais dès qu'il est question, après avoir refuté l'hypothése oppofée, d'en établir une, & de statuer quelque chose sur l'ame des Bêtes, ces Philosophes se contentent d'attribuer aux Bêtes
du sentiment, & de leur refuser la Raison.
Remarquez l'inconséquence, les Cartésiens triomphent à leur tour, & les bat-
tent par leurs propres armes. Vous prouvez trop, leur disent-ils, & par conséquent vous ne prouvez rien; si vos argumens détruisent notre thése, ils renver-
sent aussi la vôtre à coup sûr. Vous avez
voulu prouver que les Bêtes ne sont pas
de pures machines, par mille beaux exemples de ruse, d'adresse &c. que les bêtes
vous fournissent: fort bien; mais supposez que ces exemples prouvent ce que vous
voulez contre nos machines; ils assurent
en même tems une ame raisonnable aux Bêtes ce que vous ne voulez pas, faites ce
qu'il vous plaira, vous ne vous tirerez
point d'embarras sans nous en tirer, &
vous ne pouvez empêcher que ce raisonnement ici ne soit bon; Les bêtes font des
actions semblables à celles d'un être raisonnable quoi qu'elles n'ayent point de
raison, donc elles peuvent en faire de semblables à celles d'un être sensitif, quoi
qu'elles n'ayent point de sentiment. Voyez
comment l'envie trop forte de confondre
l'opinion d'autrui, aporte souvent du pré-
judice à la nôtre, & l'expose aux attaques
de l'adversaire. Avant que d'attaquer les
Sys-

Syſtêmes des autres, il faudroit ſonger, ce me ſemble, à bâtir ſolidement le ſien, à le fortifier de toutes parts, & à le rendre imprenable, pour ainſi dire. Le Pere *Daniel* croit avoir mis les Cartéſiens à bout en leur demandant de prouver, dans leurs principes, que les hommes ne ſont pas de purs Automates, & d'aſſigner ſur de bonnes raiſons une difference ſpecifique entre l'homme & la bête. On n'a qu'à le prier à ſon tour de nous dire par quelle voye il s'aſſure que tous les hommes, excepté lui, ont une ame raiſonnable qui les éleve au deſſus des bêtes, & non pas ſimplement une ſenſitive qui les mette à leur niveau; car ſi les actions de celles-ci qui nous parlent ſi fort raiſon, & qui ſignifient bien autant, ſelon ce Pére (a), que des Diſcours ſuivis, que des Syllogiſmes dans la bouche d'un Docteur, & des Plaidoyers d'une heure dans celle d'un Avocat, ne partent pourtant que d'une ame ſenſitive, qui tout au plus, ſelon la Doctrine de l'Ecole, eſt capable de voir les objets, de diſcerner ceux qui lui ſont avantageux d'avec les nuiſibles, & qui n'a par deſſus tout cela que le pouvoir de mouvoir le corps ſelon ces impreſſions de douleur & de plaiſir; qui lui a dit que les actions des hommes ne ſe réduiſent pas à un pareil principe, toutes raiſonnées qu'elles paroiſſent? Qui lui a dit, qu'il n'eſt pas le ſeul au Monde qui reflechiſſe ſur ſes propres actes, qui enchaine des penſées par

(a) *Suite du Voyage du Monde de Deſcartes,* p. 50. & p. 66.

le

le raisonnement, qui ait une Raison, une Liberté, en un mot, qui ait une ame d'un autre genre que le principe sensitif? S'il n'est pas besoin d'admettre une ame spirituelle & raisonnable dans un singe pour rendre raison de ses malices & de ses rufes, je suis en droit de nier que les actions grossiéres d'un lourdaut de païsan supposent en lui une telle ame.

Je n'attaque point ici la définition qu'il donne de l'ame des Bêtes, par son endroit le plus foible; c'est qu'elle n'est point immaterielle, selon lui, ce qui donneroit occasion de le pousser par le même raisonnement qu'il oppose aux Cartesiens, beaucoup plus loin qu'il ne peut les pousser lui-même; en lui montrant qu'il ne peut s'assurer que sa propre ame est spirituelle, si l'ame des Bêtes ne l'est pas; puis que le privilége de la Raison & toutes les autres facultez de l'ame humaine, ne sont pas plus incompatibles avec l'idée de la pure matiére, que l'est la simple sensation, & qu'il y a plus loin de la matiére rafinée, subtilisée, mise dans quelque arrangement que ce puisse être, à la simple perception d'un objet, qu'il n'y a de cette perception simple & directe, aux actes reflechis & au raisonnement. Mr. *Bayle* a tourné toutes ses attaques de ce côté-là, & a si bien confondu le Peripatetisme, qu'il seroit inutile d'y revenir; d'ailleurs la question ne roule que sur l'alternative, la seule raisonnable que l'on peut se proposer, entre

la

pure machine separée de tout principe immatériel, & une machine dont les mouvemens soient soumis à un tel principe: contentons-nous de dire, que la methode si usitée de demander beaucoup pour obtenir peu, est très-bonne à pratiquer dans les affaires de la vie; mais qu'elle ne vaut rien en matiére de raisonnement, où il faut de nécessité obtenir tout ce qu'on demande ou se résoudre à n'obtenir rien.

Voilà precisement l'embarras. Nous avons conduit notre recherche jusqu'à l'existence averée de l'ame des bêtes, c'est-à-dire, d'un principe immateriel joint à leur machine. Mais de quelle nature est ce principe? Il n'est plus permis de dire, je n'en sai rien ; car tout ce qui nous prouve son existence nous indique plusieurs attributs de sa nature. Il n'en est pas ici comme de certains effets dont nous voyons bien qu'il faut reconnoître quelque cause particuliére, mais qui ne nous donnent point d'idée de cette cause. Cela arrive tous les jours aux Physiciens, sur je ne sai combien de phénoménes obscurs. La dureté des corps, par exemple, l'élasticité, la pésanteur, la vertu de l'aimant, nous les prenons avec raison pour des effets, dont la cause nous est inconnue, tout assurez que nous sommes qu'il y en a une. Preuve de cela, c'est le partage des Physiciens qui chacun ont imaginé celle qu'il leur a plû. Les causes qu'ils assignent à ces phénoménes ne se ressemblent

blent point, elles font toutes plus ou moins probables, quoi que différentes, aucune n'a jufqu'ici fatisfait pleinement, ni fixé les opinions ; on convient de part & d'autre que ces effets ont une caufe méchanique, mais on ne la connoît pas, on n'en a point l'idée. Ici au contraire on eft réduit à une feule caufe. Elle eft fpecifiée par les effets, c'eft une intelligence, c'eft un principe qui penfe & qui fent. Si vous avez recours à un troifiéme genre de fubftance inconnue, pour en faire l'ame des Bêtes, fi vous ne rangez cette ame, ni fous l'attribut de l'étendue, parce que vous rejettez les Automates, ni fous celui de la penfée, parce que vous redoutez une comparaifon embarraffante entre des Brutes & l'efpece humaine, vous voilà retombé dans les contradictions, où nous venons de voir que les Peripateticiens s'envelopent. Qu'eft-ce qui vous revoltoit contre les machines Cartéfiennes ? de quels argumens nous fervionsnous tout à l'heure pour les refuter ? De ceux que les Bêtes elles-mêmes nous fourniffent, de leurs actions. Voilà ce que nous avons perpetuellement à la bouche : Un chien connoît fon Maître & lui eft fidelle, la brebis craint le loup, le chat veut attraper la fouris ; les rufes du renard, la difcipline des éléphans, l'œconomie des fourmis, la police des abeilles, font autant de démonftrations, que l'on oppofe tous les jours au Syftême des Automates

tomates & qu'on fait très-bien de lui opposer ; en rabattant ce qu'il faut rabattre
de ce langage figuré dont nous parlions
tout à l'heure ; en se renfermant dans l'exposition nue, precise & purement historique
des actions des animaux, telles que nos
yeux nous les découvrent, sans rien fein-
dre, ni rien deviner ; nous disons que cela suffit au bon sens pour y chercher autre
chose que le mechanisme tout pûr. Remarquez-le, ce qui écarte le méchanisme, ce qui le fait regarder comme insuffisant, c'est l'idée positive de quelqu'autre
chose que ces mouvemens nous représentent. S'ils ne nous representoient pas des
pensées & des sentimens, nous ne serions
point en droit de soustraire ces mouvemens aux loix méchaniques. Pourquoi,
quand nous voyons un Tableau, ou une
montre, traiterons-nous d'extravagant celui
qui viendroit nous soutenir que ces deux ouvrages sont le résultat des mêmes loix générales du mouvement qui produisent le
tonnerre & la pluye ? Est-ce seulement parce que nous ne voyons point comment
ces loix générales pourroient produire des
ouvrages de cette nature ? Non, c'est parce qu'à l'incomprehensibilité de cette supposition, se joint la clarté d'une supposition toute opposée qui est celle d'un ouvrier ; c'est parce que dans ce Tableau &
dans cette horloge, nous découvrons un
dessein, un but, un choix de moyens ; ce
dessein, ce choix, ce but, ne peut être
                                    que

que dans une Intelligence; c'eſt donc à une cauſe intelligente, c'eſt au Peintre, c'eſt à l'horloge que nous remontons d'abord; l'effet nous donne l'idée de la cauſe, à meſure qu'il nous prouve ſon exiſtence. Diſons-en autant des actions des animaux; leur principe eſt intelligent; leur ſtructure & leurs mouvemens nous indiquent dans chaque machine particuliére un principe à part qui anime cette machine & qui n'anime aucune des autres. Tout ce qui ſert à nous convaincre de ſon immatérialité nous prouve que la penſée eſt ſon attribut: Il eſt donc aſſez inutile d'agiter à cette occaſion, cette queſtion abſtruſe, (a) où Mr. *Bayle* que nous refuterons tantôt, a grand tort de prendre le parti de la négative; ſavoir, ſi outre le corps & l'eſprit, la matiére & la penſée, il n'y peut point avoir un troiſiéme genre de ſubſtance : Il eſt clair, ce me ſemble, que rien n'eſt plus étranger à notre ſujet qu'une pareille diſcuſſion.

(a) *Dictionn. Critique* article *Rorarius*, rem. G. p. 2606. 2de. edit.

CHA-

CHAPITRE II.

L'experience semble nous montrer dans les Bêtes les deux plus nobles facultés de l'ame humaine, la Liberté & la Raison. Exemples de leurs actions raisonnées. Tous les attributs de notre ame envelopez dans la sensation. En quoi consiste la nature de la Liberté. Il faut distinguer entre le fond de la Liberté & son usage.

APRE'S avoir conclu que l'ame des Bêtes est une substance qui pense, il reste à savoir jusqu'où cette pensée s'étend, & si toutes les proprietez & les facultez de l'ame humaine (1) ne se trouvent pas dans la leur. Mr. *Bayle*, que je ne puis encore m'empêcher de citer ici, & qui fut incontestablement le premier homme du monde pour découvrir les difficultez, a fait remarquer avec raison, que le principal embarras du Système où nous nous trouvons réduits, c'est de regler au juste

les

____

(1) Voyez G ʀ o ᴛ ɪ ᴜ s *Du Droit de la Guerre & de la Paix*, Disc. prelim. § VII. avec les notes sur la sociabilité des Bêtes. Ce n'est pas seulement dans les Fables d'*Esope*, espece de Roman dont les Bêtes sont les heros: c'est dans leur veritable histoire, telle qu'*Aristote* & qu'*Elien* nous l'ont racontée que les Bêtes nous donnent des leçons. On aprend beaucoup chez elles, à les voir dans leur naturel. Elles n'ont pas besoin du secours de la fiction pour devenir des personnages moraux & d'utiles censeurs des hommes, quoi qu'en puisse dire *Puffendorf* Lib. 2. *de jure nat. & gent.* c. III. § 2. & Mr. *Bayle Dict. Crit.* Aʀt. Bar-be rem. C.

les limites de ces deux natures, & d'établir la difference specifique entre l'ame humaine & l'ame des brutes, qui ont déja ceci de commun qu'elles sont immaterielles toutes deux & qu'elles pensent l'une & l'autre. L'experience ne semble pas devoir nous aider à faire ce discernement. Si l'on la consulte, on retrouve en petit dans l'animal brute, tout ce qui sembloit devoir être la prerogative de l'homme. A peine s'est-on convaincu par les voyes que nous avons indiquées ci-dessus, que la brute pense, que l'on se persuade qu'elle raisonne, & si l'on réünit tous les faits qui sont à l'avantage des Bêtes, même en se bornant aux plus communs, on croit remarquer d'abord chez elles, non seulement de la sensation, mais décidées, une intelligence, une volonté, une liberté. La simple sensation semble être un principe trop aveugle pour produire des actions suivies & raisonnées qui supposent non seulement une image confuse & grossiére des objets, telle que les sens nous la presentent, mais une idée nette & exacte de la nature & des proprietez de chaque objet, en ce qu'il a de convenable ou de nuisible à l'animal, une idée qui lui represente tous les objets de la même espéce, & qni par conséquent donne lieu de former des propositions générales, & des raisonnemens suivis. Choisissons un exemple fort simple: Un chien va prendre une perdrix que le Chasseur vient d'abbattre;

battre; il la mange au lieu de la raporter à fon Maître; il en eft bien battu; à la premiére occafion femblable, le Maitre l'envoye prendre le gibier qu'il a tué, le chien ne manque pas alors d'apporter au Chaffeur la perdrix entiére, fans y toucher le moins du monde; cette action fi fimple & fi ordinaire, n'eft-ce pas un raifonnement complet? Le chien raifonne fur fon expérience, fur l'idée particuliére de la perdrix qu'il a mangée, il fe forme une idée générale de toutes les perdrix & même de tout gibier qu'abat le Chaffeur; il s'en fait une pareille de l'action qu'il a faite en mangeant la perdrix, il joint à cela celle des coups de bâtons qu'il a reçus, d'où il tire cette conféquence, qu'à la premiére récidive il fera battu de nouveau, & puis cette autre, qu'il doit s'abftenir à l'avenir de toucher au gibier. En vertu de cette prudente réfolution, le fage chien voyant le Gibier, réfifte au violent appétit qui le pouffe à s'en repaître; en vain fon cerveau, fon eftomac, reçoivent par la vue & par l'odeur de ce mets, un vif ébranlement qui le folicite à cette action; fa prévoyance le rend fobre, & il apporte fidellement au Chaffeur ce qu'il a pris, fans l'avoir endommagé par le moindre coup de dent.   Le chien, fi je ne me trompe, raifonne fort jufte.   Il ne manque à cet animal, que d'avoir fait un Cours dans quelqu'Univerfité pour pouvoir mettre fes raifonnemens en forme, & pour

G

les

les réduire en syllogismes. Mais nous
ne sommes pas au bout, on n'en est pas
quitte pour accorder aux bêtes le raisonnement; il faut leur reconnoître de la liberté, elle paroît évidemment dans l'action du chien: si à la première épreuve
où on l'a mis, il s'est laissé entrainer a-
veuglément, & en veritable bête, à la force de son appétit; voyez comme il sait lui
résister ensuite, & comment la crainte du
châtiment qu'il prévoit, est un motif d'assez grand poids pour balancer & reprimer
son inclination naturelle & même pour
produire une habitude contraire à son inclination. Ce motif n'est point un ressort
physique; ce n'est point une douleur présente, que l'on conçoit qui pourroit le
déterminer presque méchaniquement, si
elle étoit dans un dégré superieur à celui
du plaisir qu'il trouve à contenter son penchant: c'est l'idée d'un mal avenir; c'est le
motif d'un châtiment que l'animal prévoit
devoir être la suite de son action, & qui
le détourne de la même action; ce motif agit sur lui par une efficace morale, ce
qui suppose dans l'ame à laquelle il se présente, attention, réflexion, délibération,
comparaison entre deux partis opposez, &
choix entre ces deux partis, c'est-à-dire,
en un seul mot, ce que nous autres hommes appellons chez nous la liberté; quoiqu'il nous plaise le qualifier chez les bêtes
du nom moins honorable d'instinct. Je
dis plus, sans s'attacher à ce qu'il y a de
prati-

pratique dans l'action du chien, sans envisager cette espéce de combat qui s'y passe entre la Raison & les Passions, dans lequel la Raison l'emporte, ou plûtôt où la passion la plus foible céde à la plus forte, espéce de jeu qui souvent a beaucoup de part chez les hommes à ce qu'on appelle héroïsme; ne regardons que le seul raisonnement renfermé dans cette action. Je dis que pour raisonner il faut être libre; car enfin, qu'est-ce que raisonner? c'est comparer deux idées entre elles, & avec une troisiéme, c'est voir ce qui les distingue & ce qu'elles ont de commun; c'est s'élever d'un cas particulier à une thése générale; c'est redescendre d'une proposition générale à une conclusion particuliére: pour tout cela il faut être maître de son attention, la tourner du côté que l'on veut, la soutenir, la relâcher à son gré, & avoir le choix de ses idées; en un mot, il faut être libre. D'où vient que les foux ne raisonnent point, quand il s'agit de l'objet de leur folie? Cela vient de ce qu'ils ont perdu l'usage de leur liberté; c'est que leur imagination frappée aplique alors leur esprit à de certaines idées, sans leur permettre d'en apeller d'autres; & les nécessite par cela même à de certains jugemens dont ils ne peuvent reconnoître l'erreur, faute du secours des autres idées vers lesquelles la disposition de leur cerveau ne leur permet pas de se porter.

Je n'insiste pas davantage: quiconque

fait penfer comprend affez la verité de ce que je dis, & d'ailleurs on peut confulter le P. *Malebranche*: Cet illuftre Philofophe a clairement fait voir (a) qu'il y a une liaifon fi étroite entre la Raifon & la Liberté, que la premiére de ces facultez ne peut fe deployer fans l'autre. Remarquons en paffant, qu'à ne confiderer que l'ame humaine, la feule fur qui nous puiffions parler autrement que par conjecture; quoi qu'encore nous la connoiffions fi peu; ces diverfes facultez nous paroiffent tellement enchaffées l'une dans l'autre, il y a une fi étroite dépendance entre fes divers attributs à nous connus que dans le moins noble qui eft la fenfation, tous les autres font en quelque forte envelopez. Il femble que le dévelopement de la fenfation les produife tous, & nous avons en faveur de cette opinion l'expérience des progrès que fait l'ame humaine, depuis l'enfance jufqu'à l'âge de Raifon. L'ame commence par fentir, c'eft toute fon occupation chez les enfans; enfuite elle difcerne, elle reflechit, elle raifonne dans les hommes faits. Donnez aux bêtes une ame fenfitive, non feulement vous ne pouvez vous empêcher de leur donner la penfée & le fentiment de leur propre être, vous leur donnez auffi la perception, quoi que confufe, de differens objets; car toute fenfation emporte avec elle une idée confufe de quelque objet analogue à cette efpéce précife de fenfation (a). Vous lui donnez auffi une volon-

(a) Voyez *fa Morale, Premiere Partie, chap. V. & VI.*

(b) Voyez *Locke, Effai fur l'Entendement humain. Liv. 2. chap. 21. § 31.*

volonté ; & par conſequent quelque dégré d'activité & de liberté qui paroît inſéparable du vouloir : car peut-on concevoir une ſenſation douloureuſe, ſans concevoir en même tems que le ſujet de cette ſenſation tend à s'en deſapliquer, & fait effort pour éloigner l'objet qui la cauſe. Au contraire, ſi c'eſt une ſenſation agréable, on conçoit ciſément dans le ſujet où elle ſe trouve, un effort par où il s'applique à cette ſenſation, & un ſecret mouvement qui tend à l'unir à ce qui en eſt l'objet. Ces deux tendances contraires, ces deux deſirs envelopez dans les deux ſenſations oppoſées, ſont veritablement deux actes de volonté ; le principe qui les produit a une activité téelle (a) qui fait le fond de la liberté. Si l'on ne l'appelle pas de ce dernier nom, c'eſt que cette activité bornée par la ſenſation ne peut ſe déployer de la maniére qu'on appelle choix, faute d'avoir des idées diſtinctes d'objets entre lesquels un tel principe puiſſe choiſir. Mr. *Bayle* ne s'eſt point aviſé de cette reflexion, il n'auroit pas manqué de la faire bien valoir : elle ſervoit trop à ſon but qui étoit de ruiner toute différence eſſentielle entre l'ame de l'homme & celle des bêtes. Cette reflexion lui auroit même ſauvé un mauvais pas où il s'engage, faute de connoître la nature de la liberté. Dans le deſſein qu'il avoit d'égaler, autant qu'il étoit poſſible, les brutes à l'homme, & de les inveſtir de tous ſes privileges, il avoue, & veut bien

(a) Voyez l'excellent Ouvrage du Docteur *Clarke*, intitulé, *Remarques ſur un livre qui a pour titre* Recherches Philoſ. ſur la liberté ; dans le Recueil de diverſes pieces ſur la Philoſophie, Tom. 1. p. 385.

                 don-

donner cet aveu à l'opinion commune, que
les brutes sont destituées de la liberté d'indifférence, mais il soutient en même
tems, (1) qu'on ne leur peut refuser celle
de spontaneïté qui consiste dans le volon-
taire. Pour ce qui est de la liberté d'indifférence qu'il reconnoît apartenir à l'homme en propre, afin qu'on n'en puisse tirer
aucun avantage, il prétend que c'est une
faveur purement accidentelle, une simple
concession faite au sujet qui la possede, &
non un de ses attributs essentiels. Il entreprend de prouver qu'une ame douée du
libre arbitre, n'est pas d'une autre espece
que celle qui ne le possede point ; & c'est
ce qu'il prouve très-mal. Il confond perpetuellement l'usage du libre arbitre avec
le principe même & le fondement de la
liberté ; comme cela paroît quand il dit,
que les enfans sont destituez de la liberté
d'indifférence. Ce qu'il hazarde là-dessus
montre qu'il n'avoit guere approfondi cette matiére, & que généralement dans toutes, son goût & son talent étoit de creu-
ser jusqu'aux sources des difficultez, mais
non

---

(1) Gagner ce point pour un esprit du caractere de
Mr. *Bayle*, c'est croire avoir tout gagné, parce qu'il se
seroit reservé le droit de revenir ensuite à l'aide des
disputes qui régnent sur la nature de la liberté, &
trouvant moyen avec sa Balance Pyrrhonienne de reduire à l'équilibre toutes les raisons differentes qu'al-
leguent les partis opposez, il auroit conclu que la liberté d'indifference etant une chimere, du moins n'é-
tant pas évident que l'homme en soit doré, il n'est
pas évident non plus, que son ame se trouve differen-
ciée par-là d'avec l'ame de la bête.

on jufqu'aux fources des folutions. Si
l'on ne regarde que les déhors du libre arbitre, les conditions neceffaires pour qu'il
fe déploye, & fans lefquelles il ne fe dé-
ployeroit pas; tout ce qui met obftacle à
fon exercice, & tout ce qui le facilite, on
aura raifon de dire que tout cela eft chan-
geant, précaire & nullement effentiel; que
c'eft un don que la créature reçoit, & dont
elle peut être dépouillée. On peut dire,
en prenant les termes dans un fens vulgaire, & fuivant un langage qui n'eft pas de
précifion; que les enfans n'ont pas encore la liberté d'indifference; que les foux
la perdent, qu'elle s'affoiblit dans les vieillards; qu'elle augmente & diminue dans
un même homme, felon le plus ou moins
de foin qu'il aporte à la conferver, & que
deux hommes la poffedent en des degrez
différens; cela s'entend alors de l'ufage
de ce pouvoir qu'on nomme libre arbitre,
& non du fonds du pouvoir même. Il
eft clair que pour en faire ufage, il faut
qu'un nombre fuffifant d'objets fe préfentent clairement à l'efprit ; il faut qu'aucune fenfation ou paffion violente ne rem-
pliffe fa capacité, ou ne la partage; il faut
que le cerveau foit bien difpofé, & qu'aucun dérangement dans cet organe immediat de la penfée n'affecte l'imagination,
& ne prive l'efprit de cet état calme & fe-
rain, dans lequel il eft le maître de fes
idées, & difpofe comme il veut de fon attention. Toutes ces difpofitions font ac-

G 4

ciden-

cidentelles; elles dépendent de la bonne
conſtitution du Corps humain, elles varient avec cette conſtitution; mais ni aucune d'elles, ni toutes enſemble, quoi
qu'elles puiſſent modifier diverſement le
pouvoir du libre arbitre, quoi qu'il ne
puiſſe ſe manifeſter ſans elles, ne conſti-
tuent pas elles-mêmes ce pouvoir. Ce
pouvoir eſt eſſentiel à l'ame qui la poſſede;
elle ne ſe conçoit point ſans lui, ce pouvoir ne differe point de la volonté, & ne
ſauroit être ſeparé de l'ame intelligente;c'eſt
l'activité de cette ame, c'eſt cette ame
même, entant que principe de penſée &
d'action.

D'où pour le dire en paſſant, paroît
l'illuſion des raiſonnemens (1)Manichéens
de Mr. *Bayle*, qui tous portent ſur ce principe, que Dieu pouvoit ne point accorder
à *Adam* le don de la liberté, qu'il étoit
digne de la bonté infinie de lui refuſer ou
de lui ôter un préſent qu'elle prévoyoit
lui devoir être funeſte. *Adam* deſtitué de
liberté eſt un Etre contradictoire; c'eſt
une

_____

(1) Art. *Rorarius* rem. F. p. 2605. 2de. édit. comparé
avec l'article *Pauliciens* rem. KΔΔ. Je parle ici du
principe de la liberté, car pour ſon uſage il apartient
à la perfection d'un Etre eſſentiellement libre: il eſt
néceſſaire à ſon bonheur. Ainſi il ne convenoit pas
plus à la bonté de Dieu d'ôter à *Adam* l'uſage de la
liberté, que de la reduire à un état de folie ou d'enfance perpétuelle. Et par conſéquent le Manichéen ne peut
tirer aucun avantage de ma diſtinction entre le pouvoir
& l'uſage du libre arbitre, dès là que le pouvoir eſt
inſéparable de l'eſſence même de l'ame.

une pure chimére. Dire que Dieu pouvoit créer l'ame du premier homme fans libre arbitre, c'eft dire qu'il pouvoit la créer fans intelligence & fans volonté. Un être dénué de liberté tout comme un être denué d'intelligence, auroit été un être fpecifiquement diftinct d'*Adam*; ce n'auroit point été lui.

Il eft donc certain, pour en revenir aux bêtes, qu'au cas que l'on pût montrer que le libre arbitre ne leur convient point & qu'il convient à l'homme, on auroit trouvé une différence effentielle entre l'ame de l'homme & celle des bêtes. Mais ne nous prévalons point dans cette difpute d'un principe qui jufqu'ici doit nous paroître douteux. Avouons-le de bonne foi, il s'en faut beaucoup que le premier coup d'œil de l'experience ne dépouille les brutes de ce libre-arbitre, que nous autres hommes reclamons comme le privilege de notre efpece. Mille exemples pareils à celui que j'ai cité tantôt femblent prouver que les bêtes ne nous reffemblent pas moins par cet endroit que par d'autres dont nous fommes moins jaloux. Je viens de remarquer, que le feul principe fenfitif paroît renfermer un fonds d'activité auquel il ne manque que des idées diftinctes, pour devenir un principe libre.

CHA-

CHAPITRE III.

Raisonnemens de Mr. Bayle pour ruiner toute difference essentielle entre l'ame des brutes & celle de l'homme, exposez & refutez.. Ils se fondent sur une fausse analogie entre l'esprit & le corps. On montre qu'il peut y avoir des differences specifiques entre les esprits qui ne sont pas accidentelles comme dans les corps.

NOUS voici donc encore sur les bords de cette grande difficulté que Mr. *Bayle* a pris soin d'étaler, en la fortifiant de toutes les subtilitez & de tous les ornemens que son beau genie lui a pû fournir. Il n'avoit garde d'y manquer, c'étoit une trop belle occasion d'aprêter des triomphes au Pyrrhonisme. Exposons cette difficulté dans toute sa force: on demande, puis que nous retrouvons dans l'ame des brutes d'une maniére sensible ou du moins en principe & en germe, toutes les facultez de l'ame humaine, puisque d'autre côté, ces facultez dans l'homme dependent si fort pour leur exercice de la disposition des organes corporels qu'entre un enfant de deux mois & un homme de trente ans, entre un stupide & un Philosophe, quoi qu'ils soient tous deux de la même espéce, on remarque une difference beaucoup plus grande que celle qui se voit entre l'hom-

l'homme & la bête, (a) puis que de l'intelligence d'un singe à celle d'un Negre il
nous paroît sans comparaison moins d'in-
tervale qu'il n'y en a entre celle de ce Né-
gre & celle d'un bel esprit Européen ; qui
peut s'assurer que la seule différente cons-
truction de la machine des brutes & de la
machine humaine, ne fait pas toute l'inégalité qui nous paroît entre l'espece humaine & celle des brutes ? (1) Qui sait si des organes plus artistement construits, des ressorts plus délicats, plus nombreux, plus
variez, ne nous donnent pas sur elles tout
l'avantage dont nous nous glorifions ? Qui
sait en un mot, au cas que l'ame de la
brute

(a) LOCKE,
*Essai sur
l'Entend.
humain.* Liv.
2. ch. IX.
§ 14.

(1) Les paroles de Mr. *Bayle* sont curieuses, ra-
portons-les. „ Les Philosophes de l'Ecole sont hors
„ d'état de prouver que l'ame de l'homme & l'ame
„ des bêtes soient de différente nature ; qu'ils disent &
„ qu'ils repetent mille & mille fois ; celle de l'hom-
„ me raisonne & connoît les Universaux & le bien hon-
„ nête, celle des bêtes ne connoît rien de tout cela :
„ nous leur repondons, ces differences ne sont que
„ des accidens, & ne sont point une marque d'une
„ distinction specifique entre des sujets. *Aristote &
„ Ciceron* à l'âge d'un an n'avoient point eû de pensées
„ plus sublimes que celles d'un chien, & s'ils eussent
„ vecû dans l'enfance 30. ou 40. ans ; les pensées de
„ leur ame n'eussent été que des sensations & de pe-
„ tites passions de jeu & de gourmandise : c'est donc
„ par accident qu'ils ont surpassé les bêtes , c'est à
„ cause que les organes dont leurs pensées depen-
„ doient ont acquis telles & telles modifications à
„ quoi les organes des bêtes ne parviennent pas. L'A-
„ me d'un chien dans les organes d'*Aristote* & de *Ci-
„ ceron*, n'eût pas manqué d'acquerir toutes les lu-
„ mieres de ces deux grands hommes. *Dict. Crit.* Art.
Rorarius rem. E. p. 2604. 2de. édition.

brute & celle de l'homme, par une transposition facile à l'auteur de la Nature,
vinssent à faire échange de demeure (2), si
la bête ne penseroit pas comme l'homme,
& si l'homme à son tour ne seroit pas reduit à penser & agir comme la bête: Je
comprends que ces suppositions doivent effrayer des Lecteurs qui par malheur pour
eux & pour moi ne seront pas un peu Philosophes, car pour ceux de ce dernier ordre ils s'épouvantent mal aisément; ils savent qu'il faut se familiariser avec les plus
étranges absurditez, pour les mieux combattre.

Voyons un peu ce que l'on doit penser
de celle-ci, & commençons par avouer
de bonne grace, que si l'on nous demandoit une démonstration de la différence
spécifique de ces deux natures, qui fut tirée de la comparaison des idées claires de
l'une & de l'autre, en ce cas nous n'aurions rien à répondre Il est constant, que
l'ame souffre beaucoup de l'imperfection
des organes auxquels elle est unie; il ne faut
qu'un petit dérangement dans le cerveau,
& voilà le plus grand genie du Monde,
qui devient un fou, ou un stupide. Ainsi
de ce que l'ame des Bêtes ne découvre
qu'u-

(2) *Platon* n'avoit garde d'imaginer la possibilité de
cet échange, lui qui au raport d'*Hieroclès*, enseignant
la Metempsychose, la bornoit au passage de l'ame humaine d'un corps humain dans un autre corps humain,
Voyez *Photius Biblioth.* Cod. 251. p. 750. *Ed. Hoesch.*

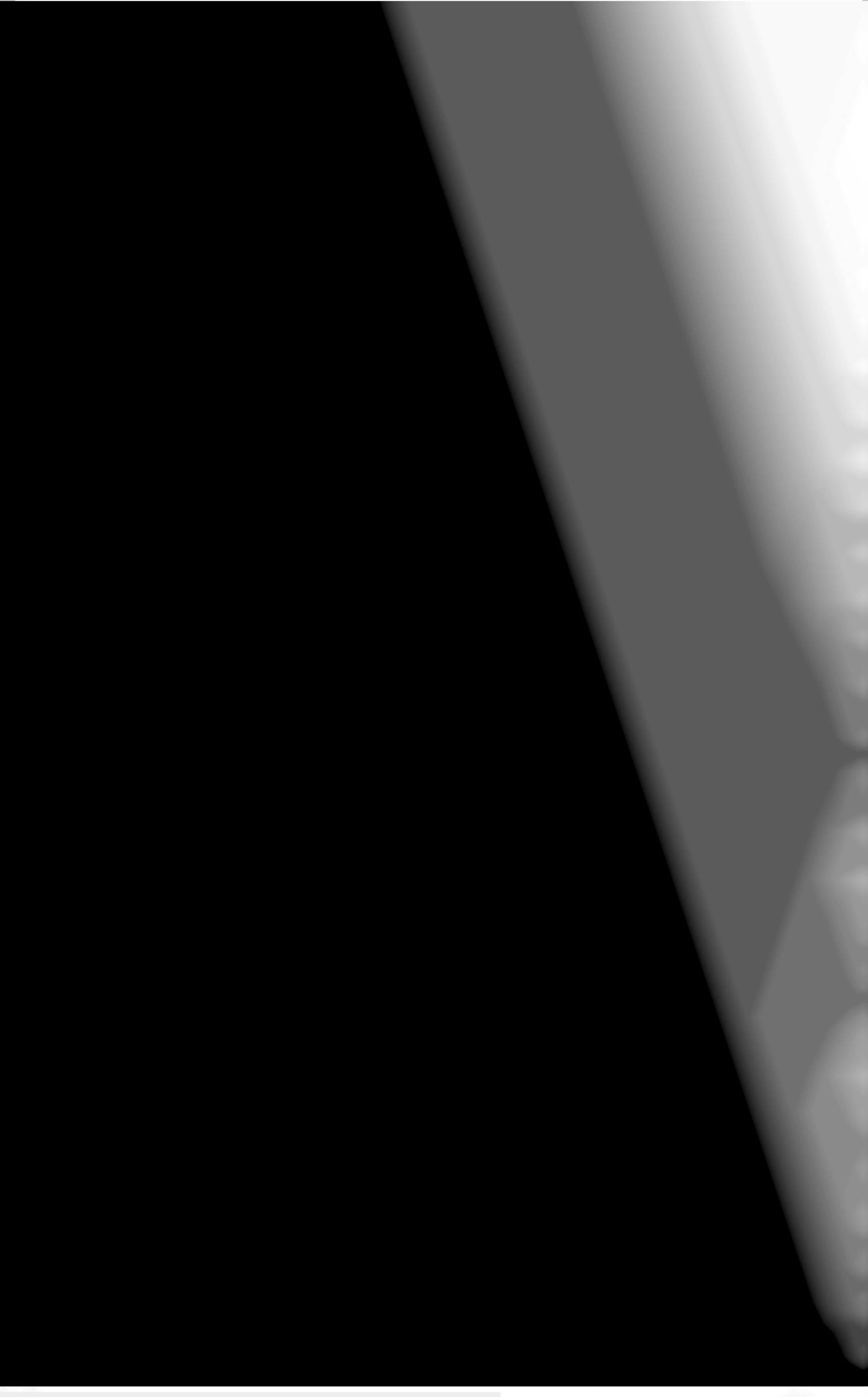

plomb & ciré, se varie à l'infini, en prenant une infinité de formes differentes, & ne se refusant à aucune de celles qu'on veut lui donner. De ce que ce morceau de cire n'a pas actuellement telle figure ou telle forme, il ne s'ensuit pas qu'il ne la puisse revêtir; dès-là qu'il est étendu, & qu'il paroît actuellement sous quelque forme, il s'ensuit qu'il est susceptible de toutes les formes imaginables à l'infini, &c.

Ce qu'il y a de faux & de sophistique dans ce raisonnement vient d'une analogie entre le corps & l'esprit, entre la pensée & l'étendue, que l'on pousse au delà de ses justes bornes. Il est vrai, la pensée est à l'esprit, ce que l'étendue est à la matiére; l'étendue est l'attribut primitif, essentiel & distinctif de la matiére, la pensée est cela même par raport à l'esprit. Comme toutes les propriétez des corps sont des modes de l'étendue, toutes celles des esprits ne sont que differentes modifications de la pensée. Tout va bien jusques-là; l'analogie entre les deux genres de substances, est vraye, & se soutient. Mais si vous la poussez un peu plus loin, elle deviendra bien-tôt une source d'illusions, par exemple, il est faux que la pensée en général soit à tous les esprits, ce que l'étendue en général est à tous les corps; il est faux que comme il n'y a aucune différence essentielle entre les differens corps qui composent l'Univers,

com-

comme au milieu de cette prodigieuse varieté de corps phyſiques, il n'y en a aucun qui ait en particulier quelques proprietez immuables & incommunicables à
tous les autres; de même il n'y ait aucune difference eſſentielle entre les eſprits,
aucune proprieté ſpecifique qui les diſtingue les uns des autres. On raiſonneroit
très-mal ſi l'on ſoutenoit, que comme les
differentes formes des corps conſiſtent
dans quelque choſe de purement accidentel, c'eſt-à-dire, dans diverſes figures,
diverſes modifications, differens arrangemens des parties de l'étendue, en ſorte
qu'un corps peut revêtir ſucceſſivement la
forme de tous les autres corps, & qu'un
grain de ſable, par exemple, en vertu de
ſa diviſibilité infinie, peut rendre en abregé toutes les beautez de l'Univers, & devenir un petit Monde exactement ſemblable au grand; de même chaque eſprit contient en lui ſeul, pour ainſi dire, tous les
eſprits, renferme lui ſeul toutes les richeſſes, toutes les beautez du monde intellectuel, & n'ait beſoin que de ſe developer & de ſe modifier diverſement, pour
avoir toutes les idées, tous les ſentimens,
toutes les perceptions, en un mot toutes
les proprietez, que poſſedent les autres
eſprits. L'analogie ne ſauroit ſe ſoutenir
dans ce point, & la raiſon en eſt évidente: L'étendue eſt eſſentiellement compoſée de parties; chaque corps, chaque portion ſinguliere de matiére, eſt un aſſem-
blage

blage de fubftances , qui font elles-mêmes des compofez de compofez à l'infini.
Il eft effentiel à la machine d'être étendue
& par conféquent il lui eft effentiel d'être
un compofé & de ne pouvoir jamais être
réduite à un être fimple, (a) ou à une veritable unité.   De-là il fuit que les corps
(du moins felon l'idée que nous en avons,
fuivant ce qui nous en eft connu, car
c'eft uniquement là-deffus qu'on peut raifonner) ne fauroient differer qu'accidentellement entre eux, l'inegalité des maffes n'empêchant pas qu'ils ne foient tous
également des compofez de parties à l'infini; il n'y a point d'arrangement poffible
entre les parties d'une de ces maffes, qu'il
ne puiffe s'en former un tout femblable
proportionnellement dans l'autre maffe.
Il en va autrement pour les efprits: ce
font des fubftances fimples & actives, qui
font à la verité des fources inépuifables de
modifications lefquelles au travers de cette diverfité nous ramenent à la fimplicité,
& nous repréfentent toutes l'indivifible
unité du *moi*, qui eft le fujet & la fubftance modifiée (1). On ne peut pas conclurre

(a) *Bayle* lui-même (*Dict. Crit. Art. Leucip-pe* rem. E.) prouve in-vincible-ment cette théfe, que tout ce qui penfe doit être indivi-fible, & ruï-ne tous les fubterfu-ges de ceux qui foutien-nent la the-fe oppofée.

(1) D'où paroit inconteftablement que l'efprit nous
eft moins connu que le corps.   Dans l'idée de l'étendue, & avec elle feule, nous pouvons découvrir à
l'infini toutes les figures, les arrangemens, les com-
binaifons des parties & de mouvemens, en un mot, toutes les modifications poffibles; mais l'idée de la penfée en général, ou de notre penfée en particulier,
autant qu'elle conftitue l'attribut effentiel de notre
ame,

re des modifications d'un efprit à celles d'un autre efprit. On voit bien à l'égard de toutes ces modifications en général, qu'une fubftance qui penfe en doit être le fujet ; la penfée en général eft bien le genre commun auquel fe raportent toutes ces modalitez ; c'eft bien l'attribut commun en quoi conviennent tous les Etres intelligens ; mais il peut être differentié, reftreint, déterminé dans chaque efprit en mille maniéres que nous ne connoiffons point. Tout nous donne lieu de croire que le fonds même de penfée & d'activité qui conftitue l'effence de chaque individu : & qui eft en lui la fource de fes modifications, eft fufceptible de dégrez & de variétez effentielles à l'infini ; en ce cas, l'attribut de la penfée, n'aura pas immédiatement au deffous de lui les individus penfans, comme l'attribut de l'étenduë a fous lui immédiatement chaque corps, chaque portion finguliére d'étendue ; mais la penfée fera un genre, qui renfermera diverfes efpéces à l'infini, fous chacune defquelles feront les individus. Par exemple, l'ame humaine, & l'ame des bêtes, feront deux de ces efpéces au deffus & au deffous defquelles il y en a peut.être une infinité : la diftance de l'homme à l'Ange, & celle de la bête

juf-

ame, étant dénuées, nous n'en faurions déduire les differentes modifications, l'expérience feule nous les découvre.

H

(a) Locke ubi sup. Liv. 3. Ch. VI. § V. aussi Entret. sur la plural. des mondes 5. soir p. m. 104. On doit raisonner des Etres spirituels comme des animaux dont les especes differentes s'élevent par degrez pour embellir l'Univers.

jusqu'à l'homme, (a) sont vrai-semblablement des espaces assez vastes, pour admettre différens étages d'Etres mitoyens qui les remplissent. Mr. *Bayle* n'y songeoit assurément pas, quand il a soutenu l'égalité essentielle de tous les esprits & quand il a mis en avant ce beau raisonnement; L'ame des brutes est capable de la pensée en général, elle peut donc recevoir toute sorte de pensées; elle peut donc raisonner, &c. Voyez-vous l'illusion qui naît d'une fausse analogie entre la matiére & l'esprit; si vous dites, ce morceau de cire est une substance étendue, donc il est capable des modifications de l'étendue; il est susceptible de figure en général, il est donc susceptible de toute sorte de figures; il a reçu une telle empreinte, il est donc capable de recevoir toutes sortes d'empreintes, vous raisonnez juste; mais si vous transportez ce raisonnement de la matiére à l'esprit, vous en faites un sophisme; ce qui est susceptible de la pensée en général, ne l'est pas pour cela de toute sorte de pensée; parce que la pensée est une perfection générique, qui comprend sous soi autant d'espéces qu'il y a de differens degrez de cette perfection, & que ce fonds de pensée & d'activité qui constitue l'essence de chaque esprit, est plus ou moins grand, plus ou moins fertile en pensées particuliéres, & qu'en un mot, il y a des differences selon lesquelles il peut être varié. Ainsi dès que l'ame

de

de la Bête a quelque pensée, elle convient avec celle de l'homme, dans l'attribut general de pensée, qui est commun à l'un & à l'autre ; mais elle en diffère par des proprietez specifiques, & parce que le fonds de pénsée & d'activité qu'elle renferme est beaucoup plus petit que celui de l'ame humaine. Ce fonds essentiel regle & détermine pour jamais la maniere de penser, & quoi qu'il soit une source feconde de modifications, il y a des maniéres de penser dont il n'est pas susceptible & qu'il exclut pour jamais.

CHAPITRE IV.

Réponse à ce qu'on objecte, qu'il est impossible de s'assurer de ces differences, & de déterminer toutes les pensées qu'une ame est, ou n'est pas susceptible d'avoir. On allégue le dévelopement insensible de la Raison dans les Enfans ; les sensations, le progrès de l'esprit dans les Sciences. L'ingenieuse conjecture sur le progrès éternel des Intelligences bienheureuses vers la perfection, fortifie cette difficulté. Réponse. Ce progrès éternel est incompatible avec les differences spécifiques des Esprits. Mélange de fini, & d'infini qu'on y observe. Etonnante diversité entre les genies. Il ne faut pas confondre la perfection essentielle à un ordre d'Intelligences, avec les progrès accidentels qui dépendent du bon

H 2

usa-

*uſage de la liberté. Cette diſtinction prou-
vée par les bornes communes aux Genies
les plus vaſtes & aux plus étroits. Sophiſ-
me groſſier de Mr. Bayle: Demonſtration
qu'il y a des Etres penſans qui different eſſentiellement entr'eux. L'attribut de la
penſée peut être participé en une infinité
de degrez differens.*

POUR rendre encore plus ſenſible ce
que je viens d'établir dans le Chapitre
précédent, il ſera bon d'aller au devant
d'une difficulté aſſez ſpecieuſe. Que ſert,
me direz-vous, d'avoir prouvé, qu'en ri-
gueur metaphyſique, il peut y avoir des
differences eſſentielles, entre les Etres
penſans, s'il eſt impoſſible de s'inſtruire
de ces differences? Or cela eſt impoſſible, puiſque nous n'avons point une connoiſſance intuïtive de la nature des eſprits.
Il eſt fort aiſé de dire, un eſprit peut differer ſpecifiquement d'un autre eſprit,
parce que l'un eſt ſuſceptible de telles perceptions dont l'autre n'eſt pas ſuſceptible,
ce ſont là des ſuppoſitions en l'air; la difficulté conſiſte à les appliquer. Mais le
moyen de s'aſſurer *a priori* que l'ame de la
bête & l'ame humaine different de cette
ſorte: la voye de l'expérience eſt obſcure
& équivoque (1); car on conclurra toûjours

______

(1) *La connoiſſance que nous avons de l'eſſence des eſprits ne contient point totalement la connoiſſance de toutes
leurs modalitez poſſibles.* Piemot, Phyſique Sect. 3. Ch.
VII.

jours mal de ce que telle ame n'a jamais
eu actuellement telle perception, qu'elle
ne l'aura jamais, & qu'il repugne à sa nature qu'elle l'ait : souvent nous voyons
survenir à l'improviste dans notre ame des
idées & des sentimens dont la plus profonde attention sur l'essence de cette ame,
ne nous l'auroit pû faire croire susceptible, si nous ne les avions actuellement é-
prouvez. C'est par l'expérience journaliere que nous y découvrons sans cesse de
nouvelles proprietez ; tous les jours elle
acquiert des richesses qui lui paroissent é-
trangeres, ou du moins elle tire de son
sein celles qu'elle y renfermoit sans le savoir ; (1) chaque sensation, chaque idée,
chaque refléxion, chaque habitude nouvelle, nous dévelope ce fonds inconnu
qui les produit & nous en montre de plus
en plus la fecondité. Considerons seulement les progrès qu'on peut faire dans l'é-
tude

VII. prop. 2 L'Auteur en donne pour raison que chaque nouvelle modification de l'ame est un nouveau
degré d'être la veritable, c'est que l'ame ne se con-
noit point par idée, mais par la conscience.

(1) L'acquisition des idées apartient aux progrès
naturels de l'esprit créé, puis qu'elle naît de l'attention, de la reflexion, du raisonnement : il n'en est pas
de même des sensations que l'ame reçoit tout d'un
coup à l'occasion des objets du dehors en vertu des
loix de son union avec le corps. Si elle aquiert une
certaiue finesse de discernement, par raport aux sensations, c'est le fruit de la reflexion qui prend ces
sensations pour objet, & les reduit à des especes d'i-
dées.

tude de la Verité. Ceux qui s'appliquent aux Sciences, ressemblent à des gens qui seroient nez aveugles & sourds, & qui recouvrant par degrez l'ouïe & la vue, seroient agréablement surpris d'éprouver des sensations inconnues qui deviendroient de plus en plus fines, délicates, variées, à mesure que leurs organes plus dégagez, plus perfectionnez, leur feroient discerner les moindres differences des tons, & les plus petites nuances des couleurs.

Qui est-ce qui auroit assez de pénétration pour découvrir dans l'ame d'un enfant de quatre ans, la capacité d'un excellent Poëte, d'un grand Geometre, ou d'un profond Politique? Et qui peut dire jusqu'à quel dégré de lumiere l'ame de l'homme pourra parvenir, quand une fois la mort l'aura dégagée de ce corps qu'elle a lieu dans l'état où il est à present, de regarder comme sa prison. Je ne connois point d'idée plus riante & qui, independemment de ce qu'elle a pour l'homme d'agréable & de flateur, s'insinuë dans notre esprit par un plus grand air de vraisemblance que celle qui établit pour toutes les Intelligences bienheureuses, des progrès à l'infini vers la perfection. On peut voir la maniére inimitable dont le Spectateur Anglois a developé cette pensée, en vue d'en tirer un nouvel argument pour l'Immortalité de l'ame. Il se fonde sur cette fecondité infinie de l'ame humaine, qui la rend éternellement susceptible

(a) ADDISSON *The Spectat.* Tom. 2. N. III. Discours XVIII. dans la Traduct. Françoise.

tible de lumiéres, de vertus, de plaifirs
nouveaux, &c.

Tout cela femble autorifer Mr. *Bayle*
& donner un nouvel appui à cet argument; Si l'ame de la Bête eft capable
de la penfée en général, elle eft capable
de toute penfée; elle le fera, direz-vous,
en vertu des progrès fucceffifs par où toutes les Intelligences montent & fe fuivent,
chacune felon leur rang, par une efpece
d'échelle & demeurant toûjours à une é-
gale diftance les unes des autres, s'avancent éternellement toutes enfemble vers
la perfection. Je réponds qu'on fe méprendroit fort fi l'on croyoit cela. Cette
idée fi noble d'une échelle d'Intelligences
& des changemens continuels qui leur arrivent, dégénéreroit en une vifion ridicule, fi l'on n'admettoit des différences effentielles & fpecifiques entre les Efprits;
fi tous étoient de la même nature, il feroit abfurde de faire préceder les uns &
fuivre les autres; il ne peut en ce cas y
avoir de différence entre eux , que la pré-
rogative d'une plus longue exiftence; en
forte que l'ame humaine atteindra fi vous
voulez aujourd'hui le point de perfection,
où celle de l'Ange étoit il y a mille ans,
& dans mille autres années, celui précifément que l'Ange occupe aujourd'hui,
tout cela paroît bien creux. Mais fuppo-
fez que l'efprit de l'homme & celui de
l'Ange convenant dans l'attribut général
de la penfée, foient diftinguez par une

H 4

diffédifference spécifique d'autres proprietez essentielles, & que cependant chacun de ces esprits soit une source infinie de pensées, qui les unes & les autres porteront le caractere distinctif de la source dont elles émanent, supposez que chacun de ces esprits soient capables de se perfectionner à l'infini, alors dans leurs progrès infinis, ils seront toujours distinguez par l'intervalle de leurs natures & par leurs differences specifiques, & ces differences seront telles que dans aucun point de l'éternité, il ne sera vrai de dire, cet homme est aujourd'hui ce que cet Ange étoit autrefois, & cet Ange est présentement ce que cet homme sera un jour. Il y a un admirable mélange de fini & d'infini dans les Ouvrages du Créateur, & c'est quelque chose qui surprend & qui ravit, que de voir combien est variée la combinaison de ces deux caractéres de fini & d'infini dans les differens êtres formez de la main de Dieu. Cette combinaison se montre dans les corps; elle paroît encore mieux dans les esprits; & à suivre l'idée que je defends, elle paroît sur tout de la maniére la plus éclatante. Voila une varieté prodigieuse d'esprits de differente espéce, qui renferment autant d'espéces d'infinis differens; ce sont des principes actifs, qui différent spécifiquement entre eux, qui chacun s'élevent en perfection sans devoir jamais arriver à une ressemblance parfaite. Ils se perfectionnent cha-

chacun dans leur espéce, & tous differemment, parce que c'est conformément à leur nature differente; ce sont des sources inépuisables qui coulent toûjours, mais dont les ruisseaux ne se ressemblent pas. L'ingenieuse comparaison que le Spectateur tire des lignes Asymptotes pour représenter ces progrès éternels par où les Intelligences créées s'approchent de l'Intelligence infinie, demeurant pourtant toujours au dessous de son infinie perfection, s'appliqueroit, ce me semble, avec plus de justesse, aux progrès collateraux de diverses espéces d'Intelligences bornées, à ceux, par exemple, de l'Ame humaine, par raport à l'Ange. Ce sont des lignes prolongées à l'infini qui s'approchent toujours mutuellement, sans se toucher; qu'on les prolonge tant qu'on voudra elles conserveront leur nature; ce seront toujours des lignes de differens genres; elles ne viendront jamais à se confondre l'une avec l'autre.

L'extrême varieté que l'on observe dans les esprits des hommes peut servir à crayonner imparfaitement mon idée. Cette diversité est plus grande que celle des visages. La lecture des Auteurs Anciens & Modernes, le seul commerce du monde peut nous en convaincre : & quoi qu'un très-habile homme ait ingenieusement remarqué que les esprits en se regardant, prennent insensiblement les traits les uns des autres, ce que les visages ne font pas;

cette imitation qui semble réduire à beaucoup moins les differences dont nous parlons ne sert qu'à rendre ces differences
plus délicates & plus mal aisées à demêler. Mais un fin Observateur démêlera
toujours au travers des traits empruntez &
des couleurs étrangéres un certain caractére original qui ne s'efface & qui ne se
perd jamais. Au milieu des acquisitions
de l'art, il découvrira les dons inaliéna-
bles de la nature, (a) comme un Connois-
seur en Tableau discerne les originaux des
grands-Maîtres d'avec les copies les mieux
imitées, & ne prend guére la main d'un
Peintre pour celle d'un autre Peintre sur
lequel le premier se sera formé. Quelle
difference ne voit-on pas entre les plus
grands genies! ceux qui se ressemblent le
plus sont toujours discernables par quelque endroit. Qu'ils travaillent sur les
mêmes sujets, ils penseront & s'exprime-
ront differemment, on les distinguera
toûjours à l'air, au tour, au coloris de
leurs pensées, ils pourront rencontrer sur
leur route les mêmes veritez, mais chacun d'eux les voyant d'une maniere qui lui
est propre & pour ainsi dire, avec de differens yeux, les représentera de même.
Je n'examine pas ici, si c'est à la differente conformation des cerveaux qu'est due
cette varieté, j'ai peine à le croire, mais
il me suffit de trouver dans cette varieté
incontestable un exemple qui éclaircisse
ma thése, savoir qu'il ne faut pas confondre

(a) Voyez
De Piles
Abregé de
la Vie des
Peintres. pp.
71, 72, 97,
98.

dre la perfection essentielle qui constitue le fond d'une Intelligence & qui la distingue des Intelligences d'un autre ordre, avec celle que chaque esprit est capable d'acquerir par un bon usage de sa liberté; perfection qui consiste dans les progrès qu'elle peut faire dans son ordre. J'ose croire qu'il n'y a point de terme auquel ces progrès s'arrêtent; voila le caractére de l'infini empreint dans chaque esprit; mais en même tems je dis, que ces progrès sont d'un certain genre & renfermez dans un certain ordre; ce sont des progrès conformes à la nature specifique de cet esprit par où il est, & demeurera toujours different des Esprits d'une autre espéce & par où les aquisitions qu'il pourra faire differeront toujours des leurs: voila ses bornes; voila le caractére du fini lequel est inséparable de la créature.

Je suis persuadé que la lumiere croît sans cesse dans les esprits par la refléxion, & que sans le secours des sens & de l'expérience une ame degagée de la matiére découvriroit toujours quelque chose de nouveau dans le monde des idées. Je croi que toutes choses d'ailleurs égales, une ame humaine qui aura pensé durant cent ans, est plus parfaite que celle qui n'a pensé que durant quatre jours: l'exercice des facultez de la premiére sera plus promt, plus libre, plus dégagé que dans la seconde; cependant je conçois très-bien, qu'il y a telle perception, telle idée,

idée, telle operation dont la prémiére, après un siécle d'existence, ne sera pas plus susceptible que l'autre, après une existence de quatre jours; parce que les bornes de l'une & de l'autre, parce que ce fonds égal de pensée que Dieu a donné à l'une & à l'autre ne le comportent pas. Nous en trouvons la preuve dans l'expérience de tous les siécles, & dans celle de l'esprit humain. On a beau insister sur la difference des temperamens & des cerveaux, sur l'influence que peut avoir sur les esprits leur union avec le corps (a): peut-être se trouveroit-il, en approfondissant la matiere, que cette influence s'exerce plus au profit qu'aux dépends de nos facultez intellectuelles. J'aurai occasion d'en dire un mot à la fin de ce Traité (b), Du moins il y a lieu de croire que cela étoit du dessein primitif de la Création: & la Religion revélée qui met la resurrection de nos corps entre ses plus magnifiques promesses, nous dévoile à cet égard le but du Créateur bien mieux que nos propres conjectures ne l'eussent pû faire.

Quoi qu'il en soit, au travers de l'inégalité des genies, & malgré le progrès continuel des connoissances humaines: on remarque que notre esprit a certaines bornes qu'il est aussi impossible au plus habile du monde de franchir qu'il l'est au plus ignorant. Dieu semble avoir dit aux plus vastes génies comme il l'a dit à la Mer;

(1) tu

(a) *Essais nouveaux de Morale de l'ame de l'homme.* p. 185. - 187.

(b) **Ch. XVII.**

(1) tu n'iras que jufques-là. Prenez l'efprit le plus pénétrant, le plus fin, le plus
exercé, il débrouillera fans peine certaines queftions abftrufes que vous lui pro-
poferez : Vous ferez furpris de voir avec
quelle rapidité il court à la folution ; a-
vec quel fuccès il perce jufques à la verité, au travers d'une infinité de voiles.
Cet efprit vous paroît avoir une étendue
prefque immenfe, fi vous le comparez a-
vec ces efprits ftupides & groffiers dont la
portée ne fauroit atteindre au raifonnement le plus fimple. Mais mettez un peu
ce grand genie fur une autre queftion qui
ne paroît pas plus difficile que la précé-
dente ; vous le voyez demeurer court : lui
qui tout à l'heure s'élévant d'un vol rapide fe déroboit prefque à vos yeux, ne fauroit

(1) Heureux ! s'ils favoient toujours fe le dire à
eux-mêmes, s'ils avoient bien compris que c'eft être
déraifonnable que de vonloir toûjours raifonner, &
que notre propre Raifon nous aprend qu'elle a des
bornes. Le libertinage d'efprit fous le beau titre de
liberté de penfer n'auroit pas commis tant d'attentats.
C'étoit une reftriction neceffaire à l'éloge que Mylord
Shaftesbury fait de ce dernier caractere d'efprit, & fous
lequel il pourroit bien avoir voulu faire l'Apologie
du premier. Voyez fes *Charact.* Tom. 3. *Mifcell.* 5.
Chap. III. p. 297. ———— 312. *Alexandre* ne con-
noiffoit pas encore la moitié de notre Continent
qu'il cherchoit de nouveaux Mondes, quelle folie !
Autant en font ces efprits inquiets qui veulent fortir
de la fphere de l'efprit humain & qui font par raport
aux fpeculations, ce que le Card. de *Retz* dit de certains politiques par raport aux entreprifes d'Etat,
amoureux de l'impoffible.

roit ici faire plus de chemin qu'en fait l'efprit le plus vulgaire ; il eſt contraint de s'arrêter preciſément où ce dernier s'arrête. Voilà la borne de ce genie qui ſembloit n'en point avoir. Il y a plus, c'eſt là cette borne de tout ce qu'il y a eu de plus grands génies : cela eſt général, il n'y a point d'exception de ſiécles. Le progrès des Sciences qui s'accroît avec l'âge du monde, n'ajoute rien à l'étendue de l'eſprit humain, par certains endroits. Il y a des Veritez qui lui ont toujours été incompréhenſibles & qui le demeureront toujours. Voila ſurquoi je fonde ma preuve. Cet avantage qui diſtingue le grand genie du médiocre, dépend de ces progrès que l'ame de l'homme eſt capable de faire & de ces accroiſſemens de perfection qu'elle peut ſans ceſſe acquerir par le bon uſage de ſa liberté & à l'aide de differens ſecours extérieurs. Au contraire, ces bornes qui égalent toutes les ames humaines, l'obſcurité de ces Veritez qu'aucun homme n'a jamais pû comprendre ni ne comprendra jamais, c'eſt ce qui doit être attribué aux limites eſſentielles de l'ame humaine & à ce fonds de penſée à peu près ſemblable dans tous les hommes. Ces veritez incomprehenſibles pour nous, parce que nous ſommes hommes, un Ange les conçoit peut-être évidemment, parce qu'il eſt Ange. Il y a des idées dont nous ne ſommes pas ſuſceptibles : il y a des veritez qui ne ſont pas faites pour nous, &

peut-

peut-être avons-nous auffi quantité d'idées
que des Intelligences d'une claffe inferieure
à la nôtre font incapables d'avoir. Suppo-
fant donc un progrès à l'infini de connoiffance dans tous les efprits, cela prouvera,
tout au pius, que chaque fubftance qui
penfe eft une fource inépuifable de modifications, non que chaque fubftance de
ce genre renferme les modifications de
toutes les autres.

Quel éblouïffement ne fut-ce donc pas
dans un auffi grand Philofophe que Mr.
Bayle d'avancer comme un principe qui
n'a prefque pas befoin de preuve, que ce
qui eft capable de la penfée en général eft
capable de toute penfée; que par confe-
quent fi l'ame des Brutes eft fufceptible de
fentiment, elle l'eft de raifonnement; elle peut faire des abftractions, former des
Axiomes de Metaphyfique & de Morale,
elle peut aprendre toutes les Sciences &
tous les Arts: Oui, dit-il, la penfée en
général eft capable de tout cela; ce ne
font que des modifications de la penfée.
C'eft tout comme fi vous difiez, l'Etre en
général eft fufceptible d'étendue, de mouvement, de volonté, de vie, de fentiment; car l'étendue, la volonté &c. font
des efpéces d'êtres; donc un arbre, une
pierre, eft fufceptible de volonté, de fentiment; car puis qu'elle participe à l'être
en général, elle doit renfermer toutes les
efpéces d'être. Quelle abfurdité! ce qui
participe au genre, participe-t-il par cela
même

même à toutes les modifications dont est susceptible chacune des espéces de ce genre? Mr. *Bayle*, comme nous l'avons vû, pour donner quelque force à son argument est réduit à soutenir cette Proposition, qu'adroitement & frauduleusement il n'a point exprimée, mais qu'il s'est contenté de sousentendre, savoir, qu'il est impossible, qu'il y ait des differences spécifiques entre les esprits créés : Nous avons montré, je crois, que cela est non seulement très-possible, mais très-probable; nous irons plus loin quand il faudra parler des Bêtes.

J'ajoute ici pour achever de ruïner ce principe, un argument, que je croi démonstratif : si dès-là qu'une ame est capable d'une pensée, elle est capable de toute pensée, il ne peut y avoir d'esprits créés & finis. Les esprits finis & créés conviennent avec l'esprit incréé & infini qui est Dieu, par l'attribut commun de la pensée, donc si ce principe est veritable, il ne sauroit y avoir en Dieu de pensée ni d'idée, dont ces esprits ne soient susceptibles; donc ces esprits auront une intelligence infinie; donc ils seront infinis, comme Dieu, & incréés par consequent. Qu'est-ce qui met une difference essentielle entre Dieu & les esprits créés? Ce sont les bornes de leur essence; c'est qu'ils ont un fonds de pensée limitée, & dont l'espéce est fixée par ces limites : Donc quoi que capables de pensée, ils ne sont pas
capa-

capables de toute penſée; s'ils étoient capables de toute penſée, le fonds de leur
penſée, le principe de leur activité ſeroit
infini; & rien ne les diſtingueroit d'avec
l'eſprit infini.

Delà je tire une nouvelle conſéquence,
ſi ce qui diſtingue l'eſprit créé d'avec l'eſprit infini, ce ſont les bornes de celui-là;
ſi c'eſt le fonds de penſée qui leur eſt aſſi-
gné & qui pour ainſi dire étant réduit à
une certaine meſure, rend cet eſprit capable de penſées ſeulement d'une certaine
eſpéce, & non de toute penſée, & laiſſe
une diſtance infinie entre lui & Dieu; on
peut concevoir dans ce fini de la nature
penſante une infinité de degrez differens
au deſſus & au deſſous de cet eſprit créé,
en remontant vers l'infini de penſée qui
eſt Dieu, & deſcendant vers le néant de
penſée. Les divers eſprits qui poſſederont
la faculté de penſer ſelon ces differens dégrez ſeront autant d'eſpéces differentes
qui diſtinguées l'une de l'autre par des dégrez finis, demeureront toutes enſemble
infiniment au deſſous de l'eſprit infini.

Qu'on allegue après cela tant qu'on
voudra ce que l'expérience nous aprénd
ſur l'aſſujettiſſement étrange de l'ame ſpirituelle aux organes de ſon corps; que
l'on nous objecte ces prodigieux changemens que l'âge, le tempérament, la
conformation du cerveau, le dérangement accidentel des organes, l'alteration
du ſang, des eſprits, des humeurs, pro-

I   duiſent

duifent dans les ames humaines, que l'on
fuppofe communément, (je n'examine pas
ici fur quelles raifons,) être toutes égales
& femblables par leur nature; que l'on
cite l'exemple des enfans, des vieillards,
des foux, des ftupides, des malades dont
le cerveau eft attaqué; le caractére & le
genie des differens peuples, (1) qui fuit
la diverfité des climats; cela prouvera,
tout au plus, que l'ame peut fubir des varietez accidentelles, que l'on prendroit pour
de vrayes metamorphofes; qu'elle diverfi-
fifie prodigieufement fes opérations, que
fes facultez peuvent fe déveloper plus ou
moins, felon qu'il plaît à Dieu de l'affu-
jettir à un certain ordre extérieur & purement arbitraire, cela prouve bien que l'on
raifonneroit peu conféquemment fi l'on
difoit, cette ame n'a eu jufqu'ici que des
penfées d'une telle efpéce, donc elle eft
incapable d'en avoir d'une autre efpéce;
mais cela n'établit nullement cette autre
conféquence, cette ame penfe, donc il
n'y a point de penfée qu'elle ne puiffe a-
voir. L'ame de la bête fent, donc elle
peut raifonner, faire des choix, fe former des axiomes, & des regles de Morale, &c. L'ame de la bête & celle d'un
enfant

(1) Voyez Fontenelle Digreff. fur les Anc. &
les Mod. & l'ingenieux Commentaire que fait l'Abbé
Du Bos fur la penfée de cet Auteur, ce que les caufes
phyfiques influent fur les differens tours d'efprit fur
les progrès des Lettres & des Arts, dans les Reflex.
Crit. fur la Poëfie & fur la Peinture Tom. 2. Sect. XIII.
pp. 141.

enfant qui ne parle point encore paroiſſent
ſe reſſembler aſſez ; en dois-je conclure
que l'ame de la bête renferme les facultez
de l'homme raiſonnable, ou que l'ame de
l'enfant eſt dénuée de ces facultez ? Je
ne dois faire ni l'un ni l'autre, je dois attendre de l'expérience des raiſons pour
décider.

CHAPITRE V.

*L'expérience prouve que la nature de l'ame des
Brutes eſt eſſentiellement différente de celle de l'ame humaine. La perſuaſion générale fondée ſur une expérience eſt de quelque
poids. On démontre que les Bêtes n'ayant
actuellement aucune idée de Dieu, d'une
Religion, ni du Bien moral, ne ſont ſuſceptibles d'aucune de ces idées, & manquent par conſequent de pluſieurs des proprietez de l'ame humaine. On pourroit
accorder de la Raiſon aux Bêtes ſans ruiner la différence ſpecifique entre leur ame
& la nôtre.*

L'EXPERIENCE eſt une régle ſûre
qui doit guider nos jugemens à l'é-
gard des objets qu'il ne nous eſt pas donné de connoître en eux-mêmes par leur
idée claire. Ce que nous voyons faire
aux brutes, & ce que nous obſervons
dans les actions des hommes, nous laiſſe
appercevoir des différences aſſez grandes

entre les deux espéces, pour ne nous donner aucun lieu de les confondre. Le simple Bon-sens saisit ces differences; de tout
tems on les a senties, & c'est-là une de
ces persuasions dont l'universalité & l'uniformité dans tous les hommes (1) carac-
térisent la verité.   Une impression générale est fondée d'ordinaire sur des raisons
qui frappent & qui convainquent toute
sorte d'esprits; quoi que toute sorte d'esprits ne soient pas propres à les dévéloper
par une exacte analyse.   Ce soin est reservé aux Philosophes; la fin de leur art
consiste à demêler dans les impressions
universelles, le vrai d'avec le faux.   Il
faut remonter aux principes de verité ca-
chez dans tous les esprits, & separer ce
qui naît de ces principes, d'avec ce que
produisent certaines sources d'erreur qui
ne sont guére moins générales & qui se
cachent aussi avant dans l'esprit humain.
Il en est des préjugez naturels, comme
d'une Riviere formée de deux differens
ruisseaux qui se joignant près de leur source,

(1) L'accord des Sages avec le Peuple, c'est-à-dire,
de ceux qui examinent avec ceux qui n'examinent
point, & celui des Sages entr'eux dans une même
opinion, sont deux signes caractéristiques de Verité
sous lesquels il est presqu'impossible que l'erreur se
cache. Voulez-vous distinguer exactement le vrai du
faux dans un préjugé vulgaire; vous trouverez ordinairement que dans ce qu'il a de vrai les Sages s'accordent avec le Peuple, & que dans ce qu'il a de
faux ils s'accordent tous contre lui.

ce, mêlent leurs eaux, & coulent enfuite paifiblement dans le même lit: Ainfi
l'erreur pour s'établir chez les hommes
s'aide, fe fortifie de la verité & fe mêle
pour ainfi dire avec elle. Je ne prétends
donc pas que l'impreffion générale foit
une preuve fuffifante de la vérité d'une
opinion, je dis qu'après avoir par un examen févére demêlé le vrai d'avec le faux
dans un préjugé commun; après avoir
donné de bonnes preuves de ce vrai qu'il
renferme, ces preuves reçoivent un nouvel éclat, quand on vient à confiderer
l'impreffion générale qu'elles ont fait fur
les efprits qui ne les pouvoient voir que
confufément.

Confultons donc l'impreffion naturelle
qu'a toujours produit l'expérience à l'é-
gard des animaux brutes, & remarquons
bien que quoi que le préjugé commun
aille à leur donner quelque degré de Raifon il n'a point été jufqu'à les égaler aux
hommes. On a toujours mis entre l'a-
me humaine & la leur une difference que
celle qui fe voit entre leurs actions ne permet pas de méconnoître. Donnez au
préjugé tout ce qu'il demande, vous ne
revêtirez point pour cela les Brutes de
tous les privileges de l'homme; donnez-
leur, fi l'on veut, des facultez analogues
à celles que l'homme poffede; en fuivant
les actions des Bêtes, vous ferez contraint de leur attribuer ces facultez dans
un moindre dégré, & le degré, quoi qu'en

I 3

puiffe

puiſſe dire l'axiome de l'Ecole, change ici l'eſpece. C'eſt ce que j'ai déja prouvé en général, mais apliquons-le au cas préſent ; ſuppoſons pour un moment, qu'il ſoit démontré que les Bêtes raiſonnent ; quelle idée nous pouvons-nous former de leur Raiſon ſur ce que nous leur voyons faire ? l'idée d'une Raiſon bornée à une beaucoup plus étroite circonference que celle de l'homme d'une Raiſon imparfaite, fautive (car je mets à part les merveilles de l'Inſtinct, parce que cela même, comme on verra bien-tôt, forme contre les Avocats de la Raiſon des Bêtes, une difficulté inſurmontable ;) je parle des actions particulieres qui détachées de l'ordre uniforme qui eſt ſuivi par chaque animal, ſemblent mieux marquer un principe qui agit de lui-même, cette Raiſon n'agit que ſur de petits objets, & agit très-foiblement ; cette Raiſon ne s'aplique point à toutes ſortes d'objets, comme la nôtre. N'en voila-t-il pas aſſez pour établir une diſtinction eſſentielle entre la Raiſon humaine & celle des brutes, & par conſéquent entre l'ame de l'homme & la leur ? L'ame des Brutes ſera une ſubſtance qui penſe, mais le fonds de ſa penſée ſera beaucoup plus étroit que celui de l'ame humaine. Elle aura l'idée des objets corporels qui ont quelque relation d'utilité avec ſon corps, mais elle n'aura point d'idées ſpirituelles & abſtraites (a) ; elle ne ſera point ſuſceptible de l'idée d'un

(a) C'eſt auſſi le ſentiment de Mr. Locke *ubi ſup.* Liv. 2. Ch. XI. § 5, 7.

Dieu,

Dieu, d'une Religion, du bien & du mal moral, ni de toutes celles qui font fi bien liées avec celles-là, qu'une Intelligence capable de recevoir les unes eft néceffairement fufceptible des autres. L'ame de la Bête ne renfermera point non plus ces notions & ces principes fur lefquels on bâtit les Sciences & les Arts. Voila beaucoup de proprietez de l'ame humaine qui manquent à celle de la Bête: mais qui nous garantit ce défaut? L'experience. Avec quelque foin que l'on obferve les Bêtes; de quelque côté qu'on les tourne, aucune de leurs actions ne nous découvre la moindre trace de ces idées dont je viens de parler; je dis même celles de leurs actions qui marquent le plus de fubtilité & de fineffe, & qui paroiffent plus raifonnées. A s'en tenir à l'expérience, on eft donc en droit de leur refufer toutes ces proprietez de l'ame humaine.

Reviendrez-vous avec l'argument de Mr. *Bayle*, en faifant valoir d'une maniére finguliére, la maxime *à potentia ad actum, &c.* appuyerez-vous de nouveau par l'exemple de l'ame humaine ce beau raifonnement: de ce que l'ame des Brutes emprifonnée qu'elle eft dans certains organes, ne manifefte pas telles & telles facultez, telles & telles idées, il ne s'enfuit point du tout qu'elle ne foit fufceptible de ces idées, & qu'elle n'ait pas ces facultez; parce que c'eft peut-être l'organifation de la machine qui les voile & les ca-

envelope. A ce ridicule peut-être, dont
le Bon-sens s'irrite, je crois avoir une
réponse décisive; la voici. C'est une chose directement opposée à la nature d'un
Dieu bon & sage, & contraire à l'ordre
qu'il suit invariablement, de donner à la
Créature certaines facultez & de ne lui en
permettre pas l'exercice; sur tout, si ces
facultez en se déployant peuvent contribuer à la gloire du Créateur & au bonheur de la Créature. Voici, ce me semble, un principe évidemment contenu
dans l'idée d'un Dieu souverainement bon
& souverainement sage; c'est que les Intelligences qu'il a créées, dans quelqu'ordre
qu'il les place, à quelque œconomie qu'il
lui plaise de les soumettre (je parle d'une
(1) œconomie durable & reglée selon les
loix générales de la nature) soient en état
de le glorifier autant que leur nature les
en rend capables, & soient en même
tems mises à portée d'acquerir le bonheur
dont cette nature est susceptible. De-là
suit, qu'il répugne à la sagesse, à la bonté de Dieu, de soumettre des créatures à
aucune œconomie qui ne leur permet de
déployer que les moins nobles de leurs
facultez, qui leur rend inutiles celles qui
sont

____

(1) Cette restriction prévient l'objection qu'on me
pourroit faire en alleguant l'exemple de ceux qui
naissent stupides, mais voyez là-dessus une pensée de
Mr *Locke* très-propre à confirmer mon principe général,
Essai sur l'Ent. humain. Liv. 4. Ch. IV. § 13--15.

font les plus nobles, & par conséquent
les empêche de tendre au plus haut point
de felicité où elles puissent atteindre. Telle seroit une œconomie qui borneroit à
de simples sensations des créatures susceptibles de raisonnement & d'idées claires, & qui les priveroit de cette espéce de
bonheur que procurent les connoissances
évidentes & les opératious libres & raisonnables; pour les réduire aux seuls plaisirs
des sens.   Ainsi l'ordre veut que toute
Intelligence naturellement susceptible de
l'idée de Dieu puisse, dans l'état où Dieu
la met, acquerir, ou déveloper cette idée;
que toute Intelligence capable par sa nature de connoître l'ordre moral & de s'y
soumettre, ne soit point réduite à l'impossibilité de faire l'un & l'autre; que tout
Etre naturellement capable de choix & susceptible de cette espece de felicité qui est
la suite & la récompense du bon choix,
soit tellement situé, qu'il puisse en exer-
çant cette faculté, aspirer à la félicité
dont il s'agit; que tout Etre capable de
Religion ne demeure dans aucun assujettissement involontaire qui l'empêche de
réduire cette capacité en acte: Or l'ame
des Brutes, supposé qu'elle ne differât
point essentiellement de l'ame humaine,
seroit dans le cas de cet assujettissement
forcé qui repugne à la Bonté & à la Sagesse du Créateur, & qui est directement
contraire aux loix de l'Ordre. C'en est
assez pour nous convaincre que l'ame des

I 5

Bru-

Brutes, n'ayant, comme l'expérience le montre, aucune connoissance de la Divinité, aucun principe de Religion, aucunes notions du bien & du mal moral, n'est point susceptible de ces notions : sous cette exclusion est comprise celle d'un nombre infini d'idées & de proprietez spirituelles.

Quand on fait attention aux liaisons imperceptibles qui se trouvent dans le Système de nos idées par où l'une naît de l'autre & conduit à l'autre ; quand on songe à l'enchainement de nos facultez, à la proportion qu'il y a dans l'homme entre la volonté & l'entendement, entre la Raison & la Liberté, on voit qu'une ame qui n'a point l'idée de Dieu ni la faculté de la connoître, doit être d'une espéce très differente de l'ame qui possede cette faculté (a). Aussi est-ce par cet endroit que les Philosophes Payens eux-mêmes ont relevé les prérogatives de l'homme. On peut voir ce que dit là-dessus *Socrate* dans *Xenophon* (b), & les judicieuses refléxions de Docteur *Wilkins* dans son Livre des Principes de la Religion naturelle. Poussez donc vos conjectures en faveur des Bêtes aussi loin que l'experience vous le permet ; accordez-leur, si vous voulez, outre la perception simple des raisonnemens (1), une

(3) Voy. *le Spect.* Tom. 3. N. 201. initiò.

(a) *Memorab. Socrat.* Liv. I. Ch. I. p. 289. traduct de *Charpentier.* WILKINS *Principles of natural Religion.* Liv. 2. Ch. I. p. 289.

(1) Voyez sur le degré de leur Liberté *Puffendorf, Droit de la nature & des gens.* Liv. 2 Ch. I. § 4. qui fait voir qu'elles n'ont point de principe de moralité, qui mette

une volonté, une efpéce de refléxion, leur ame, avec tous ces attributs, demeurera toujours à une affez grande diftance de l'ame humaine, pour ne laiffer aucun lieu de craindre qu'on les puiffe confondre l'une avec l'autre.

CHAPITRE VI.

Conjecture la plus vrai-femblable fur la nature de l'ame des Bêtes. C'eft un efprit uniquement fufceptible de perceptions confufes. Digreffion fur la nature de nos fenfations.

MAIS rien ne nous oblige, ce me femble, d'accorder aux Bêtes une ame qui raifonne dans quelques bornes étroites que l'on veuille refferrer la fphere de ce raifonnement. J'ai montré, que le même en leur attribuant ; nous avons à choifir entre differens degrez de Raifon, felon le plus ou le moins d'idées dont cette ame fera fufceptible. On a vû que ce plus ou ce moins fait des differences fpécifiques dans les efprits ; parce qu'il fuppofe un fonds de penfée plus ou moins étendu. Ainfi un beaucoup plus bas degré de Raifon feroit de l'Ame des Bêtes

une

mette un frein à leur Liberté & qui montre combien elles font inferieures aux hommea. V. *ibid. Liv. 1. Ch. III. § 1.*

une efpéce très-diftincte de l'ame humaine. Mais pourquoi mettrions-nous dans
l'ame des Bêtes que ce que l'experience
nous conduit néceffairement à y mettre?
Pour commencer donc d'expliquer ma
penfée là-deffus; je croi qu'il n'y a dans
les brutes qu'un principe fenfitif par où
j'entens un Etre immatériel, une fubftance penfante, en un mot, un efprit qui
n'a que des perceptions confufes & dont
l'activité eft modifiée & reglée fur ces
perceptions, c'eft-à-dire, qu'il a divers
defirs confus qui correfpondent à la varieté de ces fenfations & dont elles font
en quelque forte l'objet. Je croi que cet
efprit eft de telle nature qu'il ne fent que
par le moyen du corps organifé auquel il
eft uni, & que comme fa nature le bornant à fentir, il n'a de défirs & d'activité
que par raport à ce qu'il fent; fon union
avec la matiére lui eft fi effentielle, le
corps lui eft fi néceffaire & pour appercevoir & pour agir, qu'il ne peut fubfifter
feparé du corps, & que ce qui détruit cette union le détruit lui-même. Mais afin
que le Lecteur foit en état de penetrer
le fond de mon hypothéfe, il doit fe réfoudre à me fuivre dans quelques reflexions que je vais faire fur la nature de
nos fenfations: ce fujet plus important
qu'on ne penfe a été jufqu'ici bien négli-
gé par les Philofophes: leur auroit-il paru trop clair, ou trop obfcur?

Di

Digreſſion ſur la nature des Senſations.

Demandez à ceux d'entre les Philo-ſophes de ces derniers ſiécles qui ont eu le bonheur de penetrer le plus avant dans la nature de notre ame, & d'en ex-pliquer le mieux les diverſes proprietez, demandez-leur ce que c'eſt que Senſa-tion, ils ne vous diront rien qui vous ſa-tisfaſſe & qui vous éclaire. Avouons pourtant à leur honneur, qu'ils nettoyent aſſez bien ce ſujet de tout ce que les pré-jugez d'enfance apportoient pour l'obſ-curcir; mais après tout, ils le laiſſent en-core obſcur. On vous demontre d'abord que c'eſt une erreur groſſiére de revêtir les objets qui ſont hors de nous des di-verſes Senſations que nous éprouvons à leur préſence; D'attacher, par exemple, aux corps que nous regardons, les diffe-rentes couleurs que nous appercevons en les regerdant; de croire que le ſon que nous entendons eſt réellement dans cette cloche qui remue, ou dans cette orgue qui joüe, ainſi des autres qualitez ſenſi-bles. Toute Senſation eſt une perception qui ne ſauroit ſe trouver ailleurs que dans un eſprit, c'eſt-à-dire dans une ſubſtance qui le ſent elle-même, & qui ne peut agir ou patir ſans s'en appercevoir immédiate-ment. Le corps exiſte, ſans connoître

qu'il

qu'il exiſte, ſans s'appercevoir de lui-même ni de ſes modifications; il n'a point ce
que l'on appelle *conſcience*, il ne ſauroit
donc être le ſujet d'aucune perception particuliere qui n'eſt qu'un mode de la ſubſtance qui ſe ſent & qui ſe connoît; il ne
ſauroit être le ſujet des ſons, des couleurs,
des odeurs &c., ſi l'on entend par-là ce
que nous appercevons immédiatement à
l'occaſion des objets. Nos Philoſophes
vont plus loin; ils vous font très-bien remarquer que cette eſpéce de perception
que l'on nomme Senſation eſt très-diffe-
rente, d'un côté de celle que l'on nom-
ne idée, d'autre côté des actes de la volonté & des paſſions. L'ame n'agit point,
elle eſt purement paſſive dans la Senſation.
D'ailleurs une Senſation n'eſt pas une idée;
quoi qu'à l'égard de l'une & de l'autre
l'ame ſoit également paſſive. Une idée
eſt une perception qui repréſente clairement à l'ame un objet diſtinct d'elle-même, diſtinct de cette modification même
qui le lui repreſente; au lieu que la Senſation eſt une perception confuſe qui n'offre à l'ame aucun objet diſtinct. Elle eſt
auſſi très-diſtinguée des paſſions: celles-ci
ſont bien des perceptions confuſes qui ne
repréſentent aucun objet, mais ces perceptions ſe terminant à l'ame même qui
les produit, l'ame ne les raporte qu'à elle-
même, elle ne s'aperçoit alors que d'elle-
même, comme étant affectée de differentes

tes maniéres, telles que sont la joye, la tristesse, le désir, l'incertitude, la haine & l'amour. Ces agitations de l'ame nommées passions ont bien leur objet, mais l'ame ne les rapporte pas à cet objet, comme à la cause qui les produit : Les Sensations au contraire que l'ame éprouve en soi; elle les raporte à l'action de quelque cause exterieure, & d'ordinaire elles amenent avec elles l'idée de quelqu'objet. Nos Philosophes ajoutent, que les Sensations sont bien quelque chose d'obscur & de confus, à les considerer en elles-mêmes & par opposition aux idées claires; mais qu'elles sont très-claires & très-distinctes, si vous les comparez entre elles. Notre ame ne s'y meprend jamais; par le sentiment vif & intime qu'elle a de chacune, elle apperçoit immédiatement ce que chacune d'elles est en soi, & les distingue l'une de l'autre avec autant de certitude & d'évidence qu'elle en peut avoir par raport à ses idées. Il est vrai qu'on ne sauroit definir les Sensations; mais elles se définissent elles-mêmes : s'il est impossible de faire comprendre ce que c'est que la lumiere du Soleil, ou l'odeur d'une rose à qui n'en auroit pas eu l'experience, à qui n'auroit jamais vû la lumiere de cet Astre, ni jamais senti cette fleur, aussi, quiconque a une fois éprouvé ces sensations, les connoît parfaitement, & ne confondra jamais, ni les divers genres de sensations,

ni

ni les diverses espéces de sensations dans chaque genre : il n'est point à craindre que l'on vienne à prendre la lumiere pour le son, ni l'odeur, ou la couleur d'une rose pour l'odeur, ou la couleur d'une violette. La Philosophie de nos Docteurs finit-là. En effet, que veut-on de plus ? disent-ils. Les Sensations sont certaines modifications de pensée, ce sont certaines perceptions que l'ame reçoit, ou que Dieu lui imprime à la présence des objets corporels, & à l'occasion des diverses impressions que les corps qui environnent le nôtre font sur ses organes. Ces perceptions se manifestent elles-mêmes, se distinguent par elles-mémes, les unes des autres, & quiconque les éprouve, les connoît par cela même assez clairement. Ces discours ne m'ont jamais contenté : ils laissent, ce me semble, à l'esprit je ne sai quelle inquiétude qui lui est naturelle, lors qu'on ne lui montre que la moitié du vrai qu'il voudroit voir tout entier. Je doute fort que ceux qui se payent de ces raisons en soient aussi contens qu'ils le disent, s'ils sont Philosophes ; car un Philosophe aime la Verité avec passion, & ne cesse de se tourmenter sur un sujet, jusqu'à ce qu'il ait découvert ce qui y demeure caché ; à moins qu'il ne soit duëment convaincu de l'impossibilité de la découverte. Peut-être même la difficulté qu'ils ont sentie à penetrer plus avant

leur

leur a-t-elle fait prendre ce qu'ils savoient déja pour tout ce qu'il y avoit à savoir. Croire nos connoiſſances complettes, pour éviter de reconnoître qu'elles ſont bornées, & pour s'épargner une plus longue recherche, eſt un parti dont notre vanité & notre pareſſe s'accommodent aſſez.

On s'aperçoit aiſement que ce que l'on vient de nous aprendre ſur la nature des Senſations y laiſſe encore de grandes difficultez, car pourquoi l'ame raporte-t-elle ces ſenſations à une cauſe extérieure? Qu'eſt-ce qui l'incline à en revêtir les objets à l'occaſion deſquels elle les reçoit? D'où vient que ces perceptions ſi vives, ſont en même tems ſi confuſes, ſi on les compare à nos idées? Comment étant obſcures & confuſes en elles-mêmes, les diſtinguons-nous ſi promptement & ſi ſurement les unes d'avec les autres? Pourquoi n'étant point des idées, ſont-elles pourtant toûjours accompagnées de quelqu'idée qu'elles amenent dans notre eſprit, qu'elles y gravent ſi profondement en y attachant fortement ſon attention? Pourquoi la ſenſation qu'écite, & l'idée que preſente un objet corporel, ſont-elles ſi étroitement unies enſemble, & ſi intimement mêlées l'une dans l'autre, qu'il nous eſt preſqu'impoſſible de les diſcerner, & de ſeparer par exemple l'idée de l'étendue & de la figure d'un corps, d'avec la couleur ſous laquelle & par laquelle, pour ainſi dire, nous voyons cette figu-

K
re

se & cette étendue? Pourquoi certaines sensations sont-elles immuablement attachées à telle impression précise faite sur tel organe, en sorte que chaque organe ait une espece particuliere de sensation qui lui est affectée, & que les diverses sensations correspondent toujours dans un ordre fixe qui ne se dérange jamais, aux diverses sortes d'impressions que notre corps reçoit & aux diverses qualitez des objets qui les rendent propres à produire ces impressions? Allez-vous éclaircir toutes ces questions, me dira peut-être ici le Lecteur chagrin? Je n'ose le promettre, mais je vais proposer simplement mes conjectures, & j'ose prier qu'on leur accorde quelque attention.

Quand je compare en moi-même mes idées avec mes sensations, je trouve entre ces deux manieres d'apercevoir, des raports & des differences qui m'aident à découvrir ce que je cherche. 1. Mes idées sont claires, elles me représentent distinctement quelqu'objet qui n'est pas moi: au contraire, mes sensations sont obscures, elle ne me montrent distinctement aucun objet, quoi qu'elles attirent mon ame comme hors d'elle-même: car toutes les fois que j'ai quelque sensation, il me paroît que quelque cause extérieure agit sur mon ame. 2. Je suis maître de l'attention que je donne à mes idées, j'appelle celle-ci, je renvoye celle-là, je la rapelle & la fais demeurer devant moi tant qu'il me plaît;

plaît; je lui donne tel degré d'attention que bon me semble: je dispose de toutes avec un empire aussi souverain, qu'un curieux dispose des tableaux de son cabinet. Il les déplace, il les range comme il lui plaît, il jette les yeux, tantôt sur l'un, tantôt sur l'autre; il s'arrête à en considerer un seul qui lui plaît davantage, sans daigner regarder les autres, ou bien il ferme les yeux & n'en veut regarder aucun. Il n'en va pas ainsi de mes sensations; l'attention que je leur donne est involontaire, je suis forcé de la leur donner, mon ame s'y applique, tantôt plus, tantôt moins, non selon qu'il lui plaît, mais selon que la sensation elle-même est ou foible ou vive. Dès que j'ouvre les yeux, par exemple, je ne puis empêcher que la lumiére éblouissante du Soleil n'applique plus fortement mon ame que ne fait la sombre lueur d'une lanterne, ou que l'écarlate ne me frappe plus vivement que le bleu. De-là vient, pour le remarquer en passant, que les Sensations priment presque toujours sur les idées pures; qu'elles remplissent la capacité de l'ame, & que quand elles sont un peu vives, elles suspendent les fonctions de l'entendement, en ôtant à l'ame la liberté de faire attention à ses idées claires & distinctes.

3. Les pures idées n'emportent aucune sensation, pas même celles qui me représentent les corps; mais les sensations

ont

sont toujours un certain raport à l'idée du corps; elles sont inseparables des objets corporels, & l'on convient généralement, qu'elles naissent à l'occasion de quelque mouvement des corps, en particulier de celui que les corps extérieurs communiquent au mien. J'expliquerai dans la suite ce dernier article: Mais en général, il est certain que toute sensation naît de quelque mouvement & correspond à ce mouvement.

4. Mes idées sont simples ou se peuvent reduire à des perceptions simples, car comme ce sont des perceptions claires qui m'offrent distinctement quelque objet qui n'est pas moi: je puis les décomposer jusqu'à-ce que je vienne à la perception d'un objet, simple & unique, qui est comme un point que j'aperçois tout entier d'une seule vue. L'assemblage de ces points intelligibles forme les idées composées, & je connois d'autant mieux ces idées, que par une analyse exacte je les ai reduites à ces points. Mes sensations au contraire sont confuses, & c'est ce qui me fait conjecturer que ce ne sont pas des perceptions simples, quoi qu'en dise un celèbre Philosophe (a) Anglois. Ce qui aide à ma conjecture, c'est que nous éprouvons tous les jours des sensations qui nous paroissent simples dans le moment même; mais que nous découvrons ensuite ne l'être nullement. On sait par les ingenieuses expériences que le fameux

(a) LOCKE *Essai sur l'Entendem. humain.* Liv. II. Chap. 2.

fameux Chevalier *Newton* a faites avec le Prifme, qu'il n'y a que cinq couleurs primitives, cependant, du different mélange de ces cinq couleurs, il fe forme cette diverfité infinie de couleurs que l'on admire daus les ouvrages de la Nature & dans ceux des Peintres fes imitateurs, & fes rivaux, quoique leur Pinceau le plus ingenieux ne puiffe jamais l'égaler. A cette varieté de couleurs, de teintes, de nuances, répondent autant de fenfations diftinctes, que nous prendrions pour fenfations fimples, auffi bien que celles du rouge & du verd, fi les experiences dont j'ai parlé ne démontroient que ce font des perceptions compofées de celle de ces cinq couleurs originales. Choififfons une expérience commune; le rouge & le bleu mélangé fur une furface par petites portions égales, nous donne la couleur violette. Tout mélange pareil de deux ou de plufieurs couleurs, lorfqu'il eft aperçu de loin, produit à l'œil une nouvelle couleur.

Il en eft de même des fons dans la Mufique: deux ou plufieurs tons de certaine efpece venant à fraper en même tems l'oreille, produifent un accord; une oreille fine aperçoit à la fois ces tons differents, fans les bien diftinguer; ils s'y uniffent & s'y fondent l'un dans l'autre; ce n'eft proprement aucun de ces deux tons qu'elle entend; c'eft un mélange agréable qui fe fait des deux, d'où refulte une troifiéme

                fenfasenfation qui s'appelle accord, symphonie : un homme qui n'auroit jamais ouï ces tons féparément, prendroit la fenfation que fait naître leur accord pour une perception fimple. Je dis la même chofe des couleurs compofées ; car les experts dans cette Science (1) nous parlent auffi des tons & de l'harmonie des couleurs. En un mot, je foupçonne que ce n'eft que par comparaifon qu'on peut apeller certaines fenfations des perceptions fimples, & toute la difference que j'y vois, c'eft que fur celles à qui l'on donne ce nom, on n'a pû jufqu'ici trouver d'analyfe pour les réduire à leurs principes & pour en démêler la compofition, comme on l'a fait à l'égard des autres. Je croirois donc, que toute fenfation, celle du fon, par exemple, ou de la lumiere en général, quelque fimple, quelqu'indivifible qu'elle nous paroiffe, eft un compofé d'idées, eft un affemblage ou amas de petites perceptions qui fe fuivent dans notre ame fi rapidement & dont chacune s'y arrête fi peu, ou qui s'y préfentent à la fois en fi grand nombre, que l'ame ne pouvant

(1) Tous ceux qui ont bien entendu l'accord des couleurs - - fe font fervis des couleurs rompues & compofées, dont ils ont fait une Mufique pour les yeux en mêlant celles qui ont quelque fympathie les unes avec les autres pour en faire un tout qui ait de l'union avec les couleurs qui lui font voifines. DE PILES, *Remarques fur l'Art de la Peinture.* Poëme de Mr. Du Frefnoy p. 209. conf. p. 195.

vant les diftinguer l'une d'avec l'autre, n'a
de ce compofé qu'une feule perception
très-confufe, par égard aux petites parties
ou perceptions qui forment ce compofé,
mais d'autre côté, très-claire, en ce que
l'ame la diftingue nettement de toute autre
fuite ou compofé de perceptions; d'où
vient que chaque fenfation confufe, à la
regarder en elle-même, devient très-claire fi vous l'oppofez à une fenfation differente.   Je fuppofe dans ma définition un
compofé de perceptions fimultanées ou
fucceffives & je croi que dans la plupart
des fenfations on doit admettre l'une &
l'autre, ou du moins l'une des deux fup-
pofitions; & toutes les deux nous montrent d'où naît ce qu'il y a d'obfcur & de
confus dans les perceptions des fons. Mais
quel fera l'objet de ces petites perceptions
qui fe trouvant, ou fucceffivement, ou
tout à la fois dans l'ame produifent ce
qu'on nomme fenfations ? Cet objet ce
font les divers petits mouvemens fucceffifs, rapides & infenfibles que les objets
des fons communiquent aux nerfs & trans-
mettent par leur moyen jufques au cerveau, ou jufques à cet endroit du cerveau auquel l'ame eft particuliérement u-
nie. Dieu place l'ame dans le monde
corporel, en uniffant cette ame à un corps
organifé, & cette union de l'ame au corps,
ne me paroît être de la part de l'ame que
la fenfation qu'elle a du corps. Je con-
çoi l'ame prefente au *Senforium*, par l'i-
K 4

dée

dée confuse, mais perpetuelle que Dieu lui donne du *Sensorium* & des divers changemens qui lui arrivent, idée qui se varie à l'infini, selon les modifications & les impressions innombrables, que cette partie reçoit sans cesse, soit du dedans de la machine, soit de l'action des objets extérieurs sur elle. Cet amas de petites perceptions qui ont pour objet les mouvemens produits dans le *Sensorium* est ce que j'appelle une sensation continuelle du *Sensorium* & du corps entier dont toutes les parties se rapportent à celle-là. C'est par cette perception confuse & involontaire que Dieu donne à l'ame des mouvemens qui se passent dans le corps, que l'ame est unie au corps & qu'elle aperçoit les objets exterieurs qui agissent sur lui. L'ame sent les corps, parce que Dieu l'applique à considerer les corps comme existans, comme actuellement agissans, ou plûtôt agis, c'est-à-dire, mûs. Cette attention involontaire à une succession rapide de petits mouvemens, ou à une grande diversité de mouvemens à la fois, fait que l'ame sent les corps & qu'elle est avertie de leur existence: Ainsi une sensation de lumiere n'est autre chose que la perception des diverses secousses que le corps lumineux produit dans la matiére étherée & que cette matiére communique au nerf optique, une sensation de son, c'est un amas de petites idées successives qui représentent les vibrations du tympan & celles

les du nerf acoustique produites par un air ébranlé. Si ces perceptions ne se succedoient pas si rapidement l'une à l'autre, si elles ne s'offroient pas à la fois en si grand nombre, si l'ordre dans lequel elles s'offrent & se succédent ne dependoit pas de celui des mouvemens extérieurs, s'il étoit au pouvoir de l'ame de le changer; si tout cela étoit, les sensations ne seroient plus que de pures idées qui représenteroient divers ordres de mouvemens. L'ame se les représente bien, mais en petit, mais dans une rapidité & une abondance qui le confond, qui l'empêche de demêler une idée d'avec l'autre, quoi qu'elle soit vivement frapée du tout ensemble, & qu'elle distingue très-nettement telle suite de mouvemens d'avec telle autre suite, tel ordre, tel amas de perceptions d'avec tel autre ordre & tel autre amas.

La Musique me fournit encore ici une preuve. (a) On a voulu approfondir les agrémens de cet Art. On a recherché pourquoi certain assortiment de tous plaît à l'oreille, pourquoi tel autre assortiment la choque & la blesse. L'oreille seule étoit juge souveraine de l'harmonie; mais les Physiciens & les Geometres ont voulu savoir les raisons de son plaisir & deviner les motifs de ses jugemens qu'elle ne savoit pas elle-même. Ils ont réussi; on a trouvé le principe de ces agrémens dans certaines proportions Mathématiques, dans une harmonie de nombres, & dans ce que

(a) Voy. Mr. *De Fontenelle*, Eloge de Mr. *Sauveur.* & *l'Hist. de l'Ac. Roy. des Sciences.* Année 1701.

K 5

cer-

certaines cordes à raison de leur longueur,
de leur grosseur, & de leur tension font
des vibrations qui gardent entre elles une
certaine proportion & qui recommencent
ensemble à intervales égaux. Rien n'est
plus propre que cette découverte à nous
conduire aux vues générales qui font le
fonds de ma conjecture sur la nature des
sensations; car qui empêche d'étendre à toutes les Sensations, ce que l'on voit dans
cette espece particuliére. Ici le plaisir sensible que l'oreille goute dans l'harmonie
& dans les accords est fondé sur le plaisir
intelligible qu'excite dans l'ame l'ordre &
la proportion des objets; la varieté des
idées qui tend à l'unité, c'est ce plaisir
même intelligible en racourci; la cause
qui le produit est ce même ordre, cette
même proportion, lors qu'elle n'est que
sentie ou confusément aperçue dans une
multitude d'idées indiscernables par la rapidité de leur succession, & pour ainsi dire,
par le peu d'espace que chacune d'elles occupe dans l'ame. La proportion de ces
idées, leurs varietez bien ordonnées & ré-
duites à une certaine unité, les retours
reguliers des mêmes idées: tout cela étant
apperçu de l'ame, malgré la rapidité de
leur cours, lui cause un plaisir vif qu'elle
sent, quoi qu'elle ne puisse raisonner sur
ce plaisir. Conséquemment à cela, il
faut dire que les sensations deviendroient
idées, & que les idées deviendroient sensations, selon que leur nombre & leur rapidité

pidité viendroit à diminuer, ou à croître, & que l'ame y feroit volontairement ou involontairement appliquée.

Il y a certaines bornes qui diftinguent les perceptions claires d'avec les confufes, & ces bornes doivent être prifes dans l'effence même de l'efprit humain. Le fonds de penfée & d'activité dont il jouït ne lui permet d'embraffer à la fois qu'un certain nombre d'idées, il a befoin qu'elles lui foient prefentes durant un certain tems, pour les pouvoir diftinguer. Nous ne mefurons la durée du tems que par la fucceffion de nos idées : celui qu'il nous faut pour diftinguer une idée d'avec une autre eft pour nous la derniere mefure du tems & ce que nous appellons un moment. Que les idées s'offrent à la fois en plus grand nombre, ou, ce qui revient au même, que la viteffe avec laquelle elles fe fuccédent paffe cette mefure, nos idées fe confondent, la perception ceffe d'être claire & diftincte; l'ame ne peut plus raifonner ; les idées fe changent en fentimens confus. Que fi outre cela, la préfence & la fucceffion de ces idées eft involontaire, l'ame devenüe paffive n'a plus qu'une fenfation laquelle eft plus ou moins vive, à mefure que cette fucceffion d'idées qui la compofe eft plus ou moins rapide, & que l'ame s'y applique plus ou moins foitement: mais qui demeure toûjours une perception confufe. L'efprit ne peut porter de jugement diftinct fur cette multi-

tiplicité d'idées préfentes à la fois, ou fe
fuccédant l'une à l'autre avec une rapidité équivalente à la préfence d'une multitude de perceptions fimultanées. L'attention de l'efprit étant partagée entre tant
d'objets & ne pouvant s'arrêter fur chacun, il eft dans l'impuiffance de les comparer entre eux. Alors il n'eft que paffif,
par la perception totale, mais confufe de
tous enfemble. Il ne fauroit diftinguer
dans cette étendue de perception, les points
infenfibles qui la compofent; à peu près
comme dans la voye lactée où un nombre
prodigieux de petites étoiles voifines
n'offrent à l'œil qu'une trainée de lumiere, ou comme lors qu'un flambeau eft
agité en rond avec beaucoup de viteffe, au
lieu de voir le mouvement circulaire d'un
feul point lumineux, on voit tout un cercle de flame.

Je ferai mieux comprendre ma penfée
en la transportant des objets corporels aux
fpirituels. Malgré la bizarrerie de l'expreffion, j'ofe avancer, qu'il y a des Senfations fpirituelles, qu'en faveur de la dif-
tinction j'appellerai *fentimens*. Toute re-
minifcence imparfaite, toute penfée qui
d'abord fe préfente confufément à l'ame,
mais qui peut enfuite fe déveloper, s'éclaircir, fe réduire à des idées claires; c'eft un
fentiment; je veux dire que c'eft un amas
de perceptions qui fe préfentant à l'ame
toutes à la fois, occupant toutes enfemble fa capacité, ne lui permettent d'abord
d'en

d'en démêler aucune, & d'envisager chacune d'elles à part, pour en rendre l'idée
claire & distincte. J'en apelle à ce qu'ont
éprouvé cent & cent fois les esprits qui savent refléchir sur leurs propres operations;
ils m'avoueront qu'il y a certaines véritez, & ce sont souvent les plus importantes, qui leur sont connues par sentiment,
avant que de l'être par idée. Elles sont
d'abord dans leur esprit comme un germe
imperceptible; par le moyen de l'attention
ce germe se dévelope peu à peu, ses parties se grossissent, s'arrangent, deviennent
sensibles & distinctes; & voila comment
le peuple connoît avec conviction certaines veritez qu'il n'apartient qu'aux grands
genies d'éclaircir & de démontrer.

Substituez présentement l'objet corporel au spirituel; donnez à notre ame de
simples mouvemens corporels pour objet,
supposez-la involontairement attentive à
ces mouvemens, vous aurez une sensation. Et voilà justement pourquoi nos
sensations demeurent obscures malgré toute l'attention que nous leur donnons, tandis qu'avec la même attention nous par-
venons à faire l'analyse de nos *sentimens*
& à débrouiller le chaos de nos idées spirituelles: c'est que dans les Sensations notre esprit est involontairement appliqué à
cet assemblage d'objets qui viennent frapper notre intelligence dans une suite trop
rapide, ou dans un amas trop nombreux
& sans aucune proportion à la mesure de

tems

tems & d'objet qui nous eſt neceſſaire pour
former des perceptions diſtinctes. L'eſprit ſe livre malgré lui à ce torrent d'i-
dées; il n'eſt pas maître de les ſeparer, de
les décompoſer, de fixer ſon attention
plus ſur les unes que ſur les autres: s'il
le pouvoit il ſauroit quelle combinaiſon,
quelle ſuite, quelle harmonie de petits
mouvemens produiſent; lors qu'ils ſont
aperçus de notre ame, tel ſon, telle couleur, telle odeur, tel goût. Il verroit
qu'une certaine ſuite preciſe de perceptions
dans un certain ordre avec un certain degré de viteſſe plaît ou deplaît à l'ame; il
trouveroit ſur les couleurs, ſur les ſa-
veurs &c. & ſur la maniere dont ces qualitez ſenſibles agitent les nerfs, des proportions immuables & des principes qui
lui expliqueroient ſon plaiſir & ſa douleur,
ce qui dans ſes differentes ſenſations la fla-
té ou la bleſſe.

Du moins connoiſſons-nous déja par
là que les impreſſions que notre ame reçoit à l'occaſion des objets ſenſibles ne
ſont nullement arbitraires. Nous ſavons
d'où vient que chaque organe a une eſpéce particuliére de ſenſation qui lui eſt affectée & d'où vient que par un ordre qui ne
ſe dérange jamais, nos diverſes ſenſations correſpondent toûjours exactement
aux diverſes qualitez des objets extérieurs
& aux diverſes ſortes d'impreſſions que
ces objets produiſent ſur nos organes.
Dès-

Dès-lors il n'y aura plus lieu de former (1) cette question bizarre ; la nature ne pouvoit-elle pas établir un ordre tout different pour nos sensations ? Les loix qui unissent l'ame avec le corps n'auroient-elles point pû être concertées de maniere, que l'ébranlement du nerf optique par les rayons du Soleil rassemblez au fond de l'œil, nous fit entendre des sons harmonieux, que les vibrations communiquées au tympan de notre oreille par les ondulations de l'air, nous imprimassent le sentiment des couleurs & de la lumiere, & que tous nos sens fissent entre eux un échange de leurs fonctions ? Il paroît clairement que non, dès qu'il y a une analogie entre nos sensations & les mouvemens qui les causent, & dès que ces mouvemens sont non la simple occasion, mais l'objet même de ces perceptions confuses. Elle paroîtra cette analogie, si d'un côté nous comparons ces sensations entre elles, & si d'autre côté nous comparons aussi entre eux les organes de ces sensa-

tions,

(1) Voyez la *Recherche de la Verité*, Liv. I. Chap. XII. Mr. *Bayle* eût donc tort de soutenir à Mr. *Arnaud* que le raport de nos Sensations aux corps qui en sont l'occasion n'est point essentiel comme celui de nos idées à leur objet, & que ce n'est que par un établissement tout-à-fait libre du Créateur, que notre ame raporte, par exemple, le froid qu'elle sent à un pied, ou à une main. Voyez *Dict. Crit. Art. Epicure* rem. G. à propos de la dispute avec le P. M. sur les plaisirs des Sens.

tions, & l'impreffion qui fe fait fur ces differens organes. La vue eft quelque chofe de plus délicat & de plus fubtil que l'ouïe; l'ouïe a vifiblemant un pareil avantage fur l'odorat & fur le goût; & ces deux derniers genres de fenfation l'emportent par le même endroit fur celui de toucher. On obferve les mêmes différences entre les organes de nos fens, pour la compofition de ces organes, pour la délicateffe des nerfs, pour la fubtilité & la viteffe des mouvemens, pour la groffeur des corps exterieurs qui affectent immédiatement ces organes. L'impreffion corporelle fur les organes des fens, n'eft qu'un tact plus ou moins fubtil & délicat; à proportion de la nature des organes qui en doivent être affectez, celui qui fait la vifion eft le plus leger de tous: Le bruit & le fon nous touche moins délicatement, que la lumiere & les couleurs; l'odeur & la faveur, encore moins délicatement que le fon; le froid & le chaud, & les autres qualitez tactiles, font l'impreffion la plus forte & la plus rude. Dans tous, il ne faut que differens degrez de la même forte de mouvement, pour faire paffer l'ame du plaifir à la douleur; preuve que le plaifir à la douleur: ce qu'il y a d'agréable ou de defagréable dans nos fenfations, eft parfaitement analogue aux mouvemens qui les produifent, ou, pour mieux dire, que nos fenfations ne font que la perception confufe de ces divers mouvemens; per-

cep-

ceptions qui plaît ou déplaît à l'ame, qui
la flatte ou qui l'inquiete, par des raisons
prises du fond de son essence même.
Raisons toutes semblables aparemment à
celles qui fondent l'idée du beau & de l'a-
gréable dans les objets que l'ame aperçoit
distinctement : raisons dans lesquelles il
n'y a pas d'aparence que nous pénétrions
jamais ici bas.   D'ailleurs , à comparer
nos sensations entre elles ; on y découvre
des raports & des differences qui marquent
une analogie parfaite avec les mouvemens
qui les produisent , & avec les organes qui
reçoivent ces mouvemens.   Par exemple,
l'odorat & le gout s'avoisinent beaucoup,
& tiennent assez l'un de l'autre. Nous a-
vons déja dit en passant, l'analogie qui se
remarque entre les sons & les couleurs.
Les diverses espéces de sensations du même genre ont toûjours pour principe, des
mouvemens qui se raportent au même organe, & qui par conséquent, dans leurs
varietez infinies , retiennent toûjours quelque chose de nouveau. Toutes les couleurs sont du ressort de l'œil, comme tous
les sons apartiennent à l'oreille, & toutes
les saveurs au palais. Quiconque se rendra attentif à l'experience sur ce sujet, aura lieu de faire mille observations semblables, qui toutes aboutissent à fortifier ma
conjecture , savoir, que nos sensations
ne sont autre chose que des idées représentatives des petits mouvemens des corps.
On verra par-là, d'où vient qu'elles sont

L

à

à la fois, fi vives & fi confufes ; d'où vient que malgré leur obfcurité, nous les diftinguons fi furement les unes d'avec les autres, fans jamais nous y méprendre. Il faut à préfent, venir aux autres difficultez propofées, & entrer dans quelque détail, pour tâcher de les réfoudre.

Pourquoi, dit-on, l'ame raporte-t-elle fes fenfations à quelque caufe extérieure ? Pourquoi ces fenfations font-elles inféparables de l'idée de certains objets ? Pourquoi nous impriment-elles fi fortement cette idée, & nous font-elles regarder ces objets comme exiftans hors de nous ? Bien plus, pourquoi regardons-nous ces objets non-feulement comme la caufe, mais comme le fujet de ces fenfations ? D'où vient enfin que la fenfation eft fi mêlée avec l'idée de l'objet même, que quoi que l'objet foit diftingué de notre ame & que la fenfation n'en foit point diftinguée, il eft extrêmement difficile, ou même impoffible à notre ame, de détacher la fenfation d'avec l'idée de l'objet ; ce qui a principalemeut lieu dans la vifion. On ne fauroit prefque pas plus s'empêcher quand on voit un cercle rouge, d'attribuer au cercle la rougeur qui eft notre propre fenfation, que de lui attribuer la rondeur, ou l'étendue ronde, qui eft la proprieté du cercle même. Mon hypothefe un peu plus devělopée, rend raifon de tout cela. Les Senfations font fortir l'ame hors d'elle-même, en lui donnant l'idée l'idée confuse d'une cause extérieure qui agit sur elle, parce que les sensations sont des perceptions involontaires; l'ame en tant qu'elle sent, est passive, elle est le sujet d'une action; il y a donc hors d'elle un Agent. Quel sera cet Agent? il est raisonnable de le concevoir proportionné à son action; & de croire qu'à differens effets, répondent de differentes causes; que les sensations differentes sont produites par des causes aussi diverses entre elles, que le sont les sensations même. Sur ce principe, la cause de la lumiere doit être autre que la cause du son; celle qui excite en moi la sensation du jaune, doit n'être pas la même que celle qui me donne la sensation du violet. Naturellement le doux & l'amer ne peuvent pas avoir hors de moi une même source, puisque ce sont en moi des perceptions si differentes: mais nous avons vû que les sensations sont des perceptions représentatives d'une infinité de petits mouvemens indiscernables; d'où il suit, que toute sensation doit amener avec elle l'idée claire ou confuse du corps dont celle du mouvement est inséparable, & que je dois regarder la matiére entant qu'agitée par ces divers mouvemens, comme la cause universelle de mes sensations, en même tems qu'elle en est l'objet. De-là vient que les sensations, sont la preuve la plus convainquante que nous ayons de l'existence de la matiére. C'est par elles

que

que Dieu nous avertit de cette exiſtence; car quoi que Dieu ſoit la cauſe univerſel-le & immédiate qui agit ſur notre ame, ſur laquelle, quand on y penſe, on voit bien que la matiére ne peut agir réellement & phyſiquement; quoi qu'il ſuffiſe des ſeules ſenſations que nous recevons à chaque moment, pour démontrer qu'il y a hors de nous un eſprit dont le pouvoir eſt infini; cependant la raiſon pour laquelle cet eſprit tout-puiſſant aſſujettit notre ame à cette ſuite ſi variée, mais ſi reglée, de perceptions confuſes, qui n'ont que des mouvemens pour objet, cette raiſon ne peut être priſe d'ailleurs, que de ces mouvemens même, qui arrivent en effet dans la matiére actuellement exiſtente; & le but de l'eſprit infini, qui n'agit jamais au hazard, ne peut être autre, que de nous manifeſter l'exiſtence de cette matiére avec ces divers mouvemens. Il n'y a point de voye plus propre pour nous inſtruire de ce fait, l'idée ſeule de la matiére, nous découvriroit bien ſa nature, mais ne nous aprendroit jamais ſon exiſtence, puis qu'il ne lui eſt point eſſentiel d'exiſter; mais l'aplication involontaire de notre ame à cette idée, revêtue de celles d'une infinité de modifications & de mouvemens ſucceſſifs, qui ſont arbitraires & accidentels à cette idée, nous conduit infailliblement à croire qu'elle exiſte avec toutes ces diverſes modifica-tions. L'ame conduite par le Créateur

dans

dans cette fuite reglée de perceptions, eft
convaincue qu'il doit y avoir un monde
matériel hors d'elle, qui foit le fondement, la caufe exemplaire de cet ordre,
& avec lequel ces perceptions ayent un
raport de vérité.   Ainfi, quoi que dans
l'immenfe varieté d'objets que les fens
préfentent à notre efprit, Dieu feul agiffe
fur notre efprit, chaque objet fenfible a-
vec toutes fes proprietez, peut paffer pour
la caufe de la fenfation que nous en avons,
parce qu'il eft la raifon fuffifante de cette
perception & le fondement de fa verité.

On comprend par ce moyen comment
deux facultez auffi differentes que l'intellect pur & la faculté de fentir, fe réünif-
fent dans un même acte, comment, en
fentant les corps & voyant les corps, on
a l'idée des corps, & pourquoi, bien loin
qu'aucune fenfation foit feule & feparée
de toute idée, nous avons tant de peine à
diftinguer l'idée d'avec la fenfation d'un
objet ; jufques-là, que par une efpéce de
contradiction, nous revêtons l'objet même, de la perception dont il eft la caufe,
en apellant le Soleil lumineux, & regardant l'émail d'un parterre, comme une
chofe qui apartient au parterre plutôt qu'à
notre ame ; quoique nous ne fuppofions
point dans les fleurs de ce parterre, une
perception femblable à celle que nous en
avons. Voici le myftére ; la couleur n'eft
qu'une maniére d'apercevoir les fleurs,
c'eft une modification de l'idée que nous

L 3

en

en avons, entant que cette idée apartient à notre ame. L'idée de l'objet n'est pas l'objet même. L'idée que j'ai d'un cercle, n'est pas ce cercle, puis que ce cercle n'est point une maniére d'être de mon ame, & que cette idée est une maniére d'être de mon ame. Si donc la couleur sous laquelle je vois ce cercle, est aussi une perception ou maniere d'être de mon ame, la couleur apartient à mon ame, entant qu'elle aperçoit ce cercle, & non au cercle aperçu. D'où vient donc que j'attribue la rougeur au cercle aussi bien que la rondeur, N'y auroit-il pas dans ce cercle quelque chose, en vertu dequoi je ne le vois qu'avec une sensation de couleur & de la couleur rouge, plutôt que de la couleur violette? Oui sans doute, & c'est une certaine modification de mouvement imprimé sur mon œil, laquelle ce cercle a la vertu de produire, parce que sa superficie ne renvoye à mon œil que les rayons propres à y produire des secousses dont la perception confuse est ce qu'on apelle *rouge*. J'ai donc à la fois idée & sensation du cercle. Par l'idée claire & distincte, je vois le cercle étendu & rond, & je lui attribue ce que j'y vois clairement, l'étendue & la rondeur. Par la sensation, j'aperçois confusément une multitude & une suite de petits mouvemens que je ne puis discerner, qui me reveillent l'idée claire du cercle, mais qui me le montrent agissant sur

moi

moi d'une certaine maniére.   Tout cela
est vrai.   Mais voici l'erreur : Dans l'i-
dée claire du cercle, je diftingue le cercle de la perception que j'en ai; je me
diftingue fort bien, moi, apercevant le
cercle, par une certaine modification de
penfée, d'avec le cercle apperçû, qui ne
penfe point, & qui n'eft point moi. Mais
dans la perception confufe des petits mouvemens du nerf optique, caufez par les
rayons lumineux que le cercle a refléchis;
comme je ne vois point d'objet diftinct,
je ne puis aifément diftinguer cet objet,
c'eft-à-dire, cette fuite rapide de petites
fecouffes d'avec la perception que j'en
ai; je confonds auffi-tôt ma perception a-
vec fon objet; & comme cet objet confus, c'eft-à-dire cette fuite de petits mouvemens tient à l'objet principal que j'ai
raifon de fupofer hors de moi comme
caufe de ces petits mouvemens, j'attache
auffi la perception confufe que j'en ai, à
cet objet principal, & je le revêts, pour
ainfi dire, du fentiment de couleur qui eft
dans mon ame, en regardant ce fentiment de couleur, comme une propriété,
non de mon ame, mais de cet objet.
Ainfi, au lieu que je devrois dire; le rouge eft en moi une maniére d'apercevoir le
cercle, je dis, le rouge eft une maniére
d'Etre du cercle apperçû. Les couleurs
font un enduit dont nous couvrons les
objets corporels, & comme les corps font
le foutien de tous ces petits mouvemens

L 4

qui

qui nous manifestent leur exiſtence, nous
regardons ces mêmes corps comme le ſou-
tien de la perceptionconfuſe que nous avons
de ces mouvemens, ne pouvant, comme
cela arrive toûjours dans les perceptions
confuſes, ſeparer l'objet d'avec la perception. Il paroît par ce que j'ai dit, que
toutes les ſenſations, n'étant que la perception confuſe des mouvemens des corps,
ſont relatives à l'idée de l'étendue, & nous
rendent cette idée préſente; cependant,
toutes ne le font pas avec une égale clarté. La vue l'emporte en cela ſur les autres ſens; & le ſentiment de la couleur
eſt celui de tous le plus aſſorti & le plus
intimement mêlé avec l'idée de l'étendue.
La raiſon en eſt claire. La ſenſation de
la couleur conſiſte dans une perception
de beaucoup de petits mouvemens à la
fois, de pluſieurs ſuites collaterales de
vibrations de rayons. La viſion, quoi
que la plus délicate, eſt la plus vive des
ſenſations, parce qu'il y a non ſeulement
ſucceſſion d'idées, mais multitude d'idées
coexiſtentes. Ces idées de mouvemens
coexiſtens ne peuvent qu'elles ne réveil-
lent clairement celle de la quantité ſimul-
tanée, ou de l'étendue, le ſon eſt plus
propre à exciter celle d'une quantité ſuc-
ceſſive; mais toûjours d'une quantité &
d'un mouvement aſſez diſtinct; d'où doit
naître l'idée du corps. Le toucher ayant
avec la vue cet avantage ſur les autres
ſens

ſens, qu'il repréſente mieux l'étendue & le continu, a ſur elle cet avantage particulier, qu'en nous faiſant connoître la ſolidité du corps auſſi bien que ſon extenſion, il nous manifeſte l'eſſence de la matiére par ſes deux attributs eſſentiels. Je ne ſai pourtant, ſi l'on ne pourroit pas dire, que la vue ſeule, par cela même qu'elle s'arrête à la ſuperficie des corps, & qu'elle ſent, pour ainſi dire, les rayons reflechis & repouſſez par cette ſuperficie, avertit l'ame de l'impenetrabilité de la matiére.

Je conclus par un court expoſé de mon hypothéſe générale ſur la nature des ſenſations. Notre ame entant qu'Etre intelligent, peut avoir l'idée des corps, ſans être unie au Monde matériel, ſans qu'il ſoit beſoin de ſuppoſer que ce Monde exiſte. Mais poſé l'exiſtence de ce Monde, l'ame connoît ce Monde exiſtant, & lui eſt unie par les ſenſations que Dieu lui donne. Les ſenſations ſont des idées repréſentatives de ce Monde exiſtant, non préciſément tel qu'il eſt en lui-même, mais dans ſon raport à une portion de matiére organiſée ſur laquelle les differens objets corporels font diverſes impreſſions. L'ame eſt rendue préſente à ce corps organique, par l'idée confuſe que Dieu lui en donne, & par ſon aplication immédiate continuelle & involontaire à ſe repréſenter un certain endroit du cerveau apellé le *Senſorium*, auquel abou-

L 5

tiſſent

tiffent tous les nerfs, qui s'étendent & fe
ramifient par tout le corps, pour trans-
mettre vers ce centre commun, l'impreffion de tous les mouvemens qui fe paffent
dans le corps, foit qu'ils lui foient com-
muniquez par les objets externes, foient
qu'ils ayent leur principe dans l'interieur
même de la machine.

Je conçois que le *Senforium*, femblable
à la lentille, qui quelque petite qu'elle
foit, transmet fans les confondre, une
infinité de rayons differens, qui vont peindre fur le mur opofé d'une chambre ob-
fcure mille couleurs & mille objets dif-
tincts, revêtus des couleurs qui leur font
propres, que le *Senforium*, dis-je, reçoit
des extrêmitez du corps, une multitude d'impreffions differentes, que les objets extérieurs y produifent, en remuant
diverfement les extrêmitez des nerfs; fans
que ces impreffions fe brouillent, ni fe
confondent jamais dans ce petit efpace.
L'ame réuniffant fon attention fur cet organe, aperçoit, ou plutôt fent diftinctement, toutes les diverfes modifications
de mouvement qu'il reçoit. L'union de
l'ame au corps confifte moins dans l'action par laquelle elle fe meut, que dans
cette perception involontaire & continuelle qu'elle a de tout le corps par l'entremife du *Senforium*, perception qui fe modifie & qui fe fubdivife en une infinité de
fenfations differentes, felon les divers
changemens produits dans cette machine,

par

par l'action des corps qui l'environnent.
Ainsi elle s'unit à tout le Monde materiel
en autant de manieres qu'il a lui-même
de raports avec cette portion organifée
dont l'ame a la fenfation immédiate, &
que les diverfes parties de ce Monde peuvent agir fur cette portion organifée : c'eſt-
à-dire, par la vue, par l'ouie, par le tact
&c., felon cette diverfité d'impreffions &
celle des fenfations correfpondantes, l'a-
me aperçoit & diftingue les objets extérieurs.   Elle a peine à fe difcerner elle-
même de fon propre corps, & fur-tout
du *Senforium* par où elle agit fur-tout le
corps, & fent tout ce qui s'y paffe.   Les
diverfes parties du corps humain qui tiennent & viennent aboutir par un million
de filets imperceptibles à ce centre commun, font un tout fur lequel s'étend l'action & la fenfation immédiate de l'ame.
La remarque que nous avons faite fur l'erreur de notre jugement, par raport aux
perceptions confufes, nous aide à comprendre pourquoi l'ame ayant une telle
fenfation de fon propre corps, fe confond
fouvent avec lui, & lui attribue fes propres fenfations.   C'eſt que d'un côté elle
a l'idée claire de fon corps, & le diftingue
aifément d'elle-même ; d'autre côté elle
a un amas de perceptions indiftinctes qui
ont pour objet l'œconomie générale des
mouvemens qui fe paffent dans toutes les
parties de ce corps , de-là vient qu'elle
attribue au corps, dont elle a en gros l'i-

dée

dée diſtincte, ces mêmes perceptions conꝰ
fuſes, & croit que le corps ſe ſent lui-
même, tandis que c'eſt elle qui ſent le
corps ; de là vient qu'elle s'imagine que
l'oreille entend, que l'œil voit, que le
doigt ſouffre la douleur d'une piqueure,
tandis que c'eſt l'ame elle-même, entant
qu'attentive aux mouvemens du corps,
qui fait tout cela.

Pour les objets exterieurs, l'ame n'a
avec eux qu'une union mediate, qui la
garantit plus de l'erreur, mais qui ne l'en
ſauve pas tout à fait. Elle les diſcerne
d'avec elle-même, parce qu'elle les regarde comme cauſes des divers changemens qui arrivent dans ce corps organiſé
à qui elle eſt immédiatement unie, &
continuellement attentive. Cependant
elle ſe confond encore avec eux à quelques égards, comme nous l'avons déja
vû, en leur attribuant ſes ſenſations de
couleur, de ſon, de chaleur, comme
leurs proprietez inherentes ; par la même
raiſon qui la faiſoit ſe confondre elle-
même avec ſon corps, en diſant bonne-
ment ; c'eſt mon œil qui voit les couleurs, c'eſt mou oreille qui entend les
ſons &c.

Enfin je croi qu'une Intelligence capable de faire l'analogie de la ſenſation ge-
nérale que nous avons de votre corps,
& de toutes les ſenſations qui s'exerce
dans l'ame à ſon occaſion ; auroit une
Science

Science complette, non feulement de la
ftructure du corps humain (1), jufques
aux plus petits détails, & jufques aux
refforts & aux mouvemens les plus imperceptibles, mais auffi de tous les ráports
du corps humain, avec les autres parties
de l'Univers: Science à laquelle, malgré
les profondes recherches & les progrès
inefperez de la Philofophie dans notre fié-
cle, l'efprit humain ne doit pas fe flatter
de pouvoir jamais atteindre. Cet efprit
n'eft pas capable de voir en grand avec
clarté ce qu'il aperçoit confufément en
petit; il feroit accablé par une multitude
d'idées difproportionnées à fon étendue;
cependant il jouït de ces mêmes idées
fous la forme de perceptions confufes, de
la maniere dont cela lui convient & dont
il en peut jouïr.   Elles font pour lui une
fource d'utilitez & de plaifirs: Et la fageffe de Dieu en tout fi digne d'être admirée
ne fauroit mieux mériter notre admiration
que par cet endroit.

_____

(1) Voyez un paffage de *Claudien Mamert* Liv. 3. *de
ftatu anima*, fur ce que l'ame ignore la ftructure inte-
rieure de fon corps, ap. *Traité de l'action de Dieu fur
les Creat.* Premiére Part. p. 116. & dans l'*Appendix*.

CHA-

CHAPITRE VII.

Exposé de mon hypothése, l'Ame des Bêtes est un principe actif & sensitif. Difference entre les sens, & l'entendement pur, pour la maniére d'apercevoir les objets. Ces deux sortes de perceptions se mêlent, & la derniere perfectionne l'autre. L'état le plus imparfait de l'ame humaine représente assez bien la nature de celle des Bêtes.

J'AI cru devoir expliquer avec un peu d'étendue ce que je pense sur la nature des Sensations, & sur ce qui les distingue d'avec les pures idées: il ne sera pas difficile de voir où cela nous mène, & peut-être le sujet que ma digression sembloit avoir fait perdre de vue se trouvera éclairci tout d'un coup par cela seul. Nous cherchons de quelle nature est l'ame des Bêtes; nous ne pouvons la trouver qu'en conjecturant, & la conjecture qui se trouvera la plus propre à expliquer les phenoménes, & la moins sujette aux embarras qui peuvent naître d'ailleurs, sera celle qu'il faut adopter. Voici donc quelle est la mienne. Je me représente l'ame des Bêtes comme une substance immatérielle & intelligente. Mais de quelle espéce? Ce doit être, ce me semble, un principe actif qui a des sensations & qui n'a que cela. Notre ame a dans elle-même,

me, outre son activité essentielle, deux
facultez qui fournissent à cette activité la
matiére sur laquelle elle s'exerce. L'une,
c'est la faculté de former des idées claires
& distinctes sur lesquelles le principe actif
où la volonté agit d'une maniére qui s'a-
pelle reflexion, jugement, raisonnement,
choix libre; l'autre, c'est la faculté de sentir, qui consiste dans la perception d'une
infinité de petites idées involontaires qui
se succédent rapidement l'une à l'autre,
que l'ame ne discerne point, mais dont
les differentes successions lui plaisent ou
lui déplaisent, & à l'occasion desquelles
le principe actif ne se déploye que par des
désirs confus.   Ces deux facultez paroissent indépendantes l'une de l'autre, &
comme cette derniere, savoir la perception
d'idées distinctes, marque les bornes de
l'ame humaine, qui nous empêcheroit de
supposer dans l'échelle des Intelligences,
au dessous de l'ame humaine, une espece
d'esprit plus borné qu'elle & qui lui ressembleroit pourtant par cet endroit; un
esprit qui n'auroit que la seconde de ses
facultez sans avoir la premiére, qui ne seroit capable que d'idées indistinctes, ou
de perceptions confuses? Cet esprit ayant
des bornes beaucoup plus etroites que l'a-
me humaine en sera essentiellement ou spe-
cifiquement distinct.   Son activité sera
resserrée à proportion de son intelligence,
comme celle-ci se bornera aux perceptions
confuses, celle là ne consistera que dans des
désirs

defirs confus qui feront relatifs à ces perceptions. Il n'aura que quelques traits de
l'ame humaine, il fera fon portrait en racourci. Qu'il me foit permis de ramener
fous les yeux du Lecteur un principe de
grande importance. L'activité qui eft la
proprieté effentielle de toute Intelligence
eft bien la fource & le fondement, & pour
ainfi dire, la racine de la Liberté, mais ce
n'eft pourtant pas encore la Liberté : pour
conftituer ce qu'on nomme volonté, il
faut un certain fonds d'intelligence qui
produife des idées diftinctes auxquelles le
principe actif puiffe s'apliquer, ou fe refufer, entre lefquelles il puiffe déliberer &
choifir, & qui lui donnent lieu de vouloir, d'agir, de prendre un parti avec une
connoiffance claire du parti qu'il prend,
de l'action qu'il fait, de l'objet qu'il choi-
fit & des motifs qui le portent à ce choix.
Vous voyez donc qu'une ame qui ne feroit capable que de fenfations ne reffem-
blera à l'ame humaine que par les attributs inféparables de toute intelligence,
& qui doivent néceffairement entrer dans
l'idée générale d'une fubftance qui penfe.
Dans toute fubftance qui penfe il y a toujours quelque chofe d'analogue à l'entendement & à la volonté; on y trouvera
toûjours, activité & perception; mais
felon que le fonds de penfée eft plus ou
moins limité, on y découvrira de très-
grandes differences. Suppofé que l'efprit
de l'Ange n'ait que des perceptions dif-

tinctes,

tinctes, & qu'il soit pourvû d'un beaucoup plus grand nombre d'idées que l'ame humaine; on conçoit que l'activité de cet esprit va beaucoup au de-là de celle de l'ame humaine; on voit qu'il est capable de mille & mille operations dont cet ame n'est pas capable; on voit qu'étant par cela même exempt de passions & de sensations, il est plus libre à proportion que n'est l'homme, & que la volonté de l'Ange s'exerce dans un bien plus vaste champ & a un tout autre empire que celle de l'homme.   Mettez au dessous de l'homme, d'autres esprits d'un ordre inferieur qui soient fournis d'une moindre quantité d'idées distinctes, & qui soient plus soumis aux sensations, leur raison & leur liberté sera à proportion plus limitée.   Suposez enfin des ames dont la capacité soit entierement remplie de perceptions confuses, elles n'auront ni raison, ni liberté; il leur restera pourtant ce qui fait le fond de toute intelligence, l'activité & la perception. Plaçons l'ame des Bêtes à ce dernier rang qui renferme lui-même peut-être une infinité de degrez subordonnez; car la sensation, quoi qu'elle soit le plus bas degré de l'intelligence, est susceptible de plusieurs degrez de perfections & de varietez à l'infini, selon les diverses especes d'animaux dans lesquels elle se trouve. Mais nous aurons assez d'affaires à ne nous arrêter qu'à l'espece générale, en comparant l'ame des Bêtes avec l'ame humaine.

M

L'ame

L'ame des Brutes, selon que je me la figure, aperçoit les objets par sensation ; elle ne refléchit point : elle n'a point d'idée distincte ; elle n'a qu'une idée confuse des corps qui, comme nous l'avons vû, est inseparable de la sensation & sur tout de cette sorte de sensation qu'on apelle vue. Mais qu'il y a de difference entre les idées corporelles que la sensation nous fait naître, & celles que la bête reçoit par la même voye ! Les sens font bien passer dans notre ame l'idée des corps, mais notre ame ayant outre cela une faculté superieure à celle des sens, rend cette idée toute autre que les sens ne la lui donnent. Cette faculté agit souvent sans que nous nous en apercevions, & nous croyons devoir aux sens des connoissances qui dependent d'un principe bien plus noble, par exemple, je vois un arbre, une bête le voit aussi, mais ma perception est toute differente de la sienne. Dans ce qui depend uniquement des sens peut-être que tout est égal entre elle & moi. J'ai cependant une perception qu'elle n'a pas, pourquoi ? parce que j'ai le pouvoir de refléchir sur l'objet que me presente la sensation. Par le secours de mon intelligence, je vois cet arbre comme un seul objet distinct de tout autre objet ; je le vois comme un tout, je distingue les differentes parties qui le composent, j'aperçois leur proportion, leur liaison, & comment elles se réunissent dans l'objet total. Je vois

vois un tronc qui tient à la terre par diverses racines; ce tronc s'éleve perpendi-
culairement jusqu'à une certaine hauteur;
là il se partage en differens bras; ces bras
se subdivisent en plusieurs grosses branches
qui à leur tour se ramifient en plusieurs
petites; de ces petites sortent des feuilles
taillées en certaines figures, partagées par
differents nerfs, & tenant par leurs pedi-
cules à la branche dont elles naissent. C'est
mon intelligence qui voit tout cela. Il
n'y a que l'intelligence qui distingue, qui
réunisse, qui compare, qui fournisse cette vue de discrétion ou de discernement.
Dès que j'ai vû un seul arbre, j'ai l'idée
abstraite d'Arbre en général, qui est separée dans mon esprit de celle d'une plante, de celle d'un cheval & d'une maison.
Cette vue que l'entendement se forme
d'un objet auquel la sensation l'aplique,
est le principe de tout raisonnement, qui
suppose reflexion, vue distincte, idées abstraites des objets, par où l'on voit les raports & les differences & qui mettent dans
chaque objet une espéce d'unité. Nous
attribuons tout cela à nos sens, parce que
depuis que nous nous souvenons d'avoir
vû des corps nous nous souvenons de les
avoir vûs de cette maniére, & cela ne
peut manquer d'être, parce que dès l'age
où la mémoire commence, commence
aussi la reflexion; la mémoire n'étant elle-même qu'une reflexion sur nos pensées
précédentes.

M 2

Il

Il est impossible de recourir à notre propre experience, pour connoître ce que
c'est que cette vue purement sensible que
j'atribue aux bêtes, puisque le tems où
nous voyions de cette maniere est un tems
dont notre memoire n'a pû tenir des régî-
tres, étant elle-même posterieure à tout
ce qui se passoit alors. Il faut se contenter du discernement de raison que l'on
peut faire soi-même tous les jours, entre
la sensation d'un objet, & l'idée qu'en a
notre entendement; & se dire qu'une ame
purement sensitive, telle qu'est celle des
brutes, dans mon hypothese, voit les objets corporels sans discernement, sans
idées distinctes, à peu près comme un enfant de six mois voit sa nourrice. L'homme commence par être ce qu'est la bête, & l'ame humaine ne deploye d'abord
que la faculté qui lui est commune avec
cette autre espece, la faculté de sentir : a-
vec cette difference que le cerveau de
l'enfant n'a pas encore ateint ce degré de
consistence & d'organization qui fait produire aux bêtes leurs operations merveilleuses. L'ame de l'homme dans l'enfance agit comme celle de la bête ; mais ayant
d'autres facultez qui se dévelopent à mesure que les organes de son corps se perfectionnent, parce que ceux-ci doivent
servir d'instrument à celles-là, il n'est pas
surprenant que la bête n'étant faite que
pour sentir opére par ce seul principe,
lorsque les organes destinez pour lui sont
dans

dans leur état de perfection, ce que l'enfant ne sauroit operer tandis que les siens, dont l'usage est incomparablement plus étendu, ne sont pas encore affermis & dévélopez. Ainsi s'explique ce paradoxe, comment l'enfant destiné à aller infiniment plus loin que la bête, demeure un certain tems fort au dessous d'elle. Il n'est point surprenant que l'animal le plus vil pris dans son état de perfection soit au dessus de ce que l'animal le plus noble paroît dans sa premiere ébauche.

Dépouillons donc hardiment la bête des priviléges qu'elle avoit usurpé dans notre imagination. Une ame purement sensitive est bornée dans son activité, comme elle l'est dans son intelligence; elle ne reflechit point, elle ne raisonne point; à proprement parler elle ne choisit point non plus; elle n'est capable ni de vertus ni de vices, ni de progrès autres que ceux que produisent les impressions & les habitudes machinales: Il n'y a pour elle ni passé ni avenir, c'est-à-dire, elle n'a ni souvenir de l'un, ni prévoyance de l'autre, elle se contente de sentir & d'agir; & si ses actions semblent lui supposer toutes les proprietez que je lui refuse, il faut charger la pure mechanique des organes de ces trompeuses apparences.

M 3

CHA-

CHAPITRE VIII.

On rend facilement raison des operations sui-
vies & raisonnées des Bêtes, en réunissant
le méchanisme avec un principe sensitif: Il
faut concevoir l'activité de leur ame diri-
gée & modifiée par la diversité de ses Sen-
sations, & que leur corps contient un dou-
ble mechanisme, pour regler les sensations
de l'ame, & pour seconder son action.

VOICI pourtant le nœud de la difficulté; voici le plus redoutable embarras de mon systême. Si les bêtes sentent, dit-on, les bêtes raisonnent: y a-t-il
un seul argument en faveur de la premiére thèse, qui ne conclue pour la seconde
d'une maniere aussi triomphante? Vous
accordez trop au préjugé ou vous lui refu-
sez trop. Le penchant naturel, l'instinct
de raison qui nous porte à croire que les
Bêtes connoissent, ne sauroit souffrir un
tel partage. On croit qu'elles connoissent; & parce qu'elles paroissent sentir &
parce qu'elles paroissent raisonner: cette
dernière apparence est du moins aussi forte que l'autre. On pourroit dire qu'elle
l'est davantage; le méchanisme peut expliquer le moins, mais il n'expliquera pas
le plus; il peut rendre quelque raison
plausible des apparences de sensation,
mais il n'en sauroit rendre aucune de ces
raisonnemens complets que nous lisons
en

en gros caractéres dans les actions des Brutes ; & quoi qu'il en foit, ces deux conclufions ont le même principe & fub-fiftent fur un feul & même argument: Le moyen donc d'admettre l'une en niant l'autre ? C'eft auffi furquoi Mr. *Bayle* triomphe ; c'eft dans cet endroit que pre-nant le ton fier & infultant, du débris des differens Syftêmes il érige un pompeux trophée à fon genie. *Ariftote, Defcartes,* Mr. *Leibnitz* font d'illuftres captifs qu'il femble attacher à fon char, après les a-voir envelopez dans les laqs fubtils de fa Dialectique. Quel Philofophe après cela pourroit échaper à cette Dialectique for-midable ! Rentrons dans le ferieux. Il n'eft pas tout-à-fait auffi difficile qu'on croit de feparer dans le préjugé commun le faux d'avec le vrai. Le préjugé, je l'ai déja dit, eft comme les fenfations ; il confond des chofes très-diftinctes. Le vrai envelopé dans le faux femble prêter à celui-ci fa force & fon évidence ; mais un peu de patience, un peu de bon-fens, un peu d'attention vient à bout de les dé-mêler. *Defcartes* n'aura pas eu caufe ga-gnée, ni Mr. *Bayle* non plus ; l'un en fa-veur des machines, l'autre en faveur de fon Pyrrhonifme. „ Refufons aux bêtes „ tout ce qui auroit l'air d'intelligence, „ puis qu'il faut leur refufer le raifonne-„ ment, & qu'on ne fauroit leur donner „ une ame immatérielle". C'étoit la pen-fée de *Defcartes,* penfée très-judicieufe,

M 4

fup-

fuppofé, comme cela paffoit alors pour in-
conteftable, qu'on ne leur pouvoit attribuer d'ame immatérielle fans peril pour la
Religion. „ Donnons aux bêtes le rai-
„ fonnement, rapprochons autant qu'il fe
„ pourra l'homme de la bête, n'importe
„ que la Religion en fouffre, pourvû que
„ le Pyrrhonifme en triomphe‟. Ce font
les vues qu'on eft bien fâché d'être contraint d'attribuer au Philofophe de Rot-
terdam, çont été certainement les fien-
nes s'il en eut quelqu'une.

Je ne fuis pas un de ces zelez Cartéfiens qui malgré *Defcartes* lui-même le
préferent à la Verité, mais je ne puis
m'empêcher de faire ici entre ce grand
homme & notre fameux Lexicographe,
une comparaifon toute à l'avantage de ce
premier. Sa Philofophie, quoi qu'en a-
yent pû dire fes envieux, tendoit toute à
l'avantage de la Religion. L'affaire des
machines en eft une preuve. *Defcartes*
n'auroit jamais donné dans cette opinion,
n'étoit que la grande verité de la diftinc-
tion de l'ame & du corps, qu'il a le premier mife dans fon plus grand jour, jointe au préjugé qu'on avoit contre l'immaterialité de l'ame des bêtes, le força, pour
ainfi dire, à s'y jetter. L'opinion des machines fauvoit deux grandes objections,
l'une contre l'immortalité de l'ame, l'autre contre la bonté de Dieu. Admettez
le Syftême des Automates, ces deux difficultez difparoiffent. Mais on ne s'étoit
pas

pas apperçû qu'il en venoit bien d'autres
du fonds du Syftême même. On a dit fort
fpirituellement (a) que la Philofophie eft
une efpéce d'enchere où celui qui s'offre
de faire les chofes à moins de fraix eft
toûjours préferé. Je dirois moi, que celui qui doit l'emporter fur les autres eft
celui qui propofe la plus grande épargne
de difficultez.

Sans ces grands ménagemens qu'un
Philofophe doit toûjours avoir pour la
Théologie, jamais, je crois, le Syftême
des machines n'auroit eû la préférence
chez *Defcartes*, fur l'hypothéfe que je fou-
tiens. Je me fais honneur de ce que celle-ci, toute differente qu'elle eft de la
fienne, ne s'accorde pas moins avec fes
principes, & retient tout ce que la fienne
a de bon. J'admets toute cette mechanique par où il explique les mouvemens des
bêtes, pourvû qu'elle foit fubordonnée à
l'action d'une ame fenfitive pour laquelle
feule leur machine doit avoir été conftrui-
te. Réuniffez le méchanifme avec l'action d'un principe immatériel & *foi-mou-
vant*, dès-lors la grande difficulté s'affoiblit, & les actions raifonnées des brutes
peuvent très-bien fe réduire à un principe
fenfitif joint avec un corps organifé.

On reproche au (a) Philofophe Anglois qui a renouvellé l'hypothéfe des formes Plaftiques, de n'avoir pû répondre
rien d'intelligible à cette objection : Comment eft-il poffible qu'un Agent puiffe pro-

M 5

(a) Entretien
fur la pluralité
des mondes
1. foir.

(b) Cudworth
*True Intel-
lect. Syft.*
Liv. I. Ch.
III. depuis
l'art. 36.
pp. 146--
174.

produire un ouvrage régulier, sans avoir aucune idée de ce qu'il fait & de l'ouvrage qu'il veut produire? Il ne suffit pas, lui objectoit-on, d'avoir le pouvoir de remuer la matiére, ce simple pouvoir dénué d'intelligence & d'art, separé de l'idée distincte d'un certain dessein, ne pourra jamais rien produire que d'informe, l'ouvrage d'un tel Agent aveugle sera proprement l'ouvrage du hazard. Il faut pour qu'il en résulte quelque production réguliére, ou que Dieu imprime à cet Agent quelqu'idée qui le dirige, & qui lui serve de modelle, ou que sans lui donner une telle idée, Dieu détermine à tout moment cet Agent subalterne à produire dans la matiére quelqu'arrangement régulier, suivant l'idée que Dieu s'en forme lui-même. Si vous accordez le premier, la Nature plastique n'est plus un Agent aveugle, c'est un Agent sage & éclairé. Si vous dites le second, le ministére d'un tel Agent est inutile, la supposition d'un pouvoir aveugle, mais toûjours déterminé, toûjours sous la direction immédiate du Créateur, raméne les prétendus inconveniens que vous voulez sauver en introduisant dans l'Univers ces formes Plastiques.

Mais changeons un peu l'hypothése. Supposons un Agent immatériel capable de remuer la matiére, uni pour cela à une portion de matiére organisée; supposons un esprit uniquement susceptible de

per-

perceptions confuses qui auroit pour objet les petits mouvemens excitez dans cette machine à laquelle il est uni ; soit que ces mouvemens naissent du different choc que les corps extérieurs produisent sur les organes, soit qu'il naisse de l'intérieur de la machine même. Supposons outre cela, que par la constitution essentielle de ce principe spirituel, quelques-unes de ces perceptions soient agréables & quelques autres affligeantes. Qu'arrivera-t-il ? ce principe aura des désirs confus exactement correspondans à ces perceptions confuses : ces désirs l'apliqueront aux sensations agréables & lui feront faire effort pour se desapliquer des douloureuses. Supposons encore que ces désirs & ces efforts soient efficaces, qu'ils produisent dans le *Sensorium* & par-là dans la machine, certains mouvemens ou propres à détruire ceux qui causent la sensation affligeante, ou propres à entretenir & fortifier ceux qui excitent la sensation agréable. Ces desits confus répondant aux sensations feront une multitude ou suite de petits efforts ; ce seront des volitions imperceptibles, comme les sensations sont une suite de petites idées de mouvement imperceptibles aussi. Ces efforts seront exactement analogues à ces différentes suites de petites idées, selon ce double but, ou de fuite, ou de poursuite, qui se réunit dans un seul, savoir l'interêt ou le bonheur de l'animal.

II

Il ne faut plus autre chofe, fi ce n'eft
que le Créateur ait tellement ajufté les
refforts de cette machine faite pour l'ame
de la bête, que les défirs confus qui correfpondent aux fenfations douloureufes
ou agréables, produifent dans le cerveau
diverfes impreffions lefquelles, en vertu
de la ftructure générale, feront mouvoir
la machine d'une maniére propre à éviter
la caufe de la douleur, & à s'unir à celle
du plaifir. Il y aura dans tout cela une
merveilleufe harmonie, & j'y vois peu de
difficulté. Car puis qu'un certain ordre
de mouvemens & d'impreffions produit
dans l'ame des perceptions confufes parfaitement analogues à la fuite de ces mouvemens, pourquoi des défirs confus de
l'ame qui correfpondront à ces fenfations,
ne pourront-ils pas produire à leur tour
une fuite reglée de mouvemens analogues
à ces défirs. Ces défirs inféparables des
fenfations, ne feront qu'une fuite rapide
de petites volitions, comme les fenfations
font une fuite de petites idées qui s'entre-
fuccédent rapidement. La bonté du
Créateur aura établi cette harmonie réciproque. Elle ne pouvoit permettre en
uniffant une ame à un corps, que le corps
agit fur l'ame, fans que l'ame put agir réciproquement fur le corps, ni que les
divers mouvemens de celui-ci imprimaf-
fent à l'ame des fentimens agréables ou
douloureux, fans qu'il fût en fon pouvoir

voir de déterminer le corps à lui procurer les uns, & à la délivrer des autres.

Voilà le méchanisme revenu, quoi que d'une maniére un peu differente de celle où *Descartes* l'admettoit.   Dans son hypothése le méchanisme ne tend qu'à la conservation de la machine; mais le but & l'usage de cette machine est inexplicable; la pure matiére ne pouvant être sa propre fin, & l'arrangement le plus industrieux d'un tout matériel ayant nécessairement de sa conservation d'autre raison que lui-même.   D'ailleurs de cette réaction de la machine, je veux dire de ces mouvemens excitez chez elle en conséquence de l'impression des corps extérieurs, on n'en pouvoit donner aucune cause naturelle ni finale.   Par exemple, pour expliquer comment les bêtes cherchent l'aliment qui leur est propre, que signifioit de dire, que le picotement causé par certain suc-âcre aux nerfs de l'estomac d'un chien, étant transmis au cerveau, l'oblige de s'ouvrir vers les endroits les plus convenables pour faire couler les esprits dans les muscles des jambes, d'où suit le transport de la machine du chien vers la viande qu'on lui offre? Je ne vois point de raison physique qui montre que l'ébranlement de ce nerf transmis jusqu'au cerveau doit faire refluer les esprits animaux dans les muscles qui produisent ce transport utile à la machine. Quelle force pousse ces esprits précisément de ce côté-

côté-là ? Quand on auroit découvert la raison phyfique qui produit un tel effet, on en chercheroit inutilement la caufe finale. La machine infenfible n'a aucun *interêt*, puis qu'elle n'eft fufceptible d'aucun bonheur; rien à proprement parler ne peut être *utile* pour elle.

Il en va tout autrement dans mon hypothéfe : je la fonde fur une utilité réelle; c'eft celle du principe fenfitif qui n'exifteroit point s'il n'y avoit point de machine à laquelle il fût uni; qui du moins étant feul n'auroit qu'un fentiment confus de fon exiftence, parce qu'il n'eft capable que de fenfation & qu'il ne peut en recevoir qu'à l'occafion des mouvemens d'une certaine machine. Ce Principe eft actif, il a le pouvoir de remuer les reffots de cette machine, le Créateur les difpofe de maniere qu'il les puiffe remuer utilement pour fon bonheur, l'ayant construite avec tant d'art, que d'un côté les mouvemens qui produifent dans l'ame des fentimens agreables tendent à conferver la machine, Source de ces fentimens; & que d'autre côté les defirs de l'ame qui répondent à ces fentimens, produifent dans la machine des mouvemens infenfibles, lefquels en vertu de l'harmonie qui y regne, tendent à leur tour à la conferver en bon état, afin d'en tirer pour l'ame des fenfations agréables. Sa caufe phyfique de ces mouvemens de l'animal fi fagement proportionné aux impreffions

des

des objets, c'eft l'activité de l'ame elle-même qui a la puiffance de mouvoir les corps;
elle dirige & modifie fon activité conformément aux diverfes Senfations qu'excitent en elle certaines impreffions externes
dès qu'elle y eft involontairement apli-
quée; impreffions qui, felon qu'elles font
agréables, ou affligeantes pour l'ame, font
avantageufes ou nuifibles à la machine.
D'autre côté, à cette force, toute aveugle qu'elle eft, fe trouve foumis un inftrument fi artiftement fabriqué que d'une
telle fuite d'impreffions que fait fur lui cette force aveugle réfultent des mouvemens
également reguliers & utiles à cet Agent.

Ainfi tout fe lie & fe foutient: l'ame,
entant que principe fenfitif, eft foumife à
un méchanifme qui lui transmet d'une
certaine maniére l'impreffion des objets
du dehors; entant que principe actif, elle préfide elle même à un autre mechanifme qui lui eft fubordonné, & qui n'é-
tant pour elle qu'inftrument d'action,
met dans cette action toute la régularité
néceffaire.   L'ame de la bête étant active
& fenfitive toute enfemble; réglant fon
action fur fon fentiment, & trouvant dans
la difpofition de fa machine & dequoi fentir agréablement & dequoi executer utilement & pour elle & pour le bien des autres parties de l'Univers, eft le lien de ce
double mechanifme; elle en eft la raifon
& la caufe finale dans l'intention du Créateur.

S'il

S'il reste encore quelque obscurité dans ma pensée, je ne puis mieux l'expliquer que par cet exemple. – Supposez un de ces chefs-d'œuvres de la Mechanique où divers poids & divers ressorts sont si industrieusement ajustez qu'au moindre mouvement qu'on lui donne, il produise les effets les plus surprenans & les plus agréables à la vue; comme vous diriez une de ces machines hydrauliques dont parle Mr. *Regis*, une de ces merveilleuses horloges, un de ces tableaux mouvans, une de ces perspectives animées, également admirables & pour ceux qui en ignorent l'art & pour ceux qui le pénétrent; supposez qu'on dise à un enfant de presser un ressort ou de tourner une manivelle, & qu'aussi-tôt on apperçoive des décorations superbes & des paysages riants : qu'on voye remuer & danser plusieurs figures, qu'on entende des sons harmonieux &c. Cet enfant n'est-il pas un Agent aveugle par raport à la machine? Il en ignore parfaitement la disposition, il ne sait comment & par quelles loix arrivent tous ces effets qui le surprenent; cependant il est la cause de ces mouvemens; en touchant un seul ressort il a fait jouër toute la machine, il est la force mouvante qui lui donne le branle, le mechanisme est l'affaire de l'ouvrier qui a inventé cette machine pour le divertir. Ce même mechanisme qu'il ignore est fait pour lui, & c'est lui qui le fait agir sans le savoir.

Voilà

Voila l'ame des Bêtes ; mais l'exemple eſt imparfait ; il faut ſuppoſer qu'il y ait quelque choſe à ce reſſort, d'où dépend le jeu de la machine, qui attire l'enfant, qui lui plaiſe & qui l'engage à le toucher. Il faut ſuppoſer que l'enfant s'avançant dans une de ces Grottes que j'ai alleguées, à peine a-t-il appuyé ſon pied ſur un certain endroit où eſt un reſſort, qu'il paroît un Neptune qui vient le menacer avec ſon trident ; qu'effrayé de cette aparition il fuye vers un endroit où un autre reſſort preſſé, faſſe ſurvenir une figure plus agréable, ou faſſe diſparoître la prémiére. Vous voyez que l'enfant contribue à ceci comme un agent aveugle dont l'activité eſt déterminée par l'impreſſion agréable ou effrayante que lui cauſent certains objets. L'ame de la bête eſt de même, & de-là ce merveilleux concert entre l'impreſſion des objets & les mouvemens qu'elle fait à leur occaſion. Tout ce que ces mouvemens ont de ſage & de régulier eſt ſur le compte de l'Intelligence ſuprême qui a produit la machine, par des vues dignes de ſa ſageſſe & de ſa bonté. L'ame eſt le but de la machine ; elle en eſt la force mouvante, réglée par le méchaniſme, elle le régle à ſon tour. Il en eſt ainſi de l'homme à certains égards, dans toutes ſes actions, ou d'habitude ou d'inſtinct, il n'agit que comme principe ſenſitif, il n'eſt que force mouvante bruſquement déterminée par la ſenſation : ce que l'hom-

me

me est à certains égards, les bêtes le font
en tout; & peut-être que si dans l'homme
le principe intelligent & raisonnable étoit
éteint, on n'y verroit pas moins de mouvemens raisonnez, pour ce qui regarde
le bien du corps, ou, ce qui revient à la
même chose, pour l'utilité du principe
sensitif qui resteroit seul, que l'on n'en
remarque dans les Brutes.

CHAPITRE IX.

*Combien il est plus facile de satisfaire ici les
Philosophes, que de gagner les imaginations vives. Les plus surprenantes actions
des Brutes se peuvent réduire à 3. classes.
1. l'Instinct: ses merveilles s'accordent a-
vec mon hypothese: plus elles s'élevent au-
dessus de notre Raison, moins elles en supposent dans la Brute. 2. Merveilleux effets
d'un Agent aveugle appliqué à une machine. Comparaison prise d'un Enfant qui
entre dans une Grotte. 3. Jugement sur
l'opinion des natures plastiques.*

JE m'arrêterois ici tout court, si je
c oyois n'avoir affaire qu'à des Philosophes, qui contens de l'exposition de
mes principes me quitteroient de tous les
détails où engagent l'application de ces
principes aux difficultez particuliéres. Mais
je si que l'on ne gagne pas l'imagination
par les mêmes voyes qui peuvent con-
vain-

vaincre l'intelligence. Il y a mille & mille esprits qui sont moins frapez de la solidité d'un principe général, que de certains exemples particuliers qu'il leur paroît
plus aisé d'expliquer par d'autres principes.
Ils ne comprendront point que pourvû
que les Bêtes sentent & qu'elles soient de
veritables Agents il n'est plus si nécessaire
qu'elles raisonnent, pour pouvoir produire des actions raisonnées ; parce que toutes ces actions se raportent à l'utilité du
principe sensitif, & que ces actions regar-
dées comme autant de moyens industrieux
pour arriver à ce but, peuvent être l'effet
du sage méchanisme établi par le Créateur : Que la plûpart de nos mouvemens
involontaires, sont certainement l'effet
d'un pareil mechanisme raisonné par où
le Créateur a voulu suppléer au défaut de
notre Raison, & sont telles en effet, que
notre Raison n'auroit pû mieux choisir,
si elle avoit eu elle-même la direction de
ces mouvemens. Il est du moins certain,
par rapport aux mouvemens intérieurs du
cerveau d'où dépendent toutes les actions
extérieures, que l'ame les produit sans en
avoir aucune idée, & sans savoir ce qu'elle fait; alors elle n'agit que comme une
force aveugle, cependant cette force aveugle, secondée par un sage méchanisme
produit les mouvemens les plus réguliers,
En voilà, ce semble, autant qu'il faut
pour justifier mon hypothése du reproche
d'incomprehensibilité dont la chargeront

à coup sûr les gens dont je parle. Mais des imaginations vives n'ont garde de se payer de cela; on croit qu'il n'y a qu'à dresser contre mon hypothese une batterie d'exemples; & d'abord voilà Mr. *Bayle* qui range en bataille les Abeilles, les Chiens, les Renards, les Singes, les Elephans. Les preuves sans nombre d'industrie, de raison, de sagacité que nous donnent ces animaux paroissent former un terrible argument contre ceux qui refusent la Raison aux bêtes. Mais ne nous effrayons point, & voyons à quoi tout cela se réduit. On peut raporter tout à ces trois chefs. 1. L'instinct. 2. Ce qu'on apelle la discipline des animaux. 3. Certaines actions détachées qui, independemment de ces deux premiers principes, semblent marquer du raisonnement.

On apelle instinct le principe de ce cours d'actions reglées qui est propre à chaque espece, & où, sans le secours de l'habitude & de l'art, chaque animal suit une certaine tablature de mouvemens industrieux, pour parvenir à une fin propre à l'espece dont il est. Cet instinct est un art que la nature enseigne à chaque animal, & qui lui est infus par le Créateur. Chaque espece a son art particulier, outre l'instinct general par où tous les animaux tendent à leur conservation & à leur bonheur. Mais comme ce qui fait le bonheur d'une espece n'est pas précisement ce qui fait celui de l'autre, la fin étant differen-

te,

te, les moyens varient, & il y a une tablature de mouvemens differente selon les especes, mais toujours invariablement la même pour tous les individus de chaque espece. Cet art pour lequel les individus n'ont besoin ni de regle ni d'expérience produit les plus adroites manœuvres, & les ouvrages les plus industrieux. (1) Les nids des oiseaux, les ruches des abeilles, les magazins des fourmis, les bâtimens des Castors (2) en sont d'étonnantes preuves. On dit que l'âge & l'habitude en ces animaux perfectionnent cette sorte d'art : que par exemple, le premier nid que construit une hirondelle n'est pas de la même regularité que ceux qu'elle fait les années suivantes. Soit; mais toujours m'avouera-t-on que leurs coups d'essai sont déja très-surprenans, & declarent un art inné, qui dans son origine n'est pas fort loin de sa perfection, & dont les

(1) SHAFTESB. *Charact.* Tome 3. *Misc.* p. 220. & le *Spectateur*, Tom. II. Disc. XXI. de la Traduct. On peut voir l'Histoire du *Formicaleo* par Mr. *Poupart* dans les *Memoir. de l'Academ. Royale des Sciences*, Ann. 1704 p. 319. Edit. de Holl. & la Lettre de M. *Leeuwenhoek* sur le mouvement de rotation de certains Animalcules aperçus par le Microscope sur de la Lentille sauvage, (en Anglois *Duckwed*) mouvement qui leur sert à amener leur nourriture. *Philosoph. Transact.* Vol. XXVIII. Ann. 1713. p. 160.

(2 Voyez là-dessus de merveilleuses Observations dans une Lettre de Mr. *Sarrasin* à Mr. de *Tournefort* inserée dans les *Memoires de l'Acad. R. des Sciences*, ubi sup. p. 82.

les progrès font fi rapides, qu'il doit incomparablement plus aux talens naturels qu'à l'experience. Cet inftinct eft-il le fruit d'une Raifon particuliére à chaque animal, ou bien eft-ce l'effet d'une Raifon exterieure & univerfelle qui conduit tous les animaux? Je ne vois pas que l'on puiffe hefiter fur l'alternative. Si les ouvrages de l'inftinct étoient dans chaque individu l'effet d'une Raifon éclairée dont il fut doué; s'il fe conduifoit par des idées claires & par des regles qu'il trouvât en naiffant toutes dévelopées dans fon ame, quel miracle d'intelligence la Brûte renfermeroit-elle, quelle fuperiorité fa Raifon n'auroit-elle point fur la nôtre, combien les bêtes qui naîtroient avec une Raifon fi lumineufe & fi formée, feroient-elles fuperieures aux hommes dont les lumieres croiffent avec l'âge & dont la raifon marche à pas fi lents & fi incertains? Les merveilles de l'inftinct font telles que notre Raifon les fuit avec peine; combien donc n'eft-elle pas inférieure à celle qui les exécute? Souvent cet inftinct nous a donné les vues les plus fines & les plus utiles. Les animaux font nos maîtres, fans en avoir eû eux-mêmes, fi cet inftinct eft une forte de raifonnement qu'ils tirent de leur propre fonds, comment peuvent-ils conduire ce raifonnement indépendamment de l'expérience? Comment eft-ce qu'il la précéde, quoi qu'enfuite elle-même le juftifie? A moins d'une ne révélation ajoutée à sa Raison, d'où l'abeille a-t-elle apris que tels sucs sont propres à composer son miel, & que pour la manufacture qu'elle entreprend elle doit construire ses rayons & ses cellules de telle maniére? Qui lui a dit que le frêlon, malgré sa ressemblance extérieure avec elle, seroit un voisin dangereux pour son ouvrage? Pourquoi dans les animaux ces antipathies & ces sympathies si bien fondées ou pour de certains alimens, ou pour des animaux d'une autre espéce? d'où vient cette union & cette correspondance entre ceux de la même espéce pour le bien commun, où la nature seule suggére les meilleures regles d'œconomie & de politique pour l'entretien de tout un petit Etat. D'où ces soins si actifs, si sages & si prévoyans des méres ponr leurs petits? D'où ces mesures de prudence & ces ingenieux stratagêmes que l'on croiroit transmis d'animal en animal par une espece de tradition si la nature elle-même par ses leçons immédiates n'en prevenoit le besoin?

Si vous prenez l'instinct pour une Raison particuliére, voyez jusques où elle doit s'étendre. Voyez quel nombre d'idées, quelle complication de vues, quelle file de subtiles conséquences seroient nécessaires pour faire ce que font les abeilles & les fourmis (1). Le Physicien appliqué

à

____

(1) On peut apliquer ici ce que *Balbus* dit dans *Ci-ceron,*

N 4

à étudier les effets de l'inſtinct des brutes, ne ſauroit en épuiſer l'art, & la brute au] ra reçû tout d'un coup cet art dont le Phyſicien fait l'objet de ſon étude ſans le pouvoir penetrer à fond ? Cet art tend à ſon but par des voyes infaillibles & ſures ; oh que la Raiſon humaine eſt éloignée de jouïr d'un tel privilege pour ſes propres ouvrages ! Je pourrois étendre cet argument *ad hominem*, jamais il n'y en eut qui meritât mieux ce nom, parce qu'il n'y en eût jamais de plus propre à mettre la vanité des hommes du parti de celui qui s'en ſert.

Mais venons à quelque choſe de plus demonſtratif. Cette prétendue Raiſon des bêtes qui ſe manifeſteroit dans l'inſtinct, ſeroit d'un côté d'une prodigieuſe étendue, & auroit de l'autre des bornes bien étroites. Les moyens vaudroient incomparablement plus que la fin ; ce ſeroit une vraye Raiſon, qui hors d'une certaine ſphere ceſſeroit de raiſonner : ce ſeroit une Raiſon douée d'un côté des lumieres les plus vives, de la plus grande activité, de la juſteſſe la plus exacte ; & de l'autre cette raiſon ſi lumineuſe ſeroit ſubordonnée aux appétits groſſiers, ne tendroit qu'à contenter ſes appetits. Son objet, ſon but uni-

seron, touchant les merveilles de la Nature. *Quis hunc hominem dixerit qui cum tam certos motus, tam ratos ordines, tamque omnia inter ſe connexa & apta viderit, neget in his ullam ineſſe rationem —— qua quanto conſilio gerantur, nulla conſilio aſſequi poſſumus.* Lib. 2. de nat. Deorum. Cap. XXXVIII.

nique, feroit la nourriture, la confervation de l'animal, & la propagation de
l'efpéce.   Dieu auroit-il accordé un tel
don pour le confacrer à une fin fi fort au
deffous de l'excellence de ce don même ;
& fi les hommes deviennent fi criminels
& fi méprifables lors qu'ils font de leur
propre Raifon l'emploi que les brutes en
ce cas feroient de la leur, peut-on foup-
çonner le Maître de l'Univers d'avoir fait
au refte des animaux une loi de ce qui
chez les hommes feroit un crime ?

Mais ce qui femble rélever l'inftinct des
animaux au deffus de notre Raifon eft
précifément, fi l'on y prend garde, ce
qui le met fort au deffous d'elle ; je veux
dire la maniére fûre, conftante, infaillible,
dont il opére.   Par tout où la Raifon fe
rencontre, la Liberté s'y rencontre auffi :
or toute Raifon bornée a fes mécomptes,
fes erreurs, fes écarts ; (1) il eft effentiel
à tout Etre raifonnable de varier fon opération & de n'aller pas toujours fur la
même ligne.   Le plus fûr pour ne jamais
errer, feroit d'être toujours conduit, mais
il vaut mieux au peril d'errer quelquefois,
avoir le privilége de fe conduire.   Il eft
beau d'être maître de foi-même.   Tout
Etre raifonnable en eft logé-là ; il n'eft

tel

(1) CUDWORTH *ubi fup.* L. I. Ch. III. § 19. où
il oppofe la Raifon & l'art humain au *favoir* de la nature confidérée comme un Agent aveugle, mais regu-

tel que parce qu'il a une régle qui l'empêchera de s'égarer, s'il la fuit toujours; mais aussi il ne feroit pas un Etre raisonnable s'il n'avoit le pouvoir de ne le pas fuivre, fi ce n'étoit pas librement qu'il s'y conforme. Chez les Intelligences bornées la vertu ne fauroit avoir lieu fans la poffibilité du vice; ainfi nous ne devons pas nous plaindre de notre partage. Si donc l'inftinct des animaux n'eft pas fautif, c'eft qu'il eft l'expreffion d'une Raifon fuperieure qui réünit feule dans fa perfection fouveraine & la liberté & l'infaillibilité. La liberté de la Raifon humaine eft en nous un trait de l'effence divine qui ne fe peint qu'imparfaitement dans fes créatures. L'inftinct dans les bêtes eft un autre trait qui nous reprefente l'infaillibilité de la Souveraine Raifon. Quand je parle de ce trait de la Sageffe divine qui paroît dans les bêtes, je n'ai garde d'entendre leur ame, j'entens le feul méchanifme de leurs organes, qui fubordonné à un principe fenfitif & actif tout à la fois, tend par tous les mouvemens de l'inftinct à quelque chofe qui vaut mieux que ce méchanifme, favoir le bonheur du principe immateriel & l'ufage dont il peut être en le joignant à la machine.

Me trompai-je en cela? voici le principe fur lequel je raifonne. L'utilité d'une ame fenfitive eft affez confiderable aux yeux du Créateur pour qu'il foit très-digne de fa bonté infinie de raporter une

cer-

certaine disposition méchanique à cette utilité; donc les merveilles de l'instinct supposent une ame sensitive; mais l'utilité de l'ame entant que sensitive ou le bonheur qui naît des seules sensations, est quelque chose de trop inferieur à la faculté raisonnable, pour pouvoir devenir le but de cette faculté & pour qu'il fût digne de la sagesse du Créateur de donner une Raison aux bêtes, uniquement pour gratifier leurs appetits; donc les merveilles de l'instinct ne supposent point que les bêtes raisonnent : c'est nous qui raisonnons pour elles; c'est notre Raison qui voit dans cette tablature de mouvemens industrieux que la bête execute, le caractére de la Raison suprême qui par une certaine méchanique procure l'utilité du principe sensitif, & où le principe sensitif concourt comme Agent aveugle, déterminé à agir de telle maniere par les sensations qu'il reçoit de la machine, n'ayant besoin que de toucher certains ressorts, de remuer certaines parties du *Sensorium*, pour qu'il en résulte les mouvemens les plus compliquez; comme cela se conçoit par l'exemple de l'enfant & de la perspective mouvante.

Il faut considerer que les sensations peuvent être variées à l'infini; que nous ne connoissons peut-être pas la milliéme partie seulement des diverses sortes de sensations possibles; que l'ame des brutes, selon que sa machine est composée, & suivant sa constitution propre à laquelle le
Créa-

Créateur proportionne la machine qu'il lui unit, peut avoir des senfations plus vives, plus diverfifiées, plus diftinctes, fans comparaifon, que ne font les nôtres. Il faut bien fe fouvenir encore de ce que j'ai dit, touchant le principe actif qui eft dans les bêtes. Ce principe pouvant remuer la matiére, il peut y produire une varieté infinie de mouvemens. Or felon l'analogie neceffaire des effets aux caufes, à chaque petit mouvement produit, repond une volition particuliére, une certaine action, un certain effort different de celui qui eft néceffaire pour produire un autre mouvement. Souvenez-vous encore que les fenfations ne font qu'une fuite rapide de penfées ou perceptions confufes qui répondent à de petits mouvemens très-réguliers que le choc des objets exterieurs excite dans les organes. Songez qu'à ces fenfations repréfentatives des petits mouvemens correfpondent des defirs auffi confus qu'elles & qui font auffi une fuite de petits efforts auxquels doivent répondre comme à leur caufe divers changemens dans le cerveau d'où naiffent des actions proportionnées à l'impreffion des objets pour le bien de l'ame.

Il eft facile de comprendre que les fenfations étant dans cette ame occafion, ou raifon d'action, elles peuvent la déterminer à produire des actions auffi variées que le font les fenfations elles-mêmes. Il eft aifé de s'appercevoit que les diverfes mo-

difi-

difications des couleurs, des odeurs, &
des sons qui se multiplient à l'infini, peuvent tellement affecter une ame purement
sensitive, & tellement diriger & modifier
son pouvoir actif, qu'il produiroit lui-même dans la matiére, quelque aveugle qu'il
soit, des mouvemens merveilleux, sur
tout n'ayant qu'à toucher certains ressorts
d'un instrument qui est un chef-d'œuvre
de méchanique. Par exemple, le corps
d'une abeille est une machine admirable;
je suppose que l'ajustement de ses ressorts
soit proportionné aux besoins du principe actif & sensitif qui doit l'animer; qu'il
soit propre à exciter certains gouts, certaines odeurs, couleurs, sons, qui plaisent à l'abeille; qu'il soit tellement construit, que l'ame de l'abeille agissant sur
lui d'une maniere proportionnée à ces
sensations; il en résulte des mouvemens
propres à les fortifier. Il est vrai que l'a-
beille n'a point l'idée de ces mouvemens
qu'elle fait à nos yeux, & qui nous paroissent si heureusement proportionnez à
leur fin. Elle ignore la correspondance
de ces diverses actions par raport à cette
fin; elle ignore la méchanique par laquelle les impressions qu'elle excite immédiatement dans son cerveau aboutissent à ces
mouvemens variez; elle ne connoît pas
distinctement sa propre action sur le cerveau, (& l'ame humaine connoit-elle la
sienne!) elle est comme l'enfant qui pres-
se un ressort, parce que certaine odeur

ou

ou certain son attire ses pas de ce côté-là.
Il agit sans savoir, ni pourquoi il agit, ni
quel effet son action doit produire; cependant l'effet arrive d'une maniére agréable & utile pour lui. L'abeille en fait autant; elle voltige de fleur en fleur & de
parterre en parterre, selon que diverses
couleurs ou que differens parfums l'attirent; elle travaille ensuite de concert a-
vec ses compagnes dans sa ruche, elle
prépare son miel, & s'en trouve bien. Le
Créateur seul doit donc avoir l'honneur
des merveilles de l'instinct; l'ame des bêtes sert seulement à montrer le *pourquoi*
de ces merveilles.

Mais ce *pourquoi* ne se borne pas à
l'utilité de la bête seule; & voici un nouvel endroit par où l'on peut découvrir la
fecondité de cette hypothese qui réünit le
méchanisme avec un principe sensitif &
actif. Nous voyons la bonté de Dieu
dans la production de ce nombre infini de
créatures animées dont il a peuplé l'Univers, qui ont toutes de la vie, du sentiment, une espece d'intelligence en divers
degrez; qui toutes, par le secours des organes matériels, jouïssent du seul bonheur dont elles soient capables de jouïr &
dont elles ne jouïroient point sans cela.
Mais outre cette premiére vue, il y a l'a-
vantage de l'Univers & des créatures raisonnables qui l'habitent, avantages très-
considerables, dont les brutes sont l'instrument. Sans doute s'il s'agissoit de com-

pa-

parer la machine de la bête avec le principe immatériel qui l'anime, on ne doit
pas balancer à dire que la machine est faite pour lui, & non lui pour la machine;
mais lui-même avec la machine qu'il anime, est pour le bien de l'Univers. Je ne
parlerai point des usages infinis par où les
bêtes payent une espéce de tribut aux hommes; usages, dont plusieurs sont si naturels, si sensibles que l'on ne peut s'empêcher de reconnoître que ce sont autant de
présens que nous fait la bonté du Créateur, & dont quantité d'autres, pour être
plus détournez & plus recherchez ne sont
pas moins un don de Dieu, puisque l'Intelligence même qui fait les découvrir, est
un don de Dieu, & que les vues de la
Sagesse divine renferment certainement
toutes celles de la Sagesse humaine.   Je
m'arrête à cette seule consideration, qu'il
y auroit plaisir d'approfondir si c'en étoit
ici le lieu, savoir, qu'un principe actif,
telle qu'est l'ame des brutes, peut contribuer en mille maniéres à l'ordre, à la
beauté de cet Univers; qu'il peut suppléer
au défaut du simple méchanisme, & en
redresser les irrégularitez inévitables; sur
tout agissant de concert avec cet instrument qui lui est subordonné. Voyez combien cette hypothese seroit propre à recti-
fier celle des Natures Plastiques, par un
endroit qui en a toujours parû le foible.
On veut dans celle-ci que sans instrument
& sans outils, un Agent immateriel, mais
aveu-

gle, puisse arranger diverses parties de la
matiére, & former un tout regulier &
organisé, comme une plante & un animal; (1) cela ne se conçoit pas; car qui est-
ce qui dirigera son action? quelle loi,
quel principe modifiera son effort, & re-
glera l'exercice de ce pouvoir aveugle,
pour en faire éclorre des productions sages & regulieres? Il est actif par sa nature, il est vraye cause de son action; ce
n'est donc pas Dieu qui le prémeut, &
qui produit son action; cette pensée est
contradictoire; & d'ailleurs, ce ne seroit
là qu'un vain détour qui reviendroit enfin à l'opération immédiate de Dieu pour
produire les ouvrages attribuez à cette
forme Plastique, Dieu d'autre côté ne lui
donne aucune idée pour lui servir de modèle, donc ce qu'elle aura produit à l'a-
veugle, n'exprimera rien de regulier. Mais
dans l'hypothese que je défends, il se fait
un alliage très-juste du spirituel avec le
pur méchanique. Le principe sensitif uni
à une portion organisée de matiére, reçoit des perceptions analogues aux impressions méchaniques de ce tout materiel;
il

(1) Si la Nature Plastique n'est qu'un instrument
sous la main du Créateur, comme *Cudworth* l'avoue,
en termes exprès, en l'apellant χειροτέχνης *Drud-*
ging instrument, manuary *opificer of perfect mine*, ubi sup.
p. 173; elle est donc déterminée immédiatement par
le Créateur à chaque point de son opération; or si
elle est ainsi déterminée elle n'est plus un *pouvoir*,
une vie, elle n'a plus *self activity* qu'il lui attribue.

il varie son action à proportion de la varieté des sensations qu'il reçoit, & cela
en vertu de sa nature qui fuit la douleur,
& recherche le plaisir ; il agit pour son propre intérêt, & en agissant ainsi, il se trouve, vû la disposition de la machine qui lui
est unie, & qui obéit à son action, qu'il
en résulte des effets que, ni cette action
seule sans le méchanisme, ni le méchanisme seul sans cette action, n'auroit pû
produire, pour l'entretien, l'ordre & la
beauté de cet Univers. C'est ainsi que
la plûpart des hommes plus éclairez que
les bêtes, sans être plus vertueux, croyant
ne travailler que pour leur interêt propre,
travaillent sans le savoir pour le bonheur de
la Societé.

Observez que sans autre guide que les
seules sensations, notre Agent execute ce
qui sans cela demanderoit une intelligence du premier ordre appliquée toute entiére à ce seul soin. Quelle prodigieuse
étendue de lumieres & d'idées devroit a-
voir un Esprit qui préposé à mouvoir, à
arranger la matiére pour en tirer des productions auxquelles le méchanisme seul
ne sauroit suffire, seroit obligé de connoître à fond, & cette matiére sur laquelle il travaille, & le dessein qu'il doit
executer, & les moyens qu'il faut employer pour en venir à bout & l'art avec
lequel il doit le conduire. Avec toutes
ces lumieres, l'execution seroit lente &
sujette à divers mécomptes ; comme cela

se voit tous les jours dans la pratique des Arts ; mais posé le méchanisme d'un corps vivant, posé l'union de cette machine avec un principe qui sent par elle, & qui peut agir sur elle, de la maniére dont nous l'avons expliqué, l'Intelligence la plus bornée, telle qu'est ce principe sensitif, executera les mêmes effets avec justesse, promptitude, regularité, & trouvera dans tout cela son propre avantage.

CHAPITRE X.

Sur la discipline des animaux. Ce qu'il y de plus surprenant dans les actions qui s'y rapportent, s'explique par l'hypothese proposée : c'est un nouveau mechanisme enté sur celui qui forme l'Instinct, le seul sentiment suffit pour produire des habitudes. La plûpart des imitations ont plus leur source dans le méchanisme que dans la Raison. Les brutes sont incapables de connoitre les Sciences & les Arts qui sont fondés sur les rapports entre des idées distinctes, sur des principes universels & purement intelligibles, elles ne raisonnent donc point, elles n'ont que des idées particulieres & des perceptions confuses.

LA discipline des animaux est un autre point, sur lequel aucune hypothese n'a paru jusques ici pleinement satisfaite, je comprens sous cet article, non seulement

ment tous ces mouvemens étudiez, auquel l'art humain fait assujettir les animaux,
que l'on dresse ou pour le plaisir, ou pour
en tirer de certains services ; mais ceux-
là même que paroît leur dicter l'experience, lorsqu'ils vivent à l'abri de toute con-
trainte (a).   C'est quelque chose d'admirable que la docilité avec laquelle, mo-
yennant un peu de soin de notre part, ils
se plient en diverses manieres à nos usages.   L'homme dompte les Chevaux, il
apprivoise les Lions & les Ours, malgré
toute leur ferocité naturelle, les Chameaux
& les Elephans soumettent leur lourde
masse à ses volontez, il se joue des animaux les plus forts & les plus farouches,
comme il se joueroit d'un Automate que
ses mains auroient formé.   Les Chiens,
les Singes, les Perroquets, les Oiseaux de
proye viennent souvent à son école & se
rendent habiles par ses leçons.   Une pure machine aprend-elle ? peut-elle profiter
des exemples & des enseignemens, l'expérience est-elle faite pour elle ? Autant
en dira-t-on d'une ame purement sensitive
telle que je l'ai dépeinte.   Une ame renfermée dans de telles bornes ; une ame qui
ne se forme point d'idée distincte sur ce
qu'elle voit, qui ne reflechit point, qui ne
raisonne point, & dont les pensées ne sortent jamais du présent, pour s'étendre jusques à l'avenir, ou au passé, paroît incapable de prescrire à son corps les mouvemens qu'on veut lui donner, & de re-

(a) Voyez
*Essais de
Montagne*
Livre II.
Ch. XII.

cevoir des habitudes étrangéres. D'ailleurs, fans maîtres & fans leçons, ces
animaux ne font-ils pas leurs propres
maîtres? n'acquiérent-ils pas par leur feule experience qui croît avec l'âge, des habitudes qu'ils n'aporterent point en naiffant. On remarque en eux, lors même
que rien ne les contraint & qu'ils font
abandonnez à leur propre conduite, les
progrès d'intelligence & d'habileté tout
comme dans l'homme, qui paroiffent devoir être le fruit de la reflexion & qui par
conféquent fuppofent en eux de la Raifon.
Un Renard croît en rufe & en malice,
tout comme un enfant, & la vieilleffe
femble amener chez cet animal, comme
chez les hommes, ou plus de rafinement,
ou plus de prudence.

J'avoue que cette analogie fournit des
apparences bien fortes, & que nous avons
une pente naturelle à les interprêter en
faveur du préjugé commun, cependant
les reflexions que je viens de faire fur l'inftinct ne feroient-elles point de quelque fecours pour nous aider à tourner la chofe
d'une autre maniere? Il me femble avoir
prouvé que l'inftinct des bêtes, tout merveilleux qu'il eft, n'a rien à demêler avec
leur Raifon, & qu'il ne fauroit en être le
fruit; ces mouvemens fi juftes, fi induftrieux, fi compofez, on eft contraint de
les réduire au principe actif & fenfitif,
joint à un certain mechanifme; & pour
ces autres mouvemens reglez fur une pareille

reille tablature, mais qui fortent de la route de l'inftinct, en ajoutant l'induftrie acquife à l'art naturel, foit que l'effort des hommes y ait part, foit que la vue des divers objets qui s'offrent fortuitement à l'animal y contribue feule, ne pourroit-on point croire avec autant de fondement, qu'ils réfultent auffi d'une nouvelle combinaifon, entre le principe fenfitif & l'impreffion méchanique de divers objets fur les organes qui fervent d'inftrument à ce principe.

On fait que dans l'homme même la mémoire, l'imagination & les habitudes, trois fources d'où naiffent prefque tous les Arts, quoi qu'elles appartiennent à l'ame, ont auffi leur fondement dans le méchanifme du corps. Si certaines traces ne venoient pas à fe graver, à fe fortifier, à s'unir, à fe mêler en mille maniéres dans le cerveau, pour rendre l'ame attentive à certaines idées dont elles font les fignes, pour les lui préfenter dans un certain ordre, & pour faciliter les mouvemens exterieurs les plus compliquez, que deviendroient la Poëfie, l'Eloquence, l'étude des Langues? Comment fe formeroit l'habitude de parler & d'écrire? Comment un Danfeur n'auroit-il qu'à vouloir (1) pour exécuter les pas & les mouvemens

les

____

(1) CUDWORTH, *Inft. Syft.* Liv. I. Ch. III. § 13. raporte ces exemples pris des habitudes pour expliquer la nature Plaftique qui agit regulierement fans connoî-

les plus variez d'une maniere juste & re-
guliére, & un Musicien qu'à songer aux
deux premiéres notes d'un air qu'il sait,
pour le chanter ou pour l'exécuter sur son
Luth? Comment un Sonnambule imite-
roit-il tout cela, sans qu'on puisse dire
qu'il y fasse une reflexion distincte? Oui,
repliquera-t-on, le mechanisme explique
bien pourquoi l'on fait presque sans y penser ce dont on avoit déja aquis l'habitude, mais il n'explique pas comment on
l'acquiert. Pour acquerir une habitude,
en se prêtant aux leçons d'autrui, il faut
avoir l'idée de ce que l'on veut aprendre.
Les efforts lents & réitérez, les essais de-
fectueux, & penibles par lesquels on se
rend peu à peu maître d'un Art, demandent beaucoup d'intelligence & de réflexion. La Raison qui nous montre notre
modelle nous fait apercevoir nos écarts,
redresse nos fautes & nous fournit des expédiens pour nous aprocher de plus près
de ce modelle que nous imitons. Tout
cela

tre l'art par lequel elle agit & qui est elle-même
l'impression de l'art divin, l'art concret, l'art *incorporé*
dans la matiére & propre à en être l'ame, *ἔξις ἀτεχ-
δευτος καὶ οὐ μαθοῦσα αὐτοδίδακτος*, *though she be
————— indeed always inwardly prompted, secretly whispered
into and inspired by the Divine Art and Wisdom.* Je raporte les propres paroles dont l'energie s'évanoüiroit
dans une traduction. Voyez le passage de *Plotin* qu'il
cite § 14. p. 158. il allegue l'instinct des animaux
pour prouver qu'une cause peut agir artificiellement
pour une fin sans comprendre la raison de ce qu'elle
fait.

cela se doit donc trouver à proportion
dans les bêtes pour les rendre disciplina-
bles.

Distinguons ici, s'il vous plaît: l'usage de la Raison sert beaucoup à former
l'habitude d'un Art, parce qu'elle nous en
découvre le principe & nous en facilite l'a-
plication.   Mais dans ces mêmes Arts il
y a divers dégrez d'intelligence; l'on distingue tous les jours parmi les hommes,
un ouvrier qui opére par pure routine d'a-
vec l'Artiste qui posséde le fond de son
Art, & dont la main est guidée par le genie.   Il ne faut pour la routine, qu'une
attention de pur sentiment jointe avec une
action réïterée.   Il seroit superflu d'en citer ici des exemples; on n'en voit que trop
parmi nous.   Le cours de la vie commune est rempli d'habitudes de toutes les
sortes, où non-seulement la Raison n'eut
aucune part, mais que la Raison condam-
ne.   Combien y a-t-il d'hommes qui sont
machine durant presque toute leur vie?
Cette espece d'humains ressemble exactement aux bêtes; ils agissent avec connoissance, ils opérent dans un certain ordre;
mais c'est par un principe purement sensitif qui se trouvant joint au méchanisme
lui obéït, & à son tour le met en jeu.
Quoi? parce qu'un Musicien qui s'est rendu savant dans son art à force d'y appliquer sa Raison exécute un air qu'il voit
noté, est-ce à dire qu'une Linotte qui re-
pete un air qu'on aura chanté devant el-

O 4

le,

le, doit avoir auſſi de la Raiſon? diſtin-
guons entre les habitudes: Il y en a qui
ſuppoſent l'intelligence des principes d'un
Art, ces principes conſiſtent dans certains
(1) raports connus entre des idées.{ Tout
Art eſt intelligible, il a des principes uni-
verſels comme la Raiſon, il ne peut donc
ſe trouver ailleurs que dans la Raiſon. La
Grammaire, la Muſique, la Peinture,
ſont autant de Syſtêmes raiſonnez, com-
poſez d'idées abſtraites dont les rapports
ſont l'objet de l'intellect pur. Il n'y a
qu'un Etre raiſonnable qui puiſſe aprendre
l'uſage des ſignes comme ſignes, comme
ayant un raport aux idées diſtinctes, &
comme exprimant les différentes relations
des idées entre elles. J'en dis de même
de l'écriture qui renferme un double raport des figures aux ſons, & des ſons aux
penſées. La Muſique & la Peinture naiſſent des comparaiſons raiſonnées entre differentes ſenſations & differens objets.
L'habitude de peindre rend un Peintre capable de faire des tableaux (2) de toute eſpece, celle de la Muſique fait que le Mu-
ſicien

____

(1) Ce ſont ces modelles inviſibles & ces Arche-
types vivans & préexiſtans dans l'eſprit de l'Ouvrier
& d'où les ouvrages ſenſibles tirent leur naiſſance
dont parle St. *Auguſt. n Tract. in Evang. Johan.* p. 296.
Il avoit tiré cette doctrine de *Platon.*

(2) Je ne parle qu'en général; n'ignorant pas qu'il
en eſt de la Peinture comme de preſque tous les beaux
Arts. Le genie d'un ſeul homme eſt d'ordinaire trop
étroit pour embraſſer toute l'étendue d'un Art, il faut
pour cela réunir les talens de pluſieurs hommes.

ficien peut chanter des airs differens ; comme l'habitude d'une Langue met en état de prononcer dans cette Langue differens difcours. L'imitation de ces Arts chez les bêtes que l'on a dreffées fe borne à quelque effet particulier & ne va point au de-là. Un Perroquet vous rendra les mêmes mots que vous lui aurez apris, il ne formera jamais un autre ordre de mots (1) qui ait quelque fens, la Linotte qu'on aura

(1) Je croi que l'on peut regarder ceci comme une preuve demonftrative que les animaux ne raifonnent point. Si le Perroquet étoit capable de reflechir, ayant la faculté d'articuler des paroles, il encomprendroit bien-tôt l'ufage. Il ne lui faut pas pour aprendre à employer les paroles comme fignes de fes penfées le demi quart du raifonnement que l'on fuppofe tous les jours être renfermé dans mille de fes actions. Voyez comment les enfans dans l'âge où la Raifon eft la plus foible & fe dévelope à peine, aprennent facilement la Langue maternelle. Si la bête a le plus petit degré de raifon, elle a des idées univerfelles. Dès-lors ce qu'il y a de plus aifé, c'eft d'inftituer des fignes ou de comprendre le fens des fignes déja inftituez. Qui pourroit donc empêcher le Perroquet & la Pie, puifque leur organe les rend capables d'articuler des fons humains, qui les empêche roit, dis-je, de s'entretenir avec les hommes. Pour les animaux qui n'auroient point l'organe ainfi difpofé, on leur aprendroit à fe faire entendre par fignes comme les muets. Il ne feroit plus befoin d'un d'un *Pythagore* ou d'un *Apollonius de Tyane* pour leur fervir de truchement. Il n'y a donc qu'à renverfer le raifonnement de *Platon* ; il difoit que l'ame des bêtes étoit douée de Raifon, & que fi cette raifon ne fe manifefte pas chez elles, c'eft faute d'avoir l'ufage de la parole. λογικὰς μὲν εἶναι ἃ μὴν λογικῶς ἐνεργούσας παρὰ τὴν δυσκρασίαν τῶν σωμα-

aura fiflée chantera les Airs qu'elle a entendus ; elle n'en compofera point d'autres auffi réguliers que ceux-là. Un Singe pourra tracer quelques caractéres qu'il aura vû tracer, mais il ne faura pas pour cela l'art d'écrire. En un mot, il faut raifonner de la difcipline des animaux comme de leur inftinct ; dans celle-là, comme dans celui-ci, l'uniformité de leurs opérations qui fe repetent fans fe varier, prouvent que la Raifon & la reflexion n'y peuvent avoir de part.

Qu'eft-ce donc qui forme en eux ces habitudes ? c'eft la fenfation dépendante du méchanifme. Faites que certains objets capables d'exciter dans la brute certains mouvemens, la frapent dans une certaine fuite ; ramenez fouvent ces objets dans le même ordre, excitez en elle les diverfes fenfations agréables ou affligeantes, propres à déterminer le principe actif à chacun des mouvemens particuliers qui tous enfemble doivent produire l'effet que vous fouhaitez ; vous l'accoutumerez bientôt à ces mouvemens, fans qu'elle ait aucune idée diftincte de ce qu'elle fait. La facilité qu'aura acquis la machine de fe plier à ces mouvemens, fera qu'ils feront

accom-

σωμάτων καὶ τὸ μὴ ἔχειν τὸ φραστικόν. *Apud Plutarch. de Placit. Philos.* Lib. 5. Cap. 20. Il faut au contraire conclure de ce que les bêtes ne fe fervent point des fons ou d'autres fignes d'inftitution pour exprimer leurs penfées ; qu'elles n'ont point de raifon.

accompagnez d'un sentiment agréable qui disposera le principe mouvant à les produire. Il n'aura pour cela qu'à donner le premier branle, & pour ainsi dire, le premier signal ; tout le reste s'exécutera de lui même, en vertu de la disposition habituelle. On sait combien la sympathie merveilleuse entre les organes de l'ouïe & ceux de la voix rend certaines imitations faciles. On sait que l'impression que certains mouvemens extérieurs font dans le cerveau, par le moyen du nerf Optique, dispose aisément tout le corps à s'agiter par des mouvemens semblables. De-là vient qu'il est si rare de voir des imitations raisonnables parmi les hommes, & que les Singes dans notre espéce se trouvent souvent presqu'aussi bêtes que l'animal qui porte ce nom. Je laisse à juger si un penchant d'ordinaire aussi déraisonnable chez nous, peut prouver la Raison des brutes.

Songeons que la douleur & le plaisir sont les uniques ressorts qui les meuvent ; que si leurs mouvemens sont si variez, c'est que l'activité qui les produit se proportionne exactement à la prodigieuse variété de sensations qui modifient leur plaisir & leur douleur, & que la diversité d'action ou d'effort de la part de leur ame trouve un instrument construit de maniére à en faire resulter des effets utiles pour elle. Ajoûtez que non seulement l'impression des objets la fait agir, mais que

la

la facilité qui se trouve dans la machine
pour certaines actions, cause un sentiment agréable à l'ame qui l'invite à les
produire, vous verrez que les animaux
n'ont aucun besoin de raison pour être dis-
ciplinez, & que dans ces divers manéges
auxquels l'industrie humaine les dresse,
c'est la Raison de l'homme qui les dirige
par ce nouveau méchanisme qu'on nomme habitude, enté sur le méchanisme naturel; comme c'est la raison divine qui
les guide dans l'instinct, en vertu de ce
méchanisme naturel qu'elle a établi.

Ce que l'art des hommes ajoûte à la
nature, par l'aplication de certains objets,
la rencontre fortuite des objets, ou nuisibles, ou utiles, le produit aussi dans l'a-
nimal. Ce que l'on attribue à son experience & à ses reflexions vient uniquement
des traces du cerveau lesquelles, par l'impression des nouveaux objets & par la réaction de l'ame, toujours proportionnée au
sentiment qu'elle en reçoit, se fortifient,
& se combinent différemment. Ces traces quand elles viennent fortuitement à
s'ouvrir en l'absence des objets, excitent
les mêmes sensations, mais d'une maniere plus foible; & c'est ce qui fait l'imagination & la mémoire des brutes; ou bien
quelque subite fermentation s'allumant
dans le sang à mesure que ces traces s'ouvrent, vient les fortifier, aussi bien que
les sensations qui leur correspondent &
produire dans tout l'animal des sympto-
mes

mes très-ressemblans à ceux de nos passions, je ne dis pas d'une ressemblance
purement extérieure pour les mouvemens
du corps, je dis pour les dispositions de
l'ame même.   Un principe sensitif doit
être capable de joye & de tristesse, de
crainte & d'esperance, de haine & d'a-
mour; des perceptions & des desirs confus; selon qu'ils se trouvent diversement
modifiez, produiront tous ces divers phenoménes; & je ne vois pas qu'ils doivent
paroître incompatibles avec la nature d'un
Etre qui ne raisonne point.   Il me semble, & j'en prendrois volontiers à témoins
les hommes mêmes, que pour être agité
des passions on n'a nullement besoin d'a-
voir des idées distinctes, & qu'au contraire ces mouvemens impetueux & confus
sont les plus dangereux ennemis de la Liberté, & de la Raison.

CHAPITRE XI.

*Troisiéme Classe d'actions d'où nait la plus
grande difficulté. Ce sont des actions raisonnées qu'il est impossible de déduire ou
de l'habitude, ou de l'instinct. Cette dif-
culté toute grande qu'elle est, ne renverse
point l'hypothese.*

IL reste une troisiéme source de difficultez contre mon hypothese. Elles sont
prises d'un troisiéme genre d'actions que
l'on

l'on croit remarquer chez les brutes: ce font des actions qui ne dépendent, dit-on, ni de l'habitude ni de l'inftinct, & qui pourtant renferment du raifonnement; voilà qui embaraffe: car enfin, voilà des raifonnemens auffi clairs que s'ils étoient exprimez par des paroles, fans que l'on puiffe les regarder comme le réfultat d'aucun ordre préétabli. D'où pourroient-ils naître que d'une Raifon particuliere dans la brute, qui la détermine à propos, après avoir deliberé, & qui s'accommode fur le champ aux conjonctures, fans avoir de loix générales qu'elle puiffe fuivre. J'aurois plufieurs chofes à répondre dont j'ai déja touché une partie dans le plaidoyer du Cartéfien. On interprête mal certaines actions, parce qu'on les voit mal; & on les voit mal parce que c'eft au travers du prejugé qu'on les voit. Prévenus que les bêtes raifonnent, nous cherchons fineffe dans certaines démarches où les bêtes n'en entendent aucune; nous croyons qu'elles raifonnent, lors que nous raifonnons pour elles, & que nous leur prêtons généreufement nos lumiéres & nos vues. Un coup de hazard nous paroît un trait de prudence. Cela nous arrive en bien d'autres matiéres. Nous lions à notre idée des apparences que le hazard feul raffemble, ou qui fe lient à toute autre chofe que ce que nous croyons. Quand vous aurez retranché du nombre de ces actions furquoi l'objection fe fonde, toutes celles

qui

qui ont été inventées à plaisir & qui n'ont pas de bons garants ; toutes celles qui sont mal repréfentées & que l'imagination, ou le préjugé se plaît à embellir par l'addition imperceptible de quelque circonstance qui en augmente le merveilleux ; le nombre de ces phenoménes que l'on m'objecte diminuera de beaucoup ; Mais celles-là même qui sont fidellement rapportées, sans ajouter, changer, ni retrancher rien, qu'on les examine de près, en prenant bien garde que le prejugé n'ait aucune influence sur les conclusions que l'on en tire, on verra que la plûpart de ces actions prétendues raisonnables & raisonnées sont quelque branche particuliere de l'instinct ou de l'habitude, qu'elles se rapportent par conséquent à la Raison universelle qui guide les brutes dans leurs mouvemens, non à une Raison particuliere que les brutes possedent en propre. On verra que ces diverses apparences qui dans la même action sembloient naître d'une suite de pensées reflechies, ne naissent en effet que de la combinaison du sentiment & du méchanisme. Mais je veux que l'on puisse me produire de la part des bêtes certaines actions si surprenantes qu'elles soient hors d'atteinte aux exceptions que je viens de faire ; je ne me rendrai pas pour cela, j'aurois grand tort. Un petit nombre de phénoménes (car les actions conditionnées comme celles dont je parle sont certainement en très-petit nombre)

dont

dont mon hypothefe ne me fournit point
l'explication, peut-être parce que je manque d'adreffe à la manier, ne renverfent
pas cette hypothefe, & ne détruifent point
la force des preuves fur lefquelles elle eft
appuyée. Rendre raifon de tout, eft ce
qu'on ne doit attendre d'aucun Syftême,
ce n'eft pas toujours la faute des Syftêmes; c'eft celle de l'efprit humain. Tour-
nez-vous fur quels objèts il vous plaira,
vous ne trouverez nulle part une lumiére
fans mélange de quelques ombres. Notre
Raifon ne vient pas toujours à bout de les
diffiper; auffi n'eft-ce pas là fon principal
emploi. Elle nous a été donnée, non
pour écarter tous les nuages, mais pour
appercevoir le jour à travers ces mêmes
nuages qui l'obfcurciffent; non pour arriver en tout à une pleine évidence, mais
pour atteindre à la certitude dans les chofes dont il nous importe d'être affurez. Je
ne demande d'autre grace en faveur de
mon opinion, fi ce n'eft qu'on fe donne
la peine de pefer fes preuves contre fes difficultez. Je ne fai fi je dois me flatter d'obtenir cela de beaucoup de gens; il y faudroit aporter une attention fcrupuleufe,
& des balances bien juftes; & je mets
au rang de nos plus preffans befoins, celui d'une Logique qui nous aprît à difcerner les difficultez d'avec les preuves.

CHA

CHAPITRE XII.

Réponſe à une Objection. La ſpiritualité de l'Ame des bêtes ruine les preuves de l'Immortalité de l'Ame humaine. Digreſſion ſur l'immortalité de l'ame. Trois Queſtions ſur ce ſujet, qu'il faut traiter ſéparément. Puiſſantes raiſons pour croire nos ames immortelles, qui ne ſauroient avoir lieu pour l'immortalité de celles des bêtes.

LEs difficultez ne ſont pourtant pas encore épuiſées. Un Philoſophe ſeroit trop heureux s'il en étoit quitte pour établir ſon Syſtême par des preuves tirées du fond même du ſujet. On ne ſe contente pas qu'il ait prouvé ce Syſtême & qu'il ait pris ſoin d'en lier toutes les parties ; on exige encore de lui qu'il le concilie avec toutes les veritez étrangeres, & l'on engage inſenſiblement un homme qui ne ſongeoit à rien de plus qu'à l'éclairciſſement d'une ſeule queſtion, dans le peril & dans l'embarras des Syſtêmes generaux. Rien ne me paroît plus injuſte. Quoi ? parce que je vois une verité, ſuis-je obligé de voir auſſi tous les rapports qu'elle peut avoir avec les autres veritez ? Le Lecteur s'imaginera peut-être que ce préambule eſt fait exprès pour échapper à certaines difficultez inſurmontables & déſolantes. Mais j'agis de meilleure foi, je

vai propofer la difficulté dont il s'agit, &
en même tems tâcher d'y répondre.

Si l'ame des Bêtes eſt immaterielle,
dit-on, ſi c'eſt un eſprit, comme vôtre
hypotheſe le ſuppoſe, elle eſt donc immortelle, & vous devez neceſſairement
lui accorder le privilege de l'immortalité,
comme un appanage inſéparable de la ſpiritualité de ſa nature; ſoit que vous ad-
mettiez cette conſéquence, ſoit que vous
preniez le parti de la nier, vous vous
jettez dans un terrible embarras : L'immortalité de l'ame des Bêtes eſt une opinion trop choquante & trop ridicule aux
yeux de la Raiſon même, qnand elle ne
ſeroit pas proſcrite par une autorité ſupe-
rieure, pour l'oſer ſoutenir ſerieuſement.
C'eſt une de ces chimeres qu'il faut laiſſer
à l'Ecole de *Pythagore*, aux Brachmanes,
aux (1) Caffres, à quelques Rabins, & à
quelques Docteurs Mahometans entêtez
de la Metempſychoſe ; elle meritoit d'avoir
de tels défenſeurs & de tels garants. Vous
voilà donc réduit à nier la conſéquence,
& à ſoutenir que tout être immateriel n'eſt
pas

(a) Les Caffres croyent l'immortalité tant des hommes que des bêtes & un Enfer particulier pour celles-ci. Voy. le P. *Jean dos Santos* Hiſt. de l'Ethiopie
Orient. dans les Nouv. de la Rep. des Lettres. Oct.
1685. p. 1161. Voyez le ſentiment de quelques Rabins qui pour ſe tirer des difficultez ſur l'œconomie
de la Providence diſent que les bêtes ſeront dedóma-
gées dans une vie à venir des maux qu'elles ſouffrent
ici bas. Ap. *Maimon*, cité par *Bayle* Art. *Rorarius* Rem. D.

pas immortel. Mais dès-lors vous anéan-
tissez une des plus grandes preuves que la
Raison fournisse pour l'immortalité de
l'ame.   Voici comme l'on a coutume de
prouver ce Dogme. L'ame ne meurt pas
avec le corps, parce qu'elle n'est pas corps;
parce qu'elle n'est point divisible comme
lui; parce qu'elle n'est pas un tout, telle
que le corps humain qui puisse perir par
le dérangement ou la séparation des parties qui le composent. Cet argument
n'est solide, qu'au cas que le principe sur
lequel il roule le soit aussi, savoir, que
tout ce qui est immateriel est immortel,
& qu'aucune substance n'est anéantie. Mais
ce principe sera réfuté par l'exemple de
l'ame des bêtes.   On repliquera d'abord;
il est faux que tout ce qui est immateriel
est immortel : il est faux qu'aucune substance ne perisse dans la nature, puis que
l'ame des brutes étant immaterielle selon
vous meurt pourtant avec le corps.   Elle ne meurt pas par une dissolution de
parties; elle n'en a point; donc sa substance même perit; donc il y a des substances
qui s'anéantissent; donc il faut renoncer
à conclurre l'immortalité de l'ame humaine de sa spiritualité.   Je vois bien que
pour démêler tout ceci je ne puis épargner au Lecteur une nouvelle Digression
sur l'immortalité de l'ame.   La chose est
indispensable, & il doit bien me le pardonner en faveur de la beauté du sujet.

P 2

La

LA Question sur l'immortalité de notre ame a trois differens dégrez, ou plutôt, elle renferme trois questions très-distinctes qui doivent avoir chacune leurs preuves & leurs raisonnemens à part. Voici ces questions, 1. S'il est certain que nos ames doivent subsister après la mort. 2. Si cela est probable. 3. Si cela est impossible.

Pour la premiére de ces questions où il s'agit d'une parfaite certitude sur l'immortalité de l'ame, notre Raison ne sauroit la décider, parce qu'elle ne fournit point de preuves qui établissent cette certitude parfaite qu'on demande. La Raison nous aprend que notre ame a un commencement de son existence, qu'une cause toute puissante, & souverainement libre l'ayant une fois tirée du néant la tient toujours sous sa dépendance, & la peut faire cesser d'être dès qu'elle voudra, comme elle l'a fait commencer d'être dès qu'elle a voulu. Je ne puis m'assurer que mon ame subsistera après la mort, & qu'elle subsistera toujours, à moins que je ne sache ce que le Créateur a resolu sur sa destinée. C'est uniquement sa volonté qu'il faut consulter, & l'on ne peut connoître sa volonté, s'il ne la revele. Les seules promesses d'une Revelation peuvent donc donner une pleine assurance sur ce sujet. Et nous n'en douterons pas si nous voulons en croire le souverain Docteur des hom-

hommes. Comme il eſt le ſeul qui ait pû leur promettre l'immortalité (a), il déclare qu'il eſt le ſeul qui ait mis ce Dogme dans une pleine évidence, & qui l'ait conduit à la certitude. Mon hypotheſe ſur l'ame des bêtes n'intereſſe donc en rien cette premiére queſtion. La parfaite certitude que j'ai de l'immortalité de nos ames ne ſe fonde que ſur ce que Dieu l'a revelée. Or la même revelation qui m'apprend que l'ame humaine eſt immortelle, m'aprend auſſi que celle des bêtes n'a pas le même privilege. Ainſi, quoique l'ame des bêtes ſoit ſpirituelle, & que je ſache qu'elle meurt avec le corps, cela n'obscurcit nullement le Dogme de l'immortalité de nos ames; puis que ce ſont là deux veritez de fait dont la certitude a pour fondement commun le témoignage divin. La Raiſon m'aprend bien que l'ame des bêtes eſt ſpirituelle comme l'ame humaine, mais elle m'aprend auſſi, que Dieu a créé l'une & l'autre, & qu'il eſt le maître de ſon ouvrage, & par conſéquent, elle n'a garde de décider ſur la deſtinée de l'une & de l'autre, qui dépend de la volonté libre du Créateur. C'eſt la révelation qui décide, en m'aprenant que l'ame des Bêtes meurt, & que celle des hommes ne mourra jamais.

Mais la Raiſon a de très-grands droits ſur la ſeconde queſtion où l'on demande, s'il eſt probable que l'ame humaine doive ſubſiſter après la mort. Elle nous fournit

P 3

des

(a) Evang. ſelon St. Jean XI. 25. Jeſus-Chriſt ou comme promis ou comme venu a toujours été le fondement de l'immortalité.

des raisons en foule pour l'affirmative,
même des raisons si fortes, & qui deviennent d'un si grand poids par leur assemblage, que cela nous mene à une espece
de *certitude*. Si je n'ai pas donné ce nom
à l'effet que produisent les raisons naturelles pour l'immortalité de l'ame, c'est
pour mieux distinguer cette question d'a-
vec la premiére. Dans la premiére question il s'agit d'une certitude si parfaite
qu'elle exclut toute possibilité contraire;
or on ne peut attendre ici une telle certitude que du témoignage de Dieu. Dans
la seconde question on demande seulement ce haut degré de probabilité qui suffit pour nous autoriser à agir dans mille
importantes affaires de la vie, & qui sans
rendre le contraire impossible, n'y laisse
pourtant voir nulle vrai-semblance. Or
en me tenant dans ces limites, j'ose soutenir que nous avons pour croire nos a-
mes immortelles de très-forts argumens,
qu'on ne sauroit employer en faveur de
celles des bêtes, telle que mon Systême
les représente. Ces argumens, nous les
puisons dans la nature de notre ame qui
est spécifiquement distincte de la leur, &
d'un ordre incomparablement plus noble.
Nous les tirons ces argumens des facultez
& des proprietez distinctives de l'ame humaine & du raport de ces facultez avec
les attributs de Dieu. Notre ame unie à
notre corps ici-bas, nous laisse deviner
plûtôt que voir l'étendue des perfections
dont

dont elle eſt ornée ; ces facultez quoi qu'imparfaitement deployées, nous convainquent qu'elle n'a point été faite par un Etre ſouverainement bon & ſage, pour une durée auſſi courte qu'eſt celle du corps auquel Dieu l'a jointe, & de ce que nous appellons notre vie.

Conſiderez le fond même de notre ame. Douée d'intelligence & de liberté elle eſt capable de connoître l'ordre & de s'y ſoumettre ; elle l'eſt de connoître Dieu & de l'aimer ; elle eſt ſuſceptible d'un bonheur infini par ces deux voyes : capable de vertu, avide de felicité & de lumieres, elle peut faire à l'infini des progrès à tous ces égards, & contribuer ainſi, pendant toute l'éternité, à la gloire de ſon Créateur. Voilà un grand préjugé pour ſa durée. La Sageſſe de Dieu lui permettroit-elle de placer dans l'ame tant de facultez, ſans leur propoſer un but qui leur réponde ; d'y mettre un fonds de richeſſes immenſes, qu'une éternité ſeule ſuffit à developer ; richeſſes inutiles pourtant, s'il lui refuſe une durée éternelle. Seroit-il digne de la bonté du Créateur, d'avoir inſpiré à l'ame une prévoyance, & un deſir ſans bornes de l'avenir, ſi cet avenir illimité ne devoit point être pour elle ? Si de la nature de notre ame, nous paſſons à la condition où elle ſe voit réduite icibas, nous y trouvons un nouveau genre d'argumens pour ſon immortalité. Autant que la Sageſſe divine éclate dans le

P 4

Gou-

Gouvernement des Etres visibles de cet Univers ; autant doit-elle paroître dans l'œconomie des Créatures libres & intelligentes. Dieu n'aime pas moins sans doute l'ordre moral que l'ordre physique, & geometrique : son autorité doit s'interposer également pour maintenir l'un & l'autre : ses soins ne s'étendent pas moins aux actions libres des Créatures raisonnables, qu'aux mouvemens aveugles des corps. Comme il y a des loix pour ceux-ci, il y aura des loix pour celles-là, dont la nature n'étant point de contraindre à l'action, ni d'exécuter ce qu'elle commande, comme font les loix physiques, suppose des recompenses pour l'obéissance & des peines pour la rebellion.

S'il y a quelque chose de réel dans un Monde qui ne paroît être d'ailleurs qu'une scene d'illusions, c'est la difference entre la Vertu & le Vice. La Terre est le lieu de leur naissance, & de leur exercice; mais ce n'est pas le lieu de leur juste retribution. Un mêlange confus des biens & des maux obscurcit ici-bas l'œconomie de la Providence, par raport aux actions morales. Il faut donc qu'il y ait pour les ames humaines, un tems au de-là de cette vie, où la Sagesse de Dieu se manifeste à cet égard : où sa Providence se dévélope; où sa Justice éclate, par le bonheur des bons; & par les suplices des méchans, & où il paroisse à tout l'Univers, que Dieu ne s'interesse pas moins à la con-

duite

duite des Etres intelligens , & qu'il ne regne pas moins fur eux, que fur les Créatures infenfibles. Raffemblez les raifons prifes de la nature de l'ame humaine, de l'excellence & du but de fes facultez, confiderées dans le raport qu'elles ont avec les attributs divins ; prifes des principes de Vertu & de Religion qu'elle renferme, de fes défirs & de fa capacité pour un bonheur infini ; joignez toutes ces raifons avec celles que nous fournit l'état d'épreuve où l'homme fe trouve ici-bas, la certitude & tout à la fois, les obfcuritez de la Providence, vous conclurrez que le Dogme de l'Immortalité de l'ame humaine eft fort au deffus du fimple probable. L'efprit ne demeure point en fufpens ; puifqu'ici tout nous engage à croire, & que rien ne nous follicite à douter. Plus nous méditons fur ces preuves, & plus elles nous paroiffent folides, plus elles forment en nous une conviction à laquelle il n'y a que les feules promeffes de la Revélation qui puiffent ajouter quelque chofe.

Voyons à préfent fi l'ame des bêtes dans mon hypothefe, nous fournit rien de pareil. Leur ame, je l'avoue, eft immatérielle ; elle a quelque dégré d'activité & d'intelligence ; mais cette intelligence fe borne à des perceptions indiftinctes ; cette activité ne confifte que dans des défirs confus dont ces perceptions indiftinctes font le motif immédiat. Il eft très-

P 5   vrai-

vrai-semblable qu'une ame purément sensitive, & dont toutes les facultez ont besoin, pour se déployer, du secours d'un
corps organisé, n'a été faite que pour durer autant que ce corps (1). Il est naturel qu'un principe uniquement capable
de sentir, un principe que Dieu n'a
formé que pour l'unir à certains organés,

(1) Ceci ne seroit pas concluant dans l'opinion
de ces Philosophes modernes qui font l'ame humaine même inseparable de je ne sai quel corps subtil qui
lui sert, à ce qu'ils prétendent, d'envelope, de vehicule & d'organe immediat, par le secours duquel elle a-
git sur le corps materiel & grossier, & reçoit les impressions faites par les objets exterieurs sur ce dernier.
Ils s'imaginent que les organes terrestres étant de-
truits, l'ame emporte avec elle ce corps subtil *veluti
detracto pallio interiorem tunicam*. Ils vont jusques à
conjecturer que tous les Esprits, en exceptant l'Esprit
infini, sont naturellement incorporez dans quelque
Système de matiere. Voy. *Dutton ubi inf.* p. 412. &
Wollaston Relig. of Nat. delineated pp. 192-195.
& p. 212. *Locke Entend. Hum.* Liv. II. Ch. 23. p. 362.
trad. de Mr. *Coste.* C'est faire revivre τοειδἀλον ou
l'ὄχημα que la nouvelle Ecole Platonicienne, &
celle de *Pythagore* avoient pris des Anciens Chaldéens.
Voy. *Stanley Phil. Orient.* L. I. C. 10. Mais le moyen
d'acorder l'immaterialité de l'ame que ces Mrs. re-
connoissent, avec cette union naturelle de l'ame à
la matiere? Je voudrois bien savoir en quoi l'union
d'un principe spirituel avec un corps subtil, est plus
aisée à comprendre que son union avec un corps
grossier, & comment la premiere de ces unions sert
a expliquer l'autre. L'expedient d'un vehicule subtil
pour servir d'entrepos au commerce mutuel de l'ame
& du corps, ne ressembleroit il point un peu à celui
de cette *Tortue* & de ces quatre Eléphants que les
Indiens donnent à la Terre pour la soutenir? Voy.
Bayle Dict. Crit. Art. *Rorarius* (H) p. 2607.

nes, cesse de sentir & d'exister, aussi-tôt
que ces organes étant dissouts, Dieu fait
cesser l'union pour laquelle seule il l'avoit
créé. Cette ame purement sensitive n'a
point de facultez qu'elle puisse exercer
dans l'état de séparation, d'avec son
corps. Elle n'a que des sensations & des
desirs confus, qui l'unissent à la matiere;
Elle n'a point des idées distinctes, une
Raison, une Liberté, qui la rendent susceptible de l'ordre moral, & qui l'unissent
au Monde intellectuel. Elle ne peut point
croître en felicité, non plus qu'en connoissance, ni contribuer éternellement, comme l'ame humaine, à la gloire du Créateur, par un progrès éternel de lumiéres
& de vertus. Elle glorifie Dieu, à peu
près, comme les Créatures insensibles,
parce qu'elle concourt avec elles pour
l'embellissement de l'Univers, en sup-
pléant au défaut du pur méchanisme.
Mais c'est là un effet que la conservation
de l'espéce par une suite d'ames sensiti-
ves qui s'entre-succedent peut aussi-bien
produire, sans qu'il soit nécessaire que
chaque individu subsiste toujours. L'ame
de la bête ne refléchit point, elle ne prévoit, ni ne désire l'avenir, comme elle
ne rappelle, ni ne regrette le passé; elle
est tout occupée de ce qu'elle sent à chaque moment de son existence; on ne peut
donc point dire que la bonté de Dieu l'engage à lui accorder un bien dont elle ne
sauroit se former d'idée; à lui préparer un
ave-

avenir qu'elle n'espere ni ne desire. L'Immortalité n'est point faite pour une telle ame; ce n'est point un bien dont elle puisse jouir, car pour jouir de ce bien, il faut être capable de reflexion, il faut pouvoir anticiper par la pensée sur l'ave-nir le plus reculé; il faut pouvoir se di-re à soi-même, je suis immortel, & quoi qu'il arrive, je ne cesserai jamais d'être, & d'être heureux.

La troisiéme question nous arrêtera beaucoup moins. Il suffit d'abord de fai-re remarquer qu'elle est très-distincte de la seconde. Dans celle-là, la Raison nous montre une inégalité entre l'ame de l'hom-me & celle de la bête, aussi grande que celle qui se trouve entre leurs natures. La lumiere naturelle nous fournit dequoi porter des jugemens contradictoires sur le sort de ces deux especes d'ame. Et les mêmes raisons qui mettent l'Immortali-té de la nôtre au plus haut degré de pro-babilité, rendent probable au même de-gré la mortalité de celle des bêtes, & nous montrent sur ce sujet, comme sur bien d'autres, un merveilleux accord en-tre ce que la Raison conjecture & ce que la Révélation décide. Mais sur notre troisiéme question, l'ame humaine & cel-le de la bête sont parfaitement de niveau; étant toutes deux des substances immaté-rielles, il est également possible qu'elles subsistent toutes deux après la Mort. Dans toutes les deux la destruction du corps
qui

qui leur eſt uni n'entraîne point leur propre perte, parce qu'elles ſont des ſubſtances diſtinctes du corps, qu'elles ne ſont
point corps & que les principes deſtructifs
des organes qu'elles animent n'ont aucune priſe ſur elles; elles ne peuvent être
anéanties que par un acte du pouvoir divin, comme elles n'ont pû être produites
que par un tel acte.

L'anéantiſſement des ſubſtances a toujours parû un Dogme difficile à digerer;
& voilà pourquoi le torrent des Philoſophes admet cette conſéquence; l'ame eſt
diſtincte du corps, elle n'eſt point une forme comme lui, mais une ſubſtance ſimple & indiviſible; donc elle eſt immortelle. Cette maniére de raiſonner n'eſt pourtant pas d'une préciſion philoſophique.
L'argument n'eſt bon qu'à certains égards,
ſi on le rapporte à ſon véritable uſage, &
ſi l'on ne le pouſſe que juſqu'à un certain
point.   Il prouve que l'ame peut ſubſiſter
après la mort; c'eſt tout ce qu'il doit
prouver: cette poſſibilité eſt le premier
pas que l'on doit faire dans l'examen de
notre queſtion, & ce premier pas eſt important.   Il falloit aguerrir les hommes
contre les difficultez qui les étonnoient
le plus; il s'agiſſoit de les guerir de leur
principale crainte.   Accoutumez en vertu
d'une pente qui leur eſt naturelle à confondre l'ame avec le corps; voyant du
moins, malgré leur diſtinction, qu'il n'eſt
pas poſſible, en reflechiſſant, de ne pas ſentir

tir combien le corps a d'empire sur l'ame
à quel point il influe sur son bonheur &
sur sa misere; combien la dépendance
mutuelle de ces deux substances est étroite, on s'est facilement persuadé qu'elles
étoient inséparables, & que puis que ce
qui nuit au corps blesse l'ame; ce qui détruit le corps doit aussi nécessairement la
détruire. Pour nous munir contre ce
préjugé, rien n'est plus efficace que le raisonnement fondé sur la difference essentielle de ces deux Etres, qui nous con-
vainc que l'un peut subsister sans l'autre,
& que la machine du corps peut être détruite, sans que l'ame cesse de penser, de
vouloir, de raisonner, & d'agir; sans que par
conséquent elle cesse d'être, quoi qu'elle
cesse alors d'être affectée de la même sorte qu'elle l'étoit dans l'état d'union. Nous
ne craignions que les ennemis de ce corps
que nous avions pris pour nous-mêmes
& auxquels nous avions, en conséquence
de cette erreur, transporté tout l'amour que
nous nous portons. C'est donc avoir fait
beaucoup que de nous convaincre que notre ame est hors d'atteinte à tous les coups
qui peuvent donner la mort à notre
corps.

Il ne reste plus sur notre Immortalité
que le scrupule philosophique pris de la
toute-puissance, & des droits absolus du
Créateur. Mais ce scrupule est assez foible, par rapport à nous, parce qu'il est
peu propre à fraper l'imagination. Que

fi pourtant l'on veut aller plus loin, pour
fe mettre là-deffus l'efprit en repos à tous
égards; il n'y a qu'à joindre à ce premier
argument qui prouve la poffibilité du fait,
cet amas de preuves morales qui lui donnent une fi haute probabilité & produifent
pour un homme qui fait s'y rendre attentif
& les raffembler toutes, fous un même
point de vue, une perfuafion que j'ofe
nommer certitude.   L'immatérialité de
l'ame eft donc un fondement fur lequel
il faut bâtir, fi l'on veut prouver fon immortalité, par les lumiéres naturelles.
Chez les bêtes, quoi que l'immaterialité
foit la même, bien loin qu'il y ait dans
le fonds de leur nature, autant que nous
la pouvons connoître, des raifons probables d'immortalité, il y a des raifons
très vrai-femblables du contraire.   Une
ame fenfitive eft tellement proportionnée
au corps qu'elle anime, & fi bien faite
pour lui, qu'elle femble ne devoir durer
qu'autant qu'il dure.   Il femble même,
que la Sageffe de Dieu le veut ainfi, puis
qu'elle proportionne toujours les moyens
qu'elle employe, au but qu'elle fe propofe.   Le but des facultez de l'ame humaine, vû leur nature & leur excellence, ne
peut fe renfermer dans aucun efpace de
tems limité: au lieu que les ufages de
l'ame fenfitive fe renferment dans certaines bornes.

Direz-vous que la Sageffe de Dieu ne
lui

lui permet pas d'anéantir aucune fubftance, parce que ce feroit-là une inconftance indigne de l'Etre parfait ; mais, je vous prie, où trouvez-vous rien d'indigne d'un Dieu fage & toujours ferme dans fes deffeins de créer une ame fenfitive dans la vue qu'elle exifte, durant un certain tems, unie à un corps organifé, que durant ce tems elle concoure avec le méchanisme univerfel pour certains effets utiles à l'Univers ; & de la laiffer enfuite retomber dans le néant, après qu'elle aura duré tout le tems pour lequel Dieu l'avoit fait naître, & au de-là duquel elle ne pourroit peut-être fubfifter fans devenir inutile, ou même préjudiciable à la nature des chofes.

Pour tout dire, s'il ne s'agiffoit que de raifonner en Philofophe, & de laiffer faire tout à fon aife des conjectures à notre Raifon, l'immortalité de l'ame des bêtes n'eft point un Dogme fi ridicule qu'on ne pût le défendre par des raifons plaufibles. Qui empêche que ce principe fenfitif, après avoir animé un corps d'une certaine efpéce, lors qu'en vertu des Loix naturelles de la communication des mouvemens, fon organe fera diffous, ne puiffe être uni par le Créateur à d'autres corps, ou bien être apliqué d'une autre forte à la matiére pour produire de ces ouvrages fi induftrieux que nous voyons croître à vue d'œil fous la main invifibles

fible qui les conduit. Ces amas fe trans-
formeroient alors en une efpéce de formes Plaftiques Un célèbre Auteur Anglois (1) qui ne merite pas moins l'éloge
d'habile Théologien que de Philofophe pe-
netrant femble pencher vers cette dernière opinion. Il laiffe du moins affez deviner quelle eft fa penfée, au travers de
l'obfcurité myfterieufe dont il l'envelope:
Mais il vaut mieux s'en tenir à un parti
également foutenable en Philofophie, &
plus conforme à ce que nous dit la Revelation qui autorife, en l'adoptant, l'opinion commune de la Mortalité de l'ame
des Bêtes.

(1) *Ditton* upon the *Refurrection of Chrift*, Appendix
Sect. 7. 8. où l'Auteur bâtit fur cette théfe p. 392.
Brutes are mera Automata qui eft le cinquième Co-
rollaire du Theorème fur lequel roule tout ce Difcours
Matter cannot think. Voyez ce qu'il dit fur le fort de
l'ame des brutes après la mort. p. 401. à la fin.

Q

CHAPITRE XIII.

Examen d'une seconde Objection prise des souffrances des bêtes. Ces souffrances ne sont point incompatibles avec l'infinie bonté de Dieu. Reflexions sur l'Origine du mal physique. Difference entre les Etres raisonnables, & les Etres purement sensitifs, à cet égard. Réfutation des raisonnemens Manichéens de M. Bayle, & de celui du Pere Malebranche, qu'il est injuste que des ames souffrent, & soient anéanties pour l'utilité du Corps.

NOus voici venus à la derniere, mais à la plus redoutable des objections que l'on puisse faire contre mon Système. Objection d'un si grand poids, que les Cartésiens ont cru la pouvoir tourner en preuve de leur sentiment, & qui seule a pû les y retenir, malgré les embarras insurmontables où ce sentiment les jette. Cette objection se tire des souffrances des animaux. Si les Brutes ne sont pas de pures machines, si elles sentent, si elles connoissent, elles sont susceptibles de la douleur, comme du plaisir; elles sont sujettes à un déluge de maux. Non seulement le cours de la Nature, & mille accidens imprevus, non seulement la faim, la soif, les blessures & les maladies les font entrer en partage des miseres du genre-humain; mais encore, & ceci leur
est

eſt particulier, elles en ſouffrent une infinité par le caprice & par la cruauté des
hommes, auxquels le Créateur les aſſujettit.   Ils les accablent de travaux, ils
prennent ſouvent plaiſir à les tourmenter;
ils les détruiſent pour ſe nourrir de leur
ſubſtance, & pour s'enrichir de leur dépouille, & cette guerre preſqu'univerſelle
que l'homme leur fait eſt mille fois plus
cruelle que celle que ſe font entre elles
les diverſes eſpéces de bêtes qui pourtant
s'entretuent & s'entremangent les unes les
autres.

De quelques adouciſſemens dont on
puiſſe s'aviſer, pour affoiblir cette idée, la
portion de maux qui tombe en partage à
toute l'eſpéce des brutes, aura toujours
dequoi effrayer l'imagination: & de là ſe
forme cette difficulté. Les Bêtes ſouffrent de la douleur, elles ſouffrent ſans
qu'il y ait de leur faute, & ſans l'avoir
merité, puis qu'elles ſont innocentes &
qu'elles n'ont jamais violé l'ordre qu'elles
ne connoiſſent point: où eſt en ce cas là
bonté, où eſt l'équité du Créateur? Où
eſt la verité de ce principe qu'on doit regarder comme une Loi éternelle de l'ordre, *ſous un Dieu juſte, on ne peut être mi-
ſerable ſans l'avoir merité.* Ce principe
renferme une excellente raiſon de l'origine du mal phyſique qui s'eſt répandu à
grands flots ſur le genre humain. Les
hommes ſouffrent ; cependant Dieu eſt
ſi juſte ; c'eſt que les hommes ſont cou-

Q 2

pables,

pables; ils ont violé l'ordre, ils ne souffrent que parce qu'ils meritent de souffrir.
Le mal moral a sa source dans l'homme
même, & le mal physique est une suite
du mal moral. Les Bêtes n'ont point pé-
ché; elles souffrent, & qui pis est, leur
ame meurt avec le corps; c'est ce qui
double la difficulté. Empruntons ici les
paroles du P. *Malebranche* contre Mr. de
de la Ville, „ (a) il y a cette difference
„ entre les hommes & les bêtes, que les
„ hommes après leur mort peuvent rece-
„ voir un bonheur qui les paye des dou-
„ leurs qu'ils ont endurées dans la vie:
„ Mais les Bêtes perdent tout à la mort;
„ elles ont été malheureuses, & inno-
„ centes, & il n'y a point de recompen-
„ se qui les attende. Ainsi Dieu étant
„ juste, l'homme innocent peut souffrir
„ pour meriter: Mais si la bête souffre,
„ Dieu n'est pas juste. Contre un argument
si plausible, on demeure sans réponse, il
semble que toute hypothese qui attribue
du sentiment aux brutes porte atteinte à
deux attributs essentiels de l'Etre Suprême, la Bonté & la Justice.

Je doute fort que tant qu'on voudra raisonner sur ce principe qui, soit dit en passant, est celui de St. *Augustin*, en le prenant dans une précision étroite & abstraite, on puisse se tirer heureusement de l'objection. Examinons de près cette maxime, & sans nous laisser séduire à ce je ne
sai quoi d'éblouïssant, qu'on y trouve à

la

(a) Defen-
se de l'Au-
teur de la
Recherche
de la Veri-
té, contre
les accusa-
tions de M.
de la Ville,
p. 12, 13,

la premiere vue, pesons-en tous les termes & toutes les idées; car il me semble qu'elle demande autant d'éclaircissemens qu'elle renferme de mots.

J'observe d'abord qu'elle paroît faite exprès pour les créatures raisonnables, & qu'on ne sauroit en faire qu'à elles seules d'application juste. L'idée de justice, celle de merite & de demerite, suppose qu'il est question d'un Agent libre, & de la conduite de Dieu à l'égard de cet Agent. Il n'y a qu'un tel Agent qui soit capable de Vice & de Vertu, & qui puisse meriter quoi que ce soit. Quand il fait un choix conforme à l'ordre, quand il fait usage de son libre arbitre pour vouloir ce qui est juste & honnête, il est digne de recompense; s'il fait un choix contraire, s'il se détermine à vouloir ce qui est opposé aux loix de la Justice éternelle, il demerite, il est digne de punition. Le bonheur ou le plaisir est la recompense due à la Vertu; la douleur ou la misere est la punition due au Vice. Un Dieu juste, aimant souverainement la Vertu, la recompense par cela même qu'il est juste, & c'est en consequence du même attribut qu'il punit le vice. La distribution des recompenses & des peines, du plaisir & de la douleur, proportionnément au (1)

merite

____

(8) Le terme de *merite* se prend ici dans un sens purement philosophique pour exprimer la bonté morale d'un acte libre, laquelle a un certain raport de convenance avec la remuneration en vertu des loix de l'ordre.

Q 3

merite & au demerite, est non seulement l'effet immediat de la justice, mais c'est le temoignage le plus éclatant que Dieu puisse donner aux créatures capables de justice & de vertu, de l'amour qu'il porte à l'une & à l'autre. Si cet ordre étoit troublé, si la créature raisonnable & libre devenoit malheureuse sans être coupable, nous n'aurions plus de preuves pour nous convaincre que Dieu est juste, & qu'il aime la Vertu; nous manquerions du motif le plus efficace pour nous y porter. De-là suit clairement que sous un Dieu juste une créature raisonnable, libre, capable de Vice & de Vertu, ne peut pas être malheureuse sans avoir merité de l'être; parce que la misere porte toujours, par raport à elle, le caractére de châtiment, & que tout châtiment suppose un crime.

La maxime en question n'a donc aucun raport à l'ame des Bêtes. Cette ame est capable de sentiment, elle ne l'est, ni de Raison, ni de Liberté, ni de Vice, ni de Vertu, n'ayant aucune idée de regle, de loi, de bien, ni de mal moral; elle n'est capable d'aucune action moralement bonne ou mauvaise. Comme chez elle le plaisir ne peut être recompensé, la douleur ne peut y être châtiment. Il faut donc changer la maxime & la rendre plus générale pour en tirer quelque avantage contre l'hypothese que je défends. Ceux qui font l'objection doivent poser

ser pour principe que *sous un Dieu bon aucune créature ne peut être necessitée à souffrir sans l'avoir merité* (1).   Mais loin que

(1) J'entends quand je dis que sous 'un Dieu bon une créature peut être necessitée à souffrir, non qu'elle puisse être necessitée à souffrir toujours, & ce seroit le cas d'une existence malheureuse qui ne peut avoir lieu sous l'empire d'un Dieu bon; mais à souffrir quelquefois, c'est le fait averé par l'experience. L'imperfection de chaque créature cause non seulement la possibilité du mal physique, comme elle fait celle du mal moral, mais elle rend celui-là necessaire. Voici comment. L'imperfection ne produiroit pas necessairement le mal, si chaque créature subsistoit seule à part, isolée de toutes les autres Mais faisant partie d'un tout, elle a une imperfection relative, entant qu'elle est moindre que le tout, qu'elle est faite pour lui, & dépend de lui. De-là resulte necessairement pour elle du mal & du bien; mais du bien qui compense, qui surpasse le mal, & qui merite d'être acheté par celui-ci. Chaque creature imparfaite, par raport au tout, doit contribuer à l'avantage du tout, & cet avantage est à quelques égards un mal pour cette créature; mais il devient un bien pour elle à un plus grand nombre d'égards, & cela par la même raison, c'est-à-dire, parce qu'elle fait partie de ce tout, & que l'avantage du tout réjaillit sur toutes les parties, par conséquent supposé que ce soit un mal par raport à une pierre d'être taillée & que d'autre côté, ce lui soit un bien d'être placée d'une certaine maniere entre d'autres pierres; le mal possible pour la pierre parce qu'elle est corps & par conséquent divisible, devient necessaire pour elle, entant qu'elle est destinée par l'Architecte à entrer dans la structure d'un édifice. Il est juste que l'avantage de l'édifice entier soit preferé à celui de cette pierre & qu'elle soit taillée, puis qu'aux dépens d'un petit mal, elle contribue au bien commun de l'édifice, & y trouve elle-même son propre bien, en qualité de partie de cet édifice; Parce qu'après tout, c'est un bien pour elle d'y occuper une certaine place & qu'elle ne peut contribuer au bien du tout sans y trouver

son

que ce principe soit évident, je crois être
en droit de soutenir qu'il est faux.

Jé n'ignore pas avec quels airs de triomphe certaines gens ont fait valoir les difficultez

son propre avantage. Mr. *Bayle* a donc beau chicaner,
beau tergiverser. il a beau par un indigne artifice qui
ne lui a que trop réussi, affecter dans la dispute un
certain mépris pour les preuves dont il sent la force.
en s'acharnant sur les plus foibles dont il se promet
un triomphe aisé; c'est-là proprement couler le mou-
cheron & engloutir le chameau; glisser sur l'acier &
briser le verre. Il demeure incontestable qu'il faut
raisonner des souffrances des créatures comme de leurs
imperfections, celles-là étant fondées sur celle-ci &
n'étant pas plus incompatibles avec la bonté divine
que celle-ci. Tout revient à cette question; la bonté de Dieu l'obligeoit-elle à répandre hors de lui
une plus grande mesure de biens qu'il n'a fait? Tout
homme sensé répondra, non. Il est si évident que
si pour chaque ame purement sensitive, la mesure des
biens surmonte celle des maux, tout se réduit à une
moindre mesure de biens, que si les maux étoient
ôtez. Observez une difference essentielle entre les
Etres sensitifs & les Etres libres. Ceux-ci peuvent
devenir malheureux par leur choix, parce que par ce
même choix ils peuvent devenir pleinement heureux,
c'est à dire sans aucun mélange de mal. Les Etres sensitifs, au contraire, ne peuvent devenir malheureux,
parce qu'ils n'ont point de choix. La bonté de Dieu
leur assure une mesure de biens, mais elle ne leur
doit point un bonheur parfait, c'est-à dire, l'absence de tout mal. Un tel bonheur sert de recompense
aux bons choix des Etres Libres. L'ordre veut qu'ils
soient plus favorisez. Ainsi tout est proportionné
par une équité souveraine. Voyez comment c'est par
le raport de chaque créature, ou de chaque espéce
particuliére de créatures au Systéme total dont elle
fait partie, qu'on doit juger du bien total & absolu,
seul objet de la bonté du Créateur, *Shaftesbury* Charact.
T. 2. *Inquiry* concerning *Virtue.* 2. part. Sect. I. vide
etiam *King de Origine mali,* Cap. IV. Sect. 9.

cultez de l'origine du mal & les objections qui s'en tirent contre la bonté de Dieu; mais je ne sai si ces objections, quelle que soit la force & l'adresse avec laquelle on les a maniées, étoient dignes de toute la terreur qu'elles ont répandues dans les esprits. Un esprit subtil qui bâtit à perte de vue sur un principe chimerique qu'il lui a plû d'adopter, peut mener les gens extrêmement loin, dès qu'on ne lui conteste pas son principe, mais il n'égarera jamais quiconque est assez sage pour le lui nier. La chimere de Mr. *Bayle*, c'est cette bonté abstraite, qui, selon lui, doit agir à l'infini, pour prevenir tout mal, & produire tout bien. Un Etre qui est bon, & qui n'est que cela; un Etre qui n'agit que par ce seul attribut, c'est un Etre contradictoire, bien loin que ce soit l'Etre parfait. L'Etre parfait comprend toutes les perfections dans son essence; il est infini par l'assemblage de toutes ensemble, comme il l'est par le degré où il possede chacune d'elles. S'il est infiniment bon, il est aussi infiniment sage, infiniment libre. Sa bonté, toute infinie qu'elle est, ne l'obligeoit point à produire tout bien possible, puis qu'elle ne l'obligeoit à produire quoi que ce soit. La Création est bien un effet de sa bonté, mais un effet auquel sa liberté souveraine a mis les bornes qu'il a voulu. Entre les degrez de bien & de perfection possibles, il a choisi librement le degré qu'il

Q 5

lui

lui a plû; il a jugé à propos d'arrêter-là l'exercice de son pouvoir infini, en tirant du néant tel nombre précis de créatures douées d'un tel degré de perfection, & capable d'une telle mesure de bonheur. Joignez à la liberté de l'Etre parfait sa Sagesse souveraine vous comprendrez aisément qu'ayant résolu par bonté de répandre hors de lui une certaine mesure de bonheur, & de mettre un certain degré de perfections dans le total des Etres qu'il lui a plû de créer, il a dû ranger ces Etres dans un certain ordre, & liér cet assemblage de créatures différentes, en les soumettant à certaines loix. Cette dépendance mutuelle où sa Sagesse les a mises, ces loix admirables dans leur féconde simplicité, d'où résulte le plus grand avantage du tout ensemble, ne permettent pas que chaque partie du tout, & que chaque individu, possede le même degré de perfection ou de bonheur, que si la bonté du Créateur n'avoit eu que lui pour objet. Il en est des souffrances de quelques individus, comme de leur imperfection, c'est une suite necessaire des regles de convenances, de proportions, de liaisons, qu'une sagesse infinie ne manque jamais de suivre, pour arriver au but que la bonté se propose, savoir le plus grand bien total de cet assemblage de créatures qu'elle a produites. Vouloir que tout mal fût exclus de la nature, c'est prétendre de deux choses l'une; ou que la bonté

bonté de Dieu devoit produire des créatures plus parfaites que celles qu'il a produites, c'est-à-dire, qu'afin d'être infiniment bon, il faudroit qu'il cessât d'être libre, ou bien que la bonté de Dieu devoit exclurre toute regularité, tout ordre, toute proportion dans son ouvrage, ou, ce qui revient au même, que Dieu ne sauroit être infiniment bon, sans se dépouiller de sa Sagesse. Supposer un Monde composé des mêmes Etres que nous voyons, & dont toutes les parties seroient liées d'une maniére avantageuse au tout, sans aucun mélange du mal, c'est supposer une chimere. Un exemple éclaircira ma pensée. L'ame des Brutes est susceptible de sensations, & n'est susceptible que de cela. Elle est donc capable d'être heureuse en quelque degré. Mais comment le sera-t-elle? C'est en s'unissant à un corps organisé. Sa constitution est telle, que la perception confuse qu'elle aura d'une certaine suite de mouvemens, excitez par les objets exterieurs dans le corps qui lui est uni, produira chez elle une sensation agréable; mais aussi, pat une consequence necessaire, cette ame, à l'occasion de son corps, sera susceptible de douleur comme de plaisir. Si la perception d'un certain ordre de mouvemens lui plaît, il faut donc que la perception d'un ordre de mouvemens tout different l'afflige & la blesse: Or selon les loix générales de la nature, ce

corps

corps auquel l'ame est unie doit recevoir
assez souvent des impressions de ce dernier ordre, comme il en reçoit du premier, & par conséquent l'ame doit recevoir des sensations douloureuses, aussi-bien
que des sensations agréables: cela même
est nécessaire pour l'apliquer à la conservation de la machine dont son existence
dépend, & pour la faire agir d'une maniere utile à d'autres Etres de l'Univers. Cela d'ailleurs est indispensable. Voudriez-
vous que cette ame n'eût que des sensations agraébles, & qu'il ne se produisît dans
son corps que les impressions qui leur
correspondent? Il faudroit donc changer
le cours de la nature, & suspendre les loix
du mouvement; car les loix du mouvement produisent cette alternative d'impressions opposées dans les corps vivans
comme elles produisent celles de leur ge-
neration & de leur destruction; mais de
ces loix résulte le plus grand bien de
tout le Système immatériel & des intelligences qui lui sont unies; la suspension
de ces loix renverseront tout. Vous voyez
où l'on s'égare quand on ne regarde point
aux liaisons des choses, & quand on veut
étendre l'idée de la bonté aux dépends de
celle de la Sagesse. Qu'emporte donc la
juste idée d'un Dieu bon? C'est que
quand il agit, il tende toûjours au bien,
& produise un bien; c'est qu'il n'y ait aucune créature sortie de ses mains, qui ne
gagne à exister plûtôt que d'y perdre. Il
vau-

vaudroit mieux pour tout Etre qui fent, n'avoir jamais exifté, que de n'exifter que pour fouffrir. Si la condition des bêtes étoit telle, on pourroit tirer de là une objection folide contre la bonté du Créateur; mais ce n'eft pas là leur cas. Ce même Dieu qui raffafie de fes biens toute créature vivante, & qui donne aux Corbeaux leur pâture, difpenfe fi fagement parmi les brutes les maux & les biens, que la mefure de ceux-ci, furpaffe celle des autres, & que s'il étoit à leur choix, & qu'elles en puffent faire un raifonnable, elles préfereroient l'exiftence aux conditions où elles l'ont reçue, tout onereufes qu'elles paroiffent, à n'exifter point du tout.

Je fuis perfuadé que qui pourroit pénétrer l'interieur des bêtes, y trouveroit une compenfation de douleurs & de plaifirs qui tourneroit toute à la gloire de la bonté divine. On y verroit que dans celles qui foufrent inégalement, il y a proportion, inégalité ou de plaifirs ou de durée, & que le degré de douleur qui pourroit rendre leur exiftence malheureufe eft précifément ce qui la détruit. En un mot, fi l'on déduifoit la fomme des maux, on trouveroit toujours au bas du calcul, un refidu de bienfaits purs dont ils font uniquement redevables à la bonté divine, & qui prouve que c'eft par l'effet de cette bonté qu'ils ont reçû l'être. On verroit que la Sageffe divine a fû menager les chofes en sorte que dans tout individu senstif, le degré du mal qu'il souffre, sans lui enlever tout l'avantage de son existence, tourne d'ailleurs au profit de l'Univers.

Ne nous imaginons pas aussi que les souffrances des bêtes ressemblent aux nôtres; la même équitable compensation dont je parlois tout à l'heure paroit ici. Les bêtes ignorent un grand nombre de nos maux, parce qu'elles n'ont pas les dédommagemens que nous avons; ne jouissant pas des plaisirs que la Raison procure; elles n'en éprouvent pas les peines: Et même, à ne regarder que les sensations douloureuses, la comparaison des maux que nous souffrons dans l'âge où l'on ne reflechit point, avec le sentiment de ces mêmes maux dans un âge plus avancé, nous fera comprendre que les bêtes dont la perception est renfermée dans (a) le point indivisible du present, souffrent beaucoup moins que nous par les douleurs du même genre, parce que l'impatience & la crainte de l'avenir n'aigrit point leurs maux, & qu'heureusement pour elle, il leur manque une Raison ingenieuse à se les grossir.

(a) Voyez *Wollaston* The Religion of Nature delineated Sect. 2. p. 34, 35.

En un mot, toutes les souffrances des bêtes ne les mettent point dans le cas d'une créature malheureuse sans l'avoir merité, ce qui repugne à l'idée d'un Dieu bon & juste. ,, Certainement, Dieu ,, rend justice à toutes ses créatures, & ,, si les plus viles sont capables d'être

,, mal-

„ malheureuſes, il faut qu'elles ſoient ca-
„ pables de devenir criminelles. Je ſouſ-
cris de tout mon cœur à ces belles paro-
lés du Pere *Malebranche*; mais je m'inſ-
cris en faux contre l'uſage qu'il en fait,
pour réduire à l'abſurde l'opinion de l'a-
me des bêtes. Une créature n'eſt mal-
heureuſe, à parler exactement, que lors
que ſes ſouffrances ſont telles, qu'elle a
lieu de ſe plaindre de ſon exiſtence, &
que, tout bien compté, il eût mieux valu
pour elle n'avoir point été tirée du néant,
que d'en avoir été tirée, l'équité de Dieu
ne permet pas qu'une créature innocente
ſoit réduite à ce malheur. Un tel malheur ne devient juſte que dans la créature
coupable.

On peut joindre à cet article un nouvel argument du même Philoſophe, qui
n'eſt proprement que le premier propoſé
ſous un autre tour. N'y a-t-il pas de la
cruauté & de l'injuſtice à faire ſouffrir
des ames innocentes & à les anéantir, en
détruiſant leurs corps, pour conſerver
d'autres corps? N'eſt-ce pas un renverſe-
ment viſible de l'ordre que l'ame d'une
mouche qui eſt plus noble que le plus
noble des corps, puiſqu'elle eſt ſpirituelle, ſoit détruite, afin que la mouche
ſerve de pâture à l'hirondelle qui eût pû
ſe nourrir de tout autre choſe. Eſt-il
juſte que l'ame du poulet ſouffre &
meure, afin que le corps de l'homme ſoit
nourri? Que l'ame du Cheval endure mille

le peines & mille fatigues durant si long-
tems pour fournir à l'homme l'avantage
de voyager commodément? En un mot,
dans ce nombre innombrable d'ames qui
s'anéantissent tous les jours pour les besoins passagers des corps vivans, peut-on
reconnoître cette équitable & sage subor-
dination qu'un Dieu bon & juste doit nécessairement observer? Je réponds à cela,
que l'argument seroit victorieux, si les
ames des animaux brutes se rapportoient
aux corps & se terminoient à ce raport;
car certainement tout Etre spirituel est au
dessus de la matiere. Mais loin qu'un
tel desordre naisse de mon hypothese, je
l'ai fondée au contraire, sur ce que la
composition industrieuse de la machine
des Bêtes doit nécessairement se raporter
à l'utilité d'une ame qui puisse sentir &
agir par le moyen de cette machine. Si
l'ame de la bête, durant le cours de son
existence, sent plus de plaisir que de peine, il est vrai de dire, que Dieu raporte
à l'utilité de cette ame le corps auquel il
l'unit. Mais si vous considerez cette ame
jointe à la machine, comme faisant un
seul tout, (1) ce tout n'est point fait uni-
que-

---

(1) Tout se tient, dans l'assemblage des Etres créés,
par un lien commun de besoins & de secours. Cette union des differentes créatures fondée sur la proportion des différentes perfections qu'elles possedent,
fait le beau & le bon universel, aussi bien que l'utilité de chaque individu, mesurée sur la capacité naturelle de chacun pour le bonheur, & sur les regles
de

quement pour lui feul; il fe raporte au monde dont il fait partie; il doit fervir à l'utilité des Etres qui le compofent; il fuffit que cette utilité n'exclut point la fienne propre, & qu'il foit heureux en quelque mefure, en contribuant au bonheur d'autrui.

Remarquez-le bien; ce n'eft point au corps comme corps que fe termine l'ufage que le Créateur tire de cette ame fpirituelle: c'eft au bonheur des Etres intelligens. Si le cheval me porte, & fi le poulet me nourrit, ce font bien là des effets

de l'équité. Dieu ayant formé un monde d'Etres intelligens d'efpeces diverfes, veut le plus grand bien qui puiffe fe répandre fur ce total. Leur union pour faire un tout eft neceffaire à leur bonheur, par conféquent le monde materiel contribue au bonheur des efprits purs, par les fujets de contemplation qu'il leur fournit, & à celui des ames, par les fenfations qu'il y excite. La Societé des efprits entre eux, facilitée & rendue plus agréable par leur union avec la matiere, contribue neceffairement au bonheur de chaque efprit qui feroit moins heureux s'il étoit feul: il auroit moins d'objets de fpeculation, par conféquent moins de plaifirs; il exerceroit moins de facultez; pratiqueroit moins de vertus. Alors, point de communication de penfee & par conféquent il perdroit toutes les douceurs de la Société. La Societé eft donc neceffaire pour le bonheur de chaque efprit. Cette focieté implique la dependance, & que, non l'interêt d'un feul, mais celui de tous, foit confulté; que le bonheur foit reparti felon l'excellence naturelle, ou le merite de chacun; que les Etres fenfitifs foient fubordonnez aux intelligens, & que ceux-là ayant deja abfolument befoin d'être unis à la matiere, contribuent par cette union à l'utilité des Intelligences fuperieures, & fouffrent quelque chofe pour la procurer.

R

fets qui fe raportent directement à mon corps, mais ils fe terminent à mon ame, parce que mon ame feule en recueille l'utilité. Le corps n'eft que pour l'ame, les avantages du corps font des avantages propres à l'ame; toutes les douceurs de la vie animale ne font que pour elle; n'y ayant qu'elle qui puiffe fentir, & par conféquent être fufceptible de felicité. La queftion reviendra donc à favoir, Si l'ame du Cheval, du Chien, du Poulet, ne peut pas être d'un ordre affez inferieur à l'ame humaine pour que le Créateur employe celle-là à procurer même la plus petite partie du bonheur de celle-ci, fans violer les regles de l'ordre & des proportions. Pofez que l'ame humaine foit de mille degrez au deffus de la plus noble des ames fenfitives, n'eft-il pas très-conforme à l'ordre que cette ame fenfitive, fans prejudice d'une certaine mefure de bonheur propre, que Dieu lui alloue en la créant, contribue en même tems à la millieme partie de celui de l'ame humaine. Il n'y a qu'à fuppofer une pareille proportion d'excéllence entre l'ame de la mouche & celle de l'hirondelle, & l'on ne s'étonnera plus que le Créateur ait donné une ame (1) aux mouches dont les hirondelles

fe

(1) Voyez fur la fubordination d'utilitez qui regne entre les diverfes efpeces d'animaux à cet égard *Shaftesb.* Charact. Tom. 2. *Inquiry concerning Virtue and merit.* pp. 18, 19. ibid. *The Moralifts* p. 214. par rapport à la deftruction des animaux.

fe nourriffent. Si l'ame de la mouche dure moins que l'ame de l'hirondelle, fi
Dieu confent à détruire l'une en faveur
de l'autre ; c'eft que l'une eft moins confiderable, moins utile que l'autre dans l'U-
nivers ; c'eft qu'elle a une moindre capacité de bonheur, de fentiment, d'intelligence ; c'eft qu'elle perd moins elle-même à ceffer d'être, & que l'Univers perd
moins à fon anéantiffement.

Qu'on y prenne garde, l'anéantiffement
n'eft point un mal pour une creature qui
ne reflechit point fur fon exiftence, qui
eft incapable d'en prévoir la fin, & de
comparer, pour ainfi dire, l'être avec le
non être, quoi que pour elle l'exiftence
foit un bien, parce qu'elle fent , ce qui
n'eft pas à l'égard des créatures infenfibles.
La mort à l'égard d'une ame fenfitive n'eft
que la fouftraction d'un bien qui n'étoit
pas dû ; ce n'eft point un mal qui empoi-
fonne les dons du Créateur, & qui rende
la créature malheureufe.   Ainfi, quoi
que ces ames & ces vies innombrables,
que Dieu tire chaque jour du néant, foient
des preuves de la bonté divine, leur deftruction journaliere ne bleffe point cet attribut. J'ai fait voir qu'elle n'eft pas moins
compatible avec celui de la Sageffe. Enfin, nous n'avons qu'à nous dépouiller
une fois pour toutes de ce prejugé, qui,
lors qu'on nous parle d'un principe fpiri-
tuel, nous y fait attacher d'abord cette
foule de proprietez excellentes qui fe trou-
R 2   vent

vent dans notre ame, & qui la qualifient
pour l'immortalité, & pour la possession
du Souverain bien; nous n'avons qu'à
nous bien représenter differens ordres de
substances immaterielles qui s'elevent les
unes sur les autres presque à l'infini, pour
peupler, pour animer, pour orner les
differentes parties de ce vaste Univers,
alors nous admirerons le plan de la souveraine Sagesse, & nous verrons se changer en des clartez ravissantes ces ténébres
même qui nous effrayoient.

CHAPITRE XIV.

*Où l'on agite la Question générale de l'influen-
ce des Esprits sur les corps, & des corps
sur les Esprits. Trois Systêmes inventez
pour expliquer cette influence. Exposition
du 1. Systême. Celui des causes occasio-
nelles. On le justifie contre quelques Objections.*

JUSQU'ICI je ne me suis occupé que des
difficultez particuliéres qu'il falloit résoudre. Il est tems de me mettre un
peu plus au large. Je dois au Lecteur un
éclaircissement dont il a sans doute déja
senti le besoin; mais que je n'ai pû lui
donner plutôt, sans interrompre le fil de
mon sujet. Toutes les questions qu'il a
fallu traiter à part, rentrent dans une
question générale touchant l'influence des

esprits sur les corps, & des corps sur les esprits, qui fait le mystere de leur union. J'ai toujours supposé que l'ame de la bête a le pouvoir d'agir sur son corps: & qu'elle ne sent que par son entremise: cela n'est pas exempt de difficulté, ou pour mieux dire, c'est en cela que consiste la grande difficulté. On prouve aisément que cette espece de machine qui constitue le corps animal, renfermant une multitude prodigieuse d'organes si variez & si industrieusement agencez, doit avoir été destinée pour les besoins d'une ame, qui par le moyen de cette espece d'instrument, puisse sentir ou apercevoir les objets materiels, & agir sur la matiere. Notre propre exemple, l'analogie entre le corps humain que le Créateur a formé manifestement pour cet usage, & le corps des Brutes, fournit là-dessus une espece de demonstration. Mais si quelqu'un s'avise de pousser plus loin la curiosité, & de demander pourquoi l'entremise du corps est nécessaire afin que l'ame ait des sensations & comment deux Etres aussi dissemblables que l'esprit & la matiere, peuvent agir l'un sur l'autre; les derniers efforts de la Philosophie pourroient bien s'épuiser inutilement pour le satisfaire. Mais puisque je suis embarqué dans des questions de ce genre, il faut avoir la hardiesse d'aller jusqu'au bout. Je vais exposer mes vues sur cette matiere dans quelques reflexions sur les trois differens Systêmes

têmes qui s'offrent à nous tirer de cet embarras. Celui des caufes occafionnelles
inventé, ou plutôt perfectionné par le P.
Malebranche ; celui de l'harmonie préétablie dont Mr. *Leibnitz* eft Auteur ; &
le Syftême ancien de l'influence réelle de
l'ame fur le corps remis en honneur par
le puiffant appui que lui prêtent aujour-
d'hui les Philofophes Anglois.

Selon le Syftême du P. *Malebranche*
l'influence réciproque de l'ame & du corps
unis, n'eft point réelle, elle n'eft qu'apparente ; le corps eft incapable d'agir &
de fe modifier lui-même, à plus forte
raifon eft-il incapable d'agir fur l'ame, &
de la modifier, eu lui imprimant certaines idées & certaines fenfations. L'ame
de fon côté eft bien active à quelqu'égard,
elle eft bien caufe efficiente de fes déterminations particulieres ; mais elle ne fauroit agir fur le corps. Il n'y a que Dieu
qui puiffe agir hors de lui, & dont les volontez foient efficaces par elles-mêmes ;
comme il a pû feul créer les corps & les
efprits, il peut feul agir fur ces fubftances,
en les modifiant. Sa volonté feule remue les corps, & donne aux efprits toutes leurs idées, & tous leurs fentimens.
Dieu feul eft donc le lien & le mediateur
de l'union de l'ame & du corps, en éta-
bliffant une certaine loi pour la jufte correfpondance des effets qu'il produit immédiatement dans l'une & dans l'autre fubs-
tance ; en forte qu'à l'occafion de tel
mou-

mouvement du corps, Dieu excite telle
penſée dans l'ame, & qu'à l'occaſion de
telle penſée de l'ame, Dieu produit, dans
le corps tel mouvement qui y correſpond.
Ces mouvemens & ces penſées, ſont les
unes à l'égard des autres, de ſimples cauſes occaſionnelles de l'action de Dieu.

Juſtifions ce Syſtême contre quelques
préjugez injuſtes. On dit d'abord, qu'il
n'eſt nullement Philoſophique, parce qu'il
remonte droit à la premiere Cauſe, & que
ſans apporter de raiſons naturelles des phe-
nomenes qui nous embarraſſent, il donne
d'abord la volonté de Dieu pour tout de-
nouement. Autant nous en aprendra,
dit-on, le Villageois le plus ignorant, s'il
eſt conſulté; car qui ne ſait, que la volonté divine eſt la premiére cauſe de tout?
Mais c'eſt une cauſe univerſelle; or ce
n'eſt point de cette cauſe qu'il s'agit. On
demande d'un Philoſophe qu'il aſſigne la
cauſe particuliere de chaque effet. Jamais
objection ne me parut plus mepriſable.
Voulez-vous, diroit le P. *Malebranche*, qu'un
Philoſophe trouve des cauſes qui ne ſont
point? Le vrai uſage de la Philoſophie,
c'eſt de nous conduire à Dieu, & de nous
montrer, par les effets même de la nature, la neceſſité d'une premiére Cauſe.
Quand les effets ſont ſubordonnez les uns
aux autres, & ſoumis à certaines loix, la
tâche du Philoſophe eſt de découvrir ces
loix, & de remonter par degrez au premier principe, en ſuivant la chaine des

R 4

cauſes

caufes fecondes. Il n'y a point de progrès de caufes à l'infini ; & c'eft ce que prouve l'exiftence d'un Dieu, la plus importante & la premiere des veritez. La difference du Païfan au Philofophe, qui tous deux font également convaincus que la volonté de Dieu fait tout, c'eft que le Philofophe voit pourquoi elle fait tout, ce que le Païfan ne voit pas ; c'eft qu'il fait difcerner les effets dont cette volonté eft caufe immédiate, d'avec les effets qu'elle produit par l'intervention des caufes fecondes, & des loix generales auxquelles ces caufes fecondes font foumifes. Suppofé que nous ayons trouvé dans l'idée du corps & de l'efprit, qu'il y a impoffibilité pour eux d'agir l'un fur l'autre, il faut bien que la volonté divine foit la caufe immediate de leur union ; en ce cas ce n'eft plus la perfuafion générale que Dieu fait tout, c'eft le raifonnement, c'eft l'évidence, qui nous mene-là. Quel autre nœud pourroit unir des fubftances, fi diffemblables, que la volonté de l'Etre tout-puiffant qui les a créées ? Les corps ont un raport naturel avec les corps, les efprits, fi vous voulez, en auront un femblable avec les efprits, mais des efprits aux corps, il n'y peut avoir que des raports arbitraires, que la volonté feule du Créateur a pu produire, & qu'elle feule peut conferver. On fait une feconde objection plus confiderable que la premiere. C'eft, dit-on, réduire l'action de la Divinité

nité à un pur jeu tout-à-fait indigne d'elle, que d'établir des causes occasionnelles. Ces causes seront en même tems l'effet & la regle de l'operation divine ; l'action qui les produit leur sera soumise. Dieu se commandera & s'obéïra à lui-même dans le même instant ; cela n'est guere serieux.

Je ne nierai point que l'objection ne soit plausible, tant qu'elle roulera sur les loix qui reglent la communication des mouvemens entre les differentes parties de la matiere. En effet, si les corps n'ont aucune activité par eux-mêmes, les loix du mouvement dans le Systême du P. *Malebranche*, semblent n'être qu'une pure comedie: mais il est dechargé de cet inconvenient dès qu'on l'aplique à l'union du corps & de l'ame. Quoi que l'ame n'ait aucune efficace réelle sur les corps, il suffit qu'elle en ait pour la production de ses propres actes; il suffit qu'elle ait le pouvoir de se modifier, qu'elle soit cause efficiente de ses propres volontez, pour rendre très-sage l'établissement d'une telle ame comme cause occasionnelle de certains mouvemens du corps. Ici comme l'utilité de l'ame est le but, la volonté de l'ame est la regle. Cette volonté étant cause efficiente de ses propres actes, est par-là distincte de la volonté de Dieumême, & peut devenir une regle & un principe dont la Sagesse divine fait dépendre les changemens de la matiere; les volon-

lontez d'un efprit créé, qui foient produites par cet efprit, & qui ne font pas les
effets immediats de la volonté de Dieu,
font une caufe mitoyenne entre la volonté de Deiu & les mouvemens des corps,
qui rend raifon de l'ordre de ces mouvemens, & qui nous difpenfe de recourir,
pour les expliquer, à la volonté immédiate de Dieu : Et c'eft, ce me femble,
le feul moyen de diftinguer les volontez
générales d'avec les particuliéres. Les
unes & les autres produifent bien immédiatement l'effet ; mais dans celles-ci la volonté n'a de raport qu'à cet effet fingulier
qu'elle veut produire ; au-lieu que dans
celle-là on peut dire que Dieu n'a voulu
produire cet effet, que parce qu'il a voulu
quelqu'autre chofe dont cet effet eft la
conféquence. Suppofé qu'un homme foit
fufpendu dans l'air, fans qu'il y ait rien
de fenfible qui le foutienne ; c'eft alors une
volonté particuliére de Dieu qui l'empêche de tomber ; mais fi quand je marche
vous me demandez la caufe de ce mouvement, je dois répondre felon le P. *Malebranche*, qu'il eft l'effet d'une volonté de
Dieu générale. C'eft bien une volonté
efficace de Dieu qui me fait marcher ; mais
il ne veut me faire marcher, qu'en conféquence de ce qu'il a voulu une fois pour
toutes que les mouvemens de mon corps
fuiviffent les defirs de mon ame : la volonté que j'ai de marcher, eft une caufe mitoyenne entre le mouvement de mon corps,

&

& la volonté de Dieu. Je marche en vertu d'une loi generale. L'acte simple du vouloir divin qui produit tous les mouvemens de mon corps, les attache à une certaine condition déterminée, & fait dépendre l'ordre de ces mouvemens d'une seule raison générale, savoir des desirs de l'ame à laquelle ce corps est uni. Tous les cas particuliers sont soumis immédiatement à cette raison ou à cette loi générale. Ainsi mon ame est vraye cause des mouvemens de son corps, parce qu'elle est cause de ses propres volontez, auxquelles il a plû au Créateur d'attacher ces mouvemens. Les actions corporelles avec toutes leurs suites bonnes ou mauvaises lui sont justement imputées. Elle en est vraye cause (1) selon l'usage le plus commun de ce terme; *cause* dans le langage ordinaire, signifie une raison par laquelle un effet est distingué d'un autre effet, & non cette efficace générale qui influe dans tous les effets. Quoi que Dieu, selon le P. *Male-*

---

(1) Par exemple, si je demande la cause qui à une telle heure du jour a fait monter le mercure dans le Baromêtre, vous répondriez peu pertinemment si vous m'alleguiez la pesanteur de l'air. Vous ferez mieux de dire, c'est que tel Vent souffle; ou bien c'est que l'air vient de se dégager des vapeurs qui le rarefioient. Voilà la cause particuliere & prochaine qui détermine la generale, savoir la pesanteur de l'air, à produire cet effet précis; voilà la cause dont je m'enquiers, quand je demande raison de cet effet. Voyez le P. *Mallebranche* Entret. sur la Religion & la Metaphysique. I. *Entret.* 4. page 143.

Malebranche, foit la feule caufe efficiente, cependant, Dieu ayant foumis certain
ordre de mouvemens à la volonté d'un efprit créé, cette volonté eft cenfée vraye
caufe de chacun de ces mouvemens ; elle
repond jufte à ce qu'on a dans l'efprit,
quand on s'enquiert de la caufe de tel
mouvement en particulier ; ce qui eft équi-
valent à cette queftion, quelle eft la raifon pourquoi tel mouvement fe fait à
cette heure, plutôt que tel autre ? Il importe fort peu, pour rendre les hommes
refponfables de leurs actions ; qu'ils les
produifent ou non, par une efficace naturelle, par un pouvoir phyfique que le
Créateur ait donné à leur ame en la formant, de mouvoir le corps qui lui eft uni ;
mais il importe beaucoup qu'ils foient
caufes morales ou libres ; il importe beaucoup que l'ame ait un tel empire fur fes
propres actes, qu'elle puiffe à fon gré
vouloir, ou ne vouloir pas ces mouvemens corporels, qui fuivent néceffairement fa volonté.

Otez toute action aux corps, & faites
mouvoir l'Univers par l'efficace des volontez divines, toujours apliquées à remuer
la matiéte, les loix du mouvement ne feront point un jeu. Dès que vous con-
fervez aux efprits une veritable efficace,
un pouvoir réel de fe modifier eux-mêmes, & dès que vous reconnoiffez qu'un
certain arrangement de la matiére à laquelle Dieu les unit, devient pour eux, par

les

les diverses senfations qu'il y excite, une occafion de déployer leur activité, & contribue à leurs connoiffances & à leurs plaifirs. Quoi qu'il en foit du Syflême des caufes occafionnelles, & de la prémotion phyfique pour les corps; on y voit toujours un but digne de la Sageffe divine dès qu'on reconnoît dans l'Univers, outre la matiere, de vrais agens, des inrelligences qui ne font point foumifes à cette premotion. S'il n'y avoit point un certain ordre entre toutes les parties du Monde corporel, s'il n'y avoit point de loix générales pour la communication des mouvemens, l'ordre des fenfations feroit troublé; les agens fpirituels ne pourroient déployer leur activité, ou du moins opérer d'une maniere fuivie; les créatures raifonnables feroient privées d'un moyen d'exercer mille vertus, & le grand fpectacle de l'Univers ne tourneroit point, comme il fait aujourd'hui, au plaifir & au profit des efprits qui le contemplent.

CHA-

CHAPITRE XV.

Exposé du second Systême. Celui de l'har-
monie préétablie. Reflexions sur le fonds
de ce Systême, & sur ses conséquences.
Il détruit la liberté : Il rend douteuse l'e-
xistence du Monde corporel.

C'EN est assez sur ce Systême, que
d'illustres défenseurs & des adversaires non moins illustres, ont rendu si con-
siderable dans le monde. Je me suis contenté d'en faire une courte exposition, &
de le justifier contre les objections qu'on
lui fait le iplus communément, mais qui
sont aussi, ce me semble, les plus aisées
à détruire. J'en use ainsi par un pur mouvement d'équité, n'ayant aucun interêt à
le faire triompher des autres qui peuvent
également prêter leur secours à mon hypothese sur l'ame des brutes. Je passe à
un Systême plus recent. C'est celui de
Mr. *Leibnitz.* Ce savant homme a voulu nous faire voir que les sources d'invention ne sont pas encore épuisées, & qu'il
est encore des beautez neuves pour les Philosophes comme pour les Poëtes. Le
Systême de l'harmonie préétablie a incontestablement l'avantage de la nouveauté ;
s'il n'a pas celui de la simplicité & de la
clarté, il n'en est que plus propre à plaire à certains esprits, & je croi que ce mêlange de sombre & de merveilleux qu'on

y,

y voit répandu par tout, quoi que très-capable de rébutter une infinité de gens, est aussi précisément ce qui lui a du faire un certain nombre de Sectateurs. Je ne m'engage point ici à developer ce Systême, l'entreprise seroit un peu trop (1) forte pour moi; d'ailleurs, je le suppose déja connu, du moins autant qu'il peut l'être. On peut voir l'exposé qu'en fait Mr. *Bayle* (a) qui entreprenant ensuite de le refuter, declare assez par-làqu'il croyoit l'entendre au moins jusques à un certain point (2). Au cas que son illustre Auteur l'ait parfaitement compris lui-même, on peut consulter sa *Théodicée*; & l'on fera bien encore d'y joindre l'excellente ébauche que Mr. de *Fontenelle* donne de ce Livre dans l'éloge de Mr. *Leibnitz*. Ce dernier auroit eu souvent besoin qu'un pareil Interprete lui prêtât sa plume. Qu'un Systême est bien entre les mains de (3) ce genie

(a) Art. *Rorarius.* Rem H. L.

(1) Un grand maître en ces matieres vient de declarer, il n'y a que peu de tems, qu'il n'avoit pû rien comprendre au Systême dont je parle. Voyez la *Bibliot. Ancienne & Moderne* Tom. XXIII. p. 415. Après un tel aveu, bien des gens auront dequoi se consoler de leur peu de penetration.

(2) Mr. *Leibnitz* a parû satisfait de l'exposé que Mr. *Bayle* a donné de son Systême. Voy. la Replique aux reflexions contenues dans l'Article *Rorarius* sur le Systême de l'harmonie préétabl. dans le *Recueil de diverses Pièces sur la Philosophie* Tome 2. p. 389.

(3) On peut apliquer à l'ingenieux Historien de l'Academie Royale des Sciences, par raport à ces derniers siecles, ce qu'*Eratosthene* disoit de B*i*on le Bosysthenice διὰ δὴ ἀν τὸ πάντι εἴδει λόγα αι μάθα

φασι

genie singulier qui ne touche jamais à aucun sujet qu'il ne l'embellisse & qu'il ne
l'éclaire !

Je me borne à quelques reflexions sur
cette partie de l'harmonie préétablie, qui
tend à rendre raison de l'union de l'ame
& du corps, & dans l'homme & dans la
brute. Mr. *Leibnitz* s'accorde avec le P.
Malebranche pour nier toute réelle influence de ces deux substances l'une sur l'autre.
Mais il s'en éloigne en ceci, que pour
épargner l'action de Dieu, il suppose que
le corps est une machine qui depuis le
moment que le Créateur l'a formée, va
toute seule, sans que l'ouvrier s'en mêle,
pour la diriger ou la redresser ; & que tous
les mouvemens qu'executent les animaux
naissent successivement dans un certain
ordre du mechanisme de leurs organes &
d'un raport préétabli entre la machine de
l'animal & les autres corps de l'Univers.
L'ame de son côté est un principe qui se
meut lui-même, qui se develope sans çes-
se par de nouvelles modifications, & dont
les divers changemens qui lui arrivent,
auxquels il tend en vertu de sa nature, ou
qui sortent du fond de sa constitution in-
terieure, correspondent aux divers changemens de la machine qui lui est unie.
L'a-

φασὶ λέγειν ἐπ᾽ αὐτῷ τὸν Ἐρατοσθένην ὡς πρῶτος
Βίων τὴν Φιλοσοφίαν ἄνθινα ἐνέδυσεν qu'il est le premier qui eût habillé la Philosophie d'une robe se-
mée de fleurs. *Diog. Laert.* Lib. IV. Segm. 52.

L'ame dans chaque homme ou dans chaque bête eſt un Automate ſpirituel, dont les diverſes operations ſont analogues aux divers mouvemens de l'Automate corporel; l'état de celui-là exprime & repréſente l'état de celui-ci; cette analogie qui ſe trouve parfaite entre telle ame & tel corps organiſé, fait leur union. Dieu ne fait qu'aſſortir entre eux les Automates de differens genres, & ſans y interpoſer davantage ſon pouvoir, tout enſuite va de lui-même.

Il y a là-dedans, ce me ſemble, un merveilleux dont on doit ſe défier, juſqu'à-ce qu'on l'ait appuyé par de bonnes preuves. Mr. *Bayle* avoit-il tort de demander un éclairciſſement ſur la nature des Automates ſpirituels? L'éclairciſſement eſt pourtant encore à-venir. Diſons tout, ce tiſſu de reſſorts, tant materiels que ſpirituels, qui jouent avec tant de régularité pour faire aller une machine auſſi vaſte que l'Univers, ſeroit admirable, s'il étoit poſſible; mais ne ſeroit-ce point par hazard un tiſſu de contradictions? Déja la Liberté n'a point d'azile dans ce Syſtême, puis que le mechaniſme y regne par-tout. Car ſi les principes y ſont obſcurs, en recompenſe les conſéquences y ſont claires. Il eſt vrai qu'on y retient par (1) bienſéance les mots de *choix* & de *liber-*

____

(1) On peut dire ſur l'uſage que Mr. *Leibnitz* a fait de ces termes, qu'il lui eſt arrivé tout le contraire de

S

liberté: mais on eſt neceſſairement obligé d'en bannir la choſe. Imagine qui voudra des machines à ce prix; pour moi je preſére ſans balancer la Morale à la Mechanique, & je ſoutiendrai toujours que des Etres libres, des Etres capables de Vertu & de Religion, valent infiniment mieux que le plus merveilleux des Automates, & font plus d'honneur à l'Etre ſuprême & à l'Univers.

En bonne foi, s'aller figurer que cette ſuite d'actions que l'on voit faire tous les jours aux hommes naît d'un mechaniſme préétabli dans le corps humain, pour repréſenter les deſirs & les penſées de l'ame qui lui eſt unie, & que ces penſées & ces deſirs reſultent à leur tour du fond & de l'eſſence de cette ame qui les produit neceſſairement ſelon certaines Loix, n'étant elle-même par conſéquent qu'un Automate ſpirituel; cela ne paroît-il pas le ſonge le plus creux qui ait jamais roulé dans la tête d'un Philoſophe? N'eſt-ce pas poſer pour principe une contradiction formelle au ſentiment vif & perpetuel que chacun porte au dedans de ſoi? Je ſens que je puis dans ce moment vouloir donner à mon corps des impreſſions & des mouvemens tout contraires. Je puis vouloir parler ou demeurer dans le ſilence; continuer d'écrire, ou quitter la plume;

me

____

ce que dit Horace ; *Verbaque proviſam rem non invita ſequentur*. DE ARTE POËT. ỳ 311.

me lever, ou demeurer affis, articuler tels fons dans telle fuite, ou tels autres fons dans une fuite oppofée; ma propre exiftence ne me paroit pas plus certaine que cela me le paroît. Mais non, un mechanifme préordonné regloit, avant ma naiffance, la fuite des mouvemens futurs de ma main, de ma langue, de tout mon corps; en forte qu'ils naiffent les uns des autres, par une telle neceffité, que le moindre de ces mouvemens ne peut être fupprimé, dérangé, ou varié le moins du monde. Les operations de mon ame auxquelles ces mouvemens doivent correfpondre, font donc affujettis au même ordre & tiennent les unes aux autres par la fatalité d'une même (1) chaine. Quiconque goûte de tels principes, pourroit-il bien encore être affez fou pour fe croire libre?

Quand même on fuppoferoit, en démentant le fentiment interieur, qui m'affure à tout moment & l'experience qui me fait éprouver en mille & mille rencontres (2) que je fuis le maître de mes

pen-

(1) L'Harmonie Préétablie reffemble à cette chaine d'or à laquelle Jupiter dans Homere fe vante de pouvoir, quand il lui plaira du haut de l'Olympe, attacher & tenir fufpendus les Dieux & les Hommes.

Σειρὴν χρυσείην ἐξ οὐρανόθεν κρεμάσαντες,

Πάντες δ' ἐξάπτεσθε θεοὶ, πᾶσαί τε θέαιναι.

Ἀλλ' οὐκ ἄν μ' κὰν ἐρύσαιτ' ἐξ οὐρανόθεν πεδίον τε &c.

Iliad. Θ. 19.

(2) Je déclare pour prevenir toute chicane, que je

n'ai

pensées, & que j'ai réellement le pouvoir
de les arranger à mon gré; quand, dis-
je, en dépit de tout cela, l'on suppose-
roit que toutes les pensées qu'un homme
aura euës depuis sa naissance jusqu'à sa
mort, sont ainsi enchainées l'une à l'autre, ou si vous voulez, emboitées l'une
dans l'autre, comme l'enseigne Mr. *Leibnitz*; elles sont si variées, si inégales, si
contraires, leur suite est si bizarre; elles
forment un labyrinthe si entrelacé, que
s'il y a quelque chose d'évident au monde, il l'est qu'aucune loi du mouvement
ne peut produire des effets qui y correspondent. Admettons pour un moment,
une sorte de mechanisme dans l'ame qui
est une substance simple, qui ne voit que
celui de la matiere qui est un composé des
substances à l'infini & dont l'action est
celle d'une infinité de substances à la fois,
ne sauroit jamais s'y ajuster? Je veux demeurer dans le silence; par où me prou-
ve-

Ñ'ai point prétendu nier ici qu'il y ait souvent dans
notre ame plusieurs pensées involontaires qu'elle s'efforce inutilement d'écarter. Outre les idées que les
sens nous offrent, on sait qu'elle est quelquefois la
tyrannie de l'imagination. On sait qu'il y a des pensées que le hazard nous presente & que notre esprit
reçoit à l'improviste par une espece d'enthousiasme.
Il y a si peu de part qu'elles l'etonnent, & qu'il ne
peut comprendre par quelle voye elles lui viennent.
Voyez là-dessus WOLLASTON *Relig. of Nat. delineated* Sect. V. p. 106. 107 mais cela même suppose
que dans le cours ordinaire l'esprit est maître de former ses pensées & de les arranger comme il lui plaist

verez-vous que je n'ai pu dans ce moment
avoir la volonté de parler ? Et supposé
qu'il y ait de cela quelque cause neceffaire qui soit cachée au fond de mon ame,
faites-moi concevoir en vertu de quelle
loi mechanique, ma langue, après s'être
remuée pendant un quart d'heure a dû
s'arrêter précisément dans ce moment où
j'ai voulu qu'elle s'arrêtât, sans que ma
volonté en soit la cause. Ce sont là deux
prodiges incapables de s'éclaircir mutuellement, inconcevables chacun à part,
plus incomprehensibles encore par leur
réunion laquelle est un nouveau prodige.

Quand j'accorderois la possibilité d'un
ajustement des ressorts du corps humain
entr'eux & avec les autres corps, qui seroit tel, que ce corps pourroit fournir à
coup sur, en vertu de sa constitution o-
riginale, tous les mouvemens que l'ame
lui demande à chaque instant ; comparez
ce Systême avec celui des causes occasionnelles, & jugez-les tous deux par ce grand
principe, que Dieu agit toujours par les
voyes les plus simples, vous verrez dans
le Systême du mechanisme préétabli, une
depense inutile d'art, de ressorts, de combinaisons infinies, qu'épargne tout d'un
coup, d'une maniere digne de la Sagesse
divine, celui des causes occasionnelles.
Comparez la volonté de produire un corps
humain avec tout l'assemblage de machines, de ressorts & de menagemens neceffaires, pour le preparer de loin à rendre

S 3

exac-

exactement à l'ame, par des mouvemens
naturels, une obéïssante apparence: comparez une telle volonté avec cette Loi générale, qu'à chaque pensée de l'ame il
s'excite dans le cerveau un certain mouvement qui corresponde à cette pensée, &
qu'à chaque mouvement excité dans le
cerveau il naîtra dans l'ame une pensée
analogue à ce mouvement; il est aisé de
voir que cette derniere volonté qui établit un principe libre pour cause occasionnelle des mouvemens du corps, est une
voye infiniment plus simple que l'autre,
& produit précisement le même effet. Une
telle Loi soumet le mechanisme à l'action
des agens libres, & par-là supplée en
mille manieres aux defauts essentiels du
mechanisme, pour produire dans le monde corporel même, des beautez, un ordre, une regularité à laquelle le seul mechanisme ne pouvoit atteindre. L'autre
Systême, en assujettissant la volonté des
ames au mechanisme des corps, qui est
uniforme & necessaire, détruit toute liberté, & aneantit cette merveilleuse varieté d'effets qu'il n'y a que les causes libres qui puissent produire.

Un autre defaut essentiel que je puis
d'autant moins passer au Systême de l'Harmonie préetablie qu'il prétend être le seul
qui s'éleve jusqu'aux premiers principes &
aux dernieres raisons des choses, c'est
qu'il rend les corps organisez, & la matiere en général entierement inutiles. L'u-
uion

tion des esprits avec les corps & avec le monde corporel n'est, selon ce Système, qu'une simple analogie entre ces deux genres d'êtres; en sorte que l'existence des corps est absolument inutile pour les esprits. Deux horloges dont l'une va par le moyen des poids, & l'autre par celui des ressorts, quoi qu'elles se rencontrent avec la derniere justesse pour marquer & pour sonner les heures, quoi que tous leurs mouvemens soient égaux & proportionnez, n'ont pourtant aucun besoin l'une de l'autre; leur raport mutuel marquera bien l'industrie de leur ouvrier commun, d'avoir sû les ajuster ensemble de cette maniere; mais comme l'un iroit fort bien sans l'autre, il est fort superflu qu'il y en ait deux. Apliquons la comparaison. S'il est vrai que chaque ame en vertu de sa constitution naturelle doit necessairement suivre une certaine tablature de pensées & d'operations, si par une loi que lui impose sa propre essence, l'ame de *Paul* a dû éprouver cette suite d'idées, de sensations, de passions, de desirs qu'il a aprouvées en effet durant le cours de sa vie, en sorte que quand même elle n'auroit pas été unie à tel corps, & que ce corps n'auroit pas été placé dans tel endroit de l'Univers, au milieu de tels & tels objets &c. cette ame auroit vû les mêmes objets, éprouvé les mêmes sensations, voulu les mêmes choses, ressenti les mêmes joyes, les mêmes craintes, les mêmes chagrins

&c, si, dis-je, tout cela est vrai, à lquoi bon mettre cette ame avec un corps (1) qui ne lui servira de rien, qui ne contribuera en rien à la faire agir ou sentir? En cas que l'ame sente & veuille nécessairement ceci, ou cela, en vertu de sa nature spirituelle, le corps organisé auquel on la suppose unie devient parfaitement inutile. Alors, ni l'ame ne sert à expliquer le but de l'organisation du corps, ni le corps par son mechanisme ne sert à rendre raison des diverses sensations de l'ame : ces deux substances iront chacune leur train, independamment l'une de l'autre.

Quand même vous voudriez déduire tous les mouvemens des animaux d'un mechanisme préétabli, vous serez toujours obligé, pour lui trouver quelqu'usage, de le raporter à l'utilité de l'ame ; en sorte que les mouvemens qui naîtront de ce méchanisme causeront à l'ame certaines sensations qui lui donneront occasion de former des desirs auxquels le même mechanisme fera exactement correspondre de nouveaux mouvemens. Ce mechanisme

fera

(1) Ainsi raisonne M. *Berkley* dans un Livre intitulé *Treatise concerning the Principles of Human Knowledge*, quoi que sur des principes un peu differens. S'il avoit tant d'envie de prouver la non existence des corps, il pouvoit emprunter des secours, ou chez Mr. *Locke* ou chez le P. *Malebranche* mais telle est la manie des hommes. Chacun veut prouver à sa mode ce qu'il croit vrai : Chacun voudroit s'aproprier la Verité par une methode particuliere de la découvrir.

sera necessaire à la verité, mais il aura une raison, il sera reglé sur les besoins de l'ame, & sur ses volontez libres. Il supposera toujours une ame dont les desirs seront exprimez par quelques-uns de ces mouvemens & en rendront raison ; comme à leur tour d'autres mouvemens rendront raison des sensations qui causent ces desirs. En un mot, il faut que l'organization ait un raport d'utilité au principe sensitif, ce qui ne seroit point, si ce principe avoit par lui-même, en vertu de sa nature, cette suite de modifications, de sensations & de desirs. En ce cas, Dieu créant une telle ame lui donneroit tout d'un coup tout ce qu'il peut lui donner, puis que tout ce qui doit jamais être dans l'ame seroit essentiel à l'ame, & que Dieu, après l'avoir créé n'agiroit plus sur elle, pour lui imprimer de nouvelles modifications. Aucun des Etres qui sont hors d'elle ne seroit capable de contribuer à son bonheur. Cette ame seroit isolée au milieu de l'Univers, & pourroit, selon ce principe, douter raisonnablement de l'existence de toutes les autres créatures ; puis que dans tout ce qu'elle voit, & qu'elle sent, aussi-bien que dans tout ce qu'elle opere, elle suit la necessité de sa nature, sans dépendre en aucune sorte des Etres extérieurs.

CHAPITRE XVI.

Troisiéme Systême : celui qui donne à l'ame un pouvoir physique de remuer la matiere, c'est peut-être le plus raisonnable, comme il est le plus commun & le plus ancien. Inconveniens auxquels il est sujet. Vuës propres à l'appuyer, & à l'éclaircir. Re-capitulation de mes principes. Le Mon-de materiel se rapporte au bien de la So-cieté des Intelligences. La Sagesse & la Bonté du Créateur brillent dans l'œco-nomie à laquelle les brutes sont soûmises.

IL reste un troisiéme Systême sur l'u-nion de l'ame & du corps, moins sub-til, moins rafiné que les deux autres & qui plaît d'autant plus aux esprits solides qu'il s'accorde assez bien avec le senti-ment naturel, ou si vous voulez, avec le préjugé commun, c'est celui qui admet une efficace réelle dans l'ame pour re-muer la matiere. Dieu, selon ce Systê-me, aura renfermé cette efficace qu'il communique à l'ame en la créant, dans les bornes du corps organisé auquel il l'unit. (1) Son pouvoir est limité à cette petite

______

(1) Voyez dans le Traité de la *Premotion Physique*, I. Partie Sect. I. Chap. I. 3. Prop. une objection con-tre ce pouvoir physique de remuer les corps, attribué à l'ame. C'est que si ce pouvoir lui est naturel, il doit s'étendre sur tous les corps ; il ne peut point être

petite portion de matiere ; & même elle n'en jouit qu'avec de certaines restrictions qui sont les loix de l'union. Il faut pourtant l'avouer de bonne foi, ce pouvoir d'un esprit fini sur la matiere, cette influence qu'on lui suppose sur une substance si dissemblable à la sienne & qui naturellement est indépendante de lui, n'est pas quelque chose de bien clair. Quoique les esprits étant des substances actives ayant incontestablement le pouvoir de se mouvoir ou de se modifier eux-mêmes, il soit plus raisonnable de leur attribuer une pareille influence sur la matiere, que d'attribuer à la matiere, Etre purement passif, incapable d'agir sur lui-même, un vrai pouvoir d'agir sur l'esprit & de le modifier. Mais cela même que je viens d'observer est un fâcheux inconvenient pour ce Système ; il ne peut dès-lors être vrai qu'à moitié ; s'il explique en quelque sorte comment le corps obéit aux volontez de l'ame par ses mouvemens, il n'explique point comment l'ame obéit si fidellement à son tour aux impressions du corps : Il rend raison de l'action ; il n'en rend au-

être renfermé dans une certaine sphére. Objection frivole au fonds. Un pouvoir naturel peut être borné & il doit necessairement l'être, dans un Agent fini. L'argument seroit bon, s'il étoit contradictoire qu'il y eût des Agens bornez, mais cela ne l'est point. Qui empêche que l'ame humaine ait une certaine sphere d'activité naturelle dans la matiere, & qu'un Ange en ait une plus grande?

aucune de la fenfation. Sur ce dernier
point on eft reduit à recourir aux caufes
occafionnelles, & à l'operation immédiate
te de Dieu fur l'ame; qu'en coute-t-il d'y
avoir auffi recours pour expliquer l'efficace des defirs de l'ame? Le Syftême entier n'en fera que plus fimple & mieux
afforti. Je ne puis cependant diffimuler
une penfée qui levera peut-être la difficulté que je viens de me faire, c'eft une ouverture qui merite d'être aprofondie. La
fenfation naît de ce que l'activité de l'a-
me eft bornée. L'ame tend à fe modifier elle-même. Cet effort eft arrêté par
une action étrangere qui la modifie; &
c'eft alors qu'elle fent. Si l'ame avoit
confcience de fon action fur le corps,
comme elle l'a de fon action interne fur
elle-même, on pourroit dire que fon corps
eft réellement caufe qu'elle fent; parce
qu'il réfifte à l'action continuelle de l'ame
fur lui dans tous les cas où il y a fenfation, fentant fon action efficace fur le
corps, elle fentiroit les obftacles qui arrê-
teroient cette action; de là refulteroient
les diverfes fenfations qu'elle éprouve;
& c'eft peut-être ce qu'on peut imaginer
là-deffus de plus raifonnable.

Il faudroit avoir plus de lumiéres que
je n'en ai pour ofer prendre parti entre
ces deux Syftêmes, celui des caufes occafionnelles ou celui de l'influence phyfique des differentes fubftances l'une fur
l'autre; quoi que la Verité fe doive trouver

ver nécessairement dans l'un des deux. Il me suffit, qu'il est indifferent lequel des deux on prenne pour expliquer les operations des bêtes. Mon hypothese se prête également à l'un & à l'autre. Que l'ame des bêtes soit cause occasionnelle, ou cause physique de leurs mouvemens, il n'importe, pourvû qu'elle rende raison & des mouvemens & de l'organisation de leur machine, pourvû que la nature de cette ame soit telle, que son union avec le corps qu'elle anime, reponde aux vues de la Sagesse & de la bonté du Créateur.

Et pour mettre ici toute la suite de mes principes sous un seul coup d'œil; Je regarde la création de l'Univers comme un pur effet de la bonté de l'Etre suprême. L'objet de cette bonté est le bonheur des créatures capables de connoissance & de sentiment. Selon ces vues de bonté (1) qui sont transcendantes & superieures, tout le Systême materiel n'a été créé que pour l'utilité des Intelligences. Ce qui est vrai du Systême materiel en général l'est de chaque petit Systême de matiere organisée qui sert à loger une ame. Le

corps

(1) C'a été la pensée de *Boëce.* Voyez son Liv. III. *de Consol. Philos. Metr. 9.*

   O qui perpetua mundum ratione gubernas
   Quem non externæ pepulerunt fingere causa,
   Materia fluitantis opus ; verum insita summi,
   Forma boni livore carens, tu cuncta superno,
   Ducis ab exemplo pulchrum pulcerrimus ipse,
   Mundum mente gerens, similique Imagine formans.

corps de la brute eſt fait pour l'utilité de ſon ame & voici comment. Cette ame eſt une eſpece particuliere de ſubſtance ſpirituelle uniquement ſuſceptible de perceptions confuſes & incapables d'idées diſtinctes. Elle ne peut être heureuſe que par le moyen des ſenſations. Or comme toute ſenſation eſt une ſuite de perceptions confuſes qui appliquent involontairement l'ame aux petits changemens d'un certain corps organiſé dont elle a toujours l'idée préſente; il faut que ces perceptions involontaires, pour avoir un fondement raiſonnable, ayent au dehors des objets réellement exiſtens qui leur repondent. Il faut que non ſeulement ce corps organiſé avec tous ſes changemens, mais les autres corps qui paroiſſent l'affecter, ayant une exiſtence actuelle hors de l'ame, ſoient l'objet & l'archetype de cet ordre de perceptions. Ainſi la Sageſſe de Dieu demandoit que voulant imprimer de pareilles ſenſations à des ames qui en ſont ſuſceptibles, il créât pour elles des corps organiſez & un monde materiel qui fût la regle & le modelle de ces ſenſations, ſans quoi elles ſeroient illuſoires, & n'auroient point de raiſon digne de la Sageſſe divine. Chaque ame a donc en elle-même la faculté de ſentir; mais Dieu, pour reduire en acte cette faculté d'une maniere conforme à ſa Sageſſe, a conſtruit des corps organiſez dont la ſtructure correſpond aux diverſes eſpeces d'ames, & peut-être à la

natu-

nature de chaque ame en particulier. Je croirois volontiers qu’il y a des differences entre les individus humains, & que la structure de chaque corps est reglée sur le fond & le caractere essentiel de l’ame qui doit lui être unie; en sorte qu’au lieu de dire, selon l’opinion commune, que la differente organisation des cerveaux fait la diversité des esprits, il faudroit dire qu’elle la suppose, & que la diversité des esprits a reglé celle qui se voit entre les cerveaux; parce que le Créateur a dû proportionner les organes à la difference des Agens. Il est assez apparent que chaque ame formée avec quelque trait caracteristique qui la distingue de toute autre ame, est unie à un corps, dont l’organisation exactement proportionnée à la nature précise de cette ame, le lui adopte & le rend seul, entre tous les corps de même espéce, propre à lui servir de domicile. Ces differences imperceptibles au milieu de la plus grande uniformité, sont du genie de la Nature; c’est un sceau qu’elle imprime à tous ses ouvrages.

Pour revenir à l’ame des bêtes, je ne doute point que Dieu ne l’ait créée par un effet de cette infinie bonté qui a voulu qu’il y eût des Etres heureux hors de lui. Sa Sagesse a formé pour cette sorte d’ame des corps propres à leur procurer l’unique espéce de bonheur dout elles sont susceptibles, c’est-à-dire des sensations agréables. Mais comme la bonté souve-
rai-

rainement fage tend au bien univerfel, &
procure le plus grand bonheur du tout,
c'eft-à dire de la focieté des Intelligences,
qui doivent joüir du monde corporel; il
n'a pas menagé le mechanifme de ce monde de la maniere qu'il l'auroit menagé s'il
avoit eû uniquement en vue le bonheur
des ames fenfitives. La bonté de Dieu
toujours reglée par l'ordre, a voulu que
ces ames qu'il y a logées dans de certaines machines contribuaffent par leur entremife à l'utilité des autres Etres; & au
bien de l'Univers. Il a permis qu'elles
fuffent fujettes à certains maux en conféquence du même ordre, & de ce même
mechanifme qui leur procure certains
plaifirs; & s'il l'a bien voulu permettre,
c'eft parce que cette mefure de fouffran-
ce, qui n'abforbe nullement celle de leurs
plaifirs, les rend utiles au bonheur de
créatures plus nobles, & que le mechanifme dont de tels maux font des fuites
neceffaires, eft neceffaire lui-même pour
la plus grande perfection & le plus grand
bien de l'Univers.

CHAPITRE XVII.

*Conclusion de cet Ouvrage. La bonté de Dieu
éclate sur l'homme placé dans une espece
de milieu entre l'Ange & la Bête : il est
le lien & le Citoyen des deux Mondes. Ce
double rapport naturel de l'Ame humaine
aux Corps & aux Esprits demande que
si l'ame est immortelle, le corps le soit aussi. Les sages Payens n'ont vu que la premiere de ces veritez. Le Dogme de la résurrection des corps, inouï à la Raison, &
cependant très-conforme à ses lumieres, est
pour la Religion Chrétienne un caractere
admirable de divinité.*

NE nous lassons point d'admirer la
bonté divine qui se répand sur les
differentes espéces d'Etres vivans dont elle
a peuplé l'Univers, (1) & qui distribue à chacun ses privileges & ses fonctions avec u-
ne

(1) „ La Nature menage tout pour le mieux : elle
„ agit avec reserve & pour ainsi dire, avec une sa-
„ ge épargne. Bienfaisante pour toutes les créatures;
„ elle n'est prodigue pour aucune, n'employant
„ dans chaque animal qu'autant de matiere & d'art
„ qu'il en faut; retranchant tout superflu avec une
„ exacte œconomie, & donnant son principal soin
„ à ce qu'il y a d'essentiel en chaque chose. *Shaftes-*
„ *bury Charact.* Vol. 2. *the Moralists* p. 306.
The Spectat. T. 7. N. 519. p. 173. *Infinite goodness is
of so Communicative a nature that it seems to delight in
the conferring of existence upon every degree of Perceptive
being.* On ne peut guere s'empêcher d'entrer dans

T

ne si profonde sagesse. Mais nous serions
des ingrats, si dans la comparaison de
notre espéce avec toutes les autres, nous
negligions de reconnoître l'abondante
part que le Créateur nous fait de ses dons.
Je ne saurois mieux conclurre ce petit Traité que par une reflexion d'une si grande
influence par rapport à la Religion & à la
Morale. La Providence de Dieu sur les
bêtes nous conduit à regarder de plus près
celle de Dieu sur les hommes. Étant les
seuls habitans du Monde sensible qui soient
capables de reflexion, nous sommes seuls
chargez de la reconnoissance pour les biens
qu'il a plû à Dieu d'y répandre, & nous
ne pouvons sur-tout assez admirer les vues
de sa bonté par raport à nous. L'homme
a été nommé avec raison le lien de l'un
& de l'autre Monde, moins parce qu'il
est un composé d'ame & de corps, que
parce qu'il est doué d'une ame qui dans sa
simplicité renferme deux facultez differentes par où elle s'unit & aux corps &
aux esprits. Par la faculté de sentir elle
est représentative du Monde corporel, elle

l'ingenieuse conjecture de Mr. *Addisson* au même
endroit; c'est que vû le prodigieux nombre d'animaux que le Microscope a découvert, il y a lieu de
croire que la matiere brute & inanimée de l'Univers
n'est que pour servir de base & de soutien aux Etres
Vivans, & qu'il n'y a dans le Monde de cette matiere qu'autant qu'il en faut pour cet usage. Cela
confirme merveilleusement ce que j'ai dit ci dessus,
que le Monde Materiel est fait pour l'Intellectuel.

le lui devient présente, elle s'unit à la matiere, elle releve de l'empire du mechanisme. Par la faculté d'apercevoir des idées distinctes, par son Intelligence & par sa Raison, elle devient partie du Monde intellectuel; elle entre dans la Societé des esprits; elle participe à l'ordre & lui est soumise. Placée dans une espéce de milieu entre la Bête & l'Ange, elle jouït des sensations comme celle-là, & des idées claires comme celui-ci. Mais par ses idées elle a un empire sur ses sensations, & les sensations sont chez elle l'assaisonnement, pour ainsi dire, & l'ornement de ses idées. L'ame humaine jouït de l'Univers qui n'est fait que pour les Esprits, mais elle en jouït d'une maniere qui rassemble les avantages de ces deux genres d'esprits dont l'un est au dessus, & l'autre est au dessous d'elle.

Le Monde materiel est utile aux Anges ou aux Esprits purs, parcequ'il fournit à leur Intelligence les plus beaux & les plus vastes sujets de contemplation; il l'est aux ames des brutes par les seuls plaisirs des Sens; mais pour ce qui est de l'ame humaine, il lui fournit à la fois & les plaisirs sensibles & les plaisirs intelligibles & raisonnables, en la conduisant par la voye des sensations jusques aux pures idées. L'Esprit de l'Ange étant fait pour subsister séparé des corps, a sur l'homme l'avantage d'un plus grand nombre d'idées distinctes & d'une plus

grande évidence dans ſes idées : l'ame de
la bête n'ayant de raport qu'aux corps,
& n'étant formée que pour animer durant quelque tems une certaine machine,
manque abſolument d'idées diſtinctes, &
ce défaut la met plus au deſſous de l'homme, que l'homme n'eſt lui même au
diſſous de l'Ange. L'ame de l'homme ſeule, par ce mélange de perceptions claires & de perceptions confuſes dont elle
eſt également ſuſceptible, conſerve toujours un double raport eſſentiel l'un a-
vec les eſprits, l'autre avec les corps ; d'où
reſulte manifeſtement cette conſéquence, que ſon état d'union avec le corps
eſt en quelque ſorte eſſentiel à ſa perfection & à ſon bonheur, puisque cet é-
tat ſeul peut mettre toutes ſes facultez
en exercice, & remplir toute la capacité qu'elle a d'être heureuſe. D'où vient
donc que cette union eſt paſſagere ? pourquoi dure-t-elle ſi peu ? pourquoi au bout
d'un petit nombre d'années la mort vient-
elle la rompre ? le croiroit-on ? cette difficulté même nous ouvre le chemin à
une vérité ſi importante, que le bonheur
de la découvrir nous paye aſſez de toutes les recherches précédentes qui ne ten-
doient qu'à nous y conduire.

La vie humaine n'eſt que le commencement, &, pour ainſi parler, le prélude
de l'exiſtence de l'homme ; On y voit,
tout au plus, l'ébauche de ſa deſtinée ; &
pour découvrir juſqu'où il lui eſt permis
de

de porter ses esperances, il faut remonter à sa premiere origine. S'il est vrai que
Dieu ait créé l'ame de l'homme pour ê-
tre immortelle; puisqu'en la formant au
commencement du Monde il l'a associée
à un corps, son dessein a sans doute été
que tout l'homme fut immortel. Si le
corps est pour l'ame, l'immortalité de
l'ame doit être accompagnée de celle du
corps. Telles furent les premieres vuës
du Créateur. La seule Raison suffit pour
nous apprendre que les hommes ont corrompu l'ouvrage de Dieu; mais il ne falloit aussi que la Raison seule pour nous
persuader que si Dieu par misericorde veut
les rendre heureux, malgré l'abus qu'ils
ont fait de sa bonté; si aulieu de détruire
des Créatures qui par leur desobéïssance
se sont dégradées elles-mêmes, il leur
permet d'esperer dans une autre vie toute la felicité qui leur convient, ce ne peut
être qu'en les ramenant à la perfection
du premier plan sur lequel il les forme.
C'est sur ces vuës primitives du Créateur
qu'il faut prendre l'idée du bonheur le
plus accompli dont les hommes puissent
jouir. A ne suivre que les simples lumieres de la Nature on auroit dû se convaincre que la resurrection des corps pour ne
plus mourir, fait tellement partie de la
felicité de l'homme, que c'est la consomma-
tion de cette felicité. (1) Cependant la Raison

(1) Il faut m'expliquer plus clairement. On a
parlé d'Histoires de Resurrections parmi les Payens.

&

son n'a point sû faire assez d'usage de ses
for-

& l'Esprit de Mensonge a tâché d'être à cet égard
comme a bien d'autres, le singe de la Vérité. Mais
il faut distinguer ici & les tems & les idées. Quand
j'affirme que l'on ne voit dans les écrits des Payens
aucune trace du dogme de la Resurrection, je parle
de la Resurrection telle qu'elle est proposée dans
l'Evangile, comme une esperance commune pour
tous les hommes; d'une Resurrection des Corps,
pour ne plus mourir: Or c'est de quoi la Théologie Payenne ne nous montre aucun vestige. Leurs Poëtes, leurs Philosophes n'en témoignent avoir aucun
soupçon. On ne sauroit prendre pour une idée de
Resurrection ce qu'enseigne *Lucrece Lib. III. de nat.*
rer. ℣. 859. que les mêmes Atomes qui composoient
un homme, ayant été dissipez par la mort, peuvent
dans la suite des Siecles se raccrocher de la même maniere, pour reproduire encore un homme. Car notez
que selon ce Philosophe Poëte, les accidens de ce
nouvel homme ne concernent en aucune maniere le
premier. Celui ci n'y a aucun intérêt & ne peut en
mourant tirer aucun motif de consolation, de ce que
les atomes qui le composent se réüniront un jour.
Voiez les Reflexions de Mr. Bayle sur ce passage *Dict.*
Critique Art. Lucrece rem. N. Comparez avec ceci,
Locke, *Essai sur l'Intendement humain Liv. II. Ch 27. § 9.*
jusqu'à la fin du Chap. sur la Conscience dans les E-
tres pensans & sur ce qui fait l'identité personnelle.
Comparez Mylord. Shaftesbury *Charact.* Tom. 2. *Rhap-*
dy Part. 2. Sect. 1. p. 236. & Tom. 3. *Miscell.* IV.
p. 193. La Fable même avec toutes ses hardiesses &
ses licences, avec le puissant secours de l'imagination
des Poëtes, n'a jamais pû s'elever jusqu'à cette idée:
ce qu'elle raconte d'*Amphiaraüs* que la Terre englou-
tit & qui ressortit des Enfers, n'en aproche point.
Les admirateurs d'*Apollonius* de Tyane ont publié
plusieurs prétendues resurrections qu'il avoit operées,
mais on sait qu'*Apollonius* vivoit dans le premier
Siecle de l'Eglise & que ce n'est que depuis la pu-
blication de l'Evangile que certains Sophistes prone-
rent les miracles & la vie de cet Imposteur, en vue
de l'opposer à J. C. lorsque le Paganisme commen-
çoit à decliner. Toutes les histoires de resurrections
pre-

forces, pour oser aller si loin. Les Philo-
so-

...tendues qui sont rapportées par des Auteurs Payens,
...dent des hommes morts depuis peu de tems,
& qui par là ne devinrent point immortels. Vojez
plusieurs de ces exemples recueillis dans la savante
Note d'*Alex. Morus ad Evangel. Jean. C. XI. v. 39.*
sur ces paroles τεταρταιος ηδη εσιι. *Pline* nie ou-
vertement la possibilité de la Résurrection *Lib. 2. Hist.
Nat. C. 7. de Deo* où il soutient que le pouvoir de
Dieu ne s'étend point à tout. *Namque nec sibi potest
mortem consciscere si velit, quod homini dedit optimum in
tantis vitæ pœnis: nec mortales æternitate donare, aut* N.B.
revocare defunctos; &c. Il confond ridiculement les
contradictions, avec ce qui est l'objet réel d'un pouvoir infini. V. aussi *Lib. 7. Cap. 55.* Dans ce Chapitre
se manifeste l'incredulité la plus obstinée & la plus
hardie. Après avoir dit, qu'il n'y a rien après la mort,
& s'être mocqué de ce qu'on disoit des Mânes &
du séjour d'un autre Monde, *puerilium ista deliramentorum,*
dit-il, *avidaque nunquam desinera mortalitatis commenta
sunt. Similis* N.B. *& de asservandis corporibus hominum
ac reviviscendi promissa Democriti vanitas qui non revixit
ipse.* Democrite, pere des Atomes, & précurseur d'E-
picure, n'entendoit sans-doute cette prétendue résurrection qu'au sens de *Lucrece. Pline* croit voir dans
cette persuasion de revivre un jour, un grand trouble-
fête pour le bonheur de l'homme, qui selon lui trouve bien mieux son compte à l'aneantissement. *Perdis
profecto ista dulcedo credulitasque præcipuum naturæ bonum,
mortem .... at quanto facilius certiusque sibi quemque
medium ac specimen securitatis antegenitali sumere experi-
mento.* N'examinons point ce raisonnement; disons
seulement que, tel est encore le gout de nos Esprits
forts modernes, l'Aneantissement auroit de grands
charmes pour eux. *Ils cherchent la mort & ne la trou-*   Job III. 21.
*vent point: & ils se rejouiroient s'ils avoient trouvé le
Sepulcre.*

APPENDIX à cette Note.

Histoire des prétendues Résurrections, &c. On pourroit recueillir des Ecrits Payens plusieurs autres du même genre, qui au fond ne touchent
en

fophes Payens appliquez durant tant de fie-

en rien notre queſtion. Voyez ce que raconte touchant *Eſope*, un *Ptolemée Hepheſtion* ; *Nov. Hiſtor. lib.* 5. *apud Phot. Bibliot. p. m.* 252. ὡς Ἀισώπος ἀγαιρεθεις ὑπὸ Δελφῶν ἀνεβιωσε καὶ συνεμάχει τοῖς Ἕλληςι περὶ θερμοπύλαις. *Platon* en rapporte d'autres ; mais alors il ne parloit point ſérieuſement. Et *Mazzini* remarque ſur cela que ce Philoſophe par un pur eſprit de politique a avancé pluſieurs choſes merveilleuſes & deſtituées de toute créance, afin d'impoſer au Peuple par cet artifice & de le retenir dans le devoir. Ce qui s'accorde bien avec la maxime de *Platon*, qu'on peut tromper le Peuple avec un menſonge utile. V. le P. *Simon Nouv. Bibl. choiſie p.* 208. Ainſi Mr. *Dacier* s'eſt laiſſé ſeduire à la tendreſſe pour *Platon* quand il a dit, *que non ſeulement ce Philoſophe a prouvé l'immortalité de l'ame, mais qu'il en a connu encore toutes les ſuites, comme la Reſurrection &c. Vie de Platon p.* 239. On trouve la preuve du contraire dans ce que dit *Socrate* à *Simmias*, dans le *Phedon. p.* 314. *Trad. de Mr. Dacier*; lorsqu'il parle de cette Terre pure, où ſéjournent les Bienheureux. Car on n'ignore pas que c'eſt ſa propre Doctrine que *Platon* dans ſes Dialogues fait débiter à *Socrate.*

Si *Chryſippe* a mis au rang des événemens poſſibles le retabliſſement des hommes au même état où chacun d'eux auroit paru (Voyez ſes termes dans *Lactance Divin. Inſtit* 7. 23.) il l'a fait en conſéquence de ce que les Stoïciens enſeignoient touchant les révolutions periodiques de l'Univers, & cette grande Année au bout de laquelle les Aſtres ayant achevé leur tour en revenant au même point, toutes choſes devoient auſſi retourner à leur premier état. *Seneque* étale amplement cette doctrine qui n'étoit pas particuliere aux Stoïciens. Vous trouverez un beau Recueil des principaux paſſages des Philoſophes Payens de toutes les Sectes, ſur la Palingeneſie dans *T. Burnet. Theor. Tell. L.* 4 *C.* 5. Les Platoniciens tenoient la même opinion. Par ce que j'ai cité de *Lucrece*, il paroit que les Epicuriens admettoient quelque choſe de ſemblable. C'eſt chez les Mages qu'il en faut chercher l'origine, ſi *Theopompe*, cité par *Diogene Laërce de Vi-*

fiecles à mediter un objet aussi interéssant
que

des Philos. Proœm. art. 9. a dit vrai. ὃς (Θεόπομπος ἐν
ὀγδόῃ τῶν Φιλιππικῶν) καὶ ἀναβιώσεσθαι κατὰ
τὰς Μάγους φησὶ τὰς ἀνθρώπους καὶ ἔσεθαι ἀθα-
νάτους, καὶ τὰ ὄντα ταῖς αὐτῶν επικλίσιοι διαμε_
νῖν. Quoique cé passage soit obscur, & qu'on n'en-
trevoye qu'assez confusément quel étoit le sentiment
de ces premiers Philosophes, il est certain que ce retour à la vie & cette espece d'immortalité qu'ils pro-
mettent aux hommes, devoit être l'effet de l'ἀνα-
κύκλωσις, du cercle fatal de toutes choses, & n'a
rien de commun avec le dogme de la Resurrection.
Voyez la savante note de *Meric Casaubon* sur ce passage
Il paroit par le 17. Chap. du livre des Actes que du
tems de *S. Paul* l'idée d'une resurrection étoit toute
neuve pour les Atheniens. Ce qu'il y a de bien remarquable c'est que ce furent les Epicuriens & les
Stoïciens qui en témoignérent le plus de surprise. V.
Act. XVII. 18. *Tzetzes Historic. Chil.* 8. 180 cite
Homère, Æschyle, Marc Antonin qui disent que la resurrection d'un mort est impossible. Le mot d'ἀνάστασις
étoit donc connu des Atheniens, mais par ce mot,
ils entendoient un retour à la vie humaine, un nouveau periode d'existence dans ce monde ici, après lequel on mouroit encore. V. *Bentley the folly of Atheism.
Serm. 2. p. m.* 43. Pour ce qui est de la doctrine des
Druides touchant une autre vie, à quoi *Lucain* attribue la grande valeur des Gaulois & le mepris qu'ils
faisoient de la mort.

> *Felices errore suo, quos ille timorum*
> *Maximus, haud urguet, leibi metus, inde ruendi*
> *In ferrum mens prona viris, animaque capaces*
> *Mortis: & ignavum reditura parcere vita.*
>
> Pharf. I. ✶ 459.

Elle se reduisoit à une espece de metempsychose ;
comme cela paroit assez par ce que le Poëte venoit
de dire auparavant:

> *——————————— regit idem spiritus artus*
> *Orbe alio; longa (canitis si cognita) vita,*
> *Mors media est ———————————— ✶ 456.*

Les

que celui d'une autre vie, ont épuisé leur raisonnement sans pouvoir atteindre jusqu'à cette idée. On n'en voit pas la plus legere trace dans leurs Ecrits. Ils ont connu l'immortalité de nos ames : ils sont même entrez dans le détail des peines & des recompenses qui les attendent dans l'autre Monde. On voit chez eux, comme chez les Poëtes, de vives peintures d'un double état à venir de bonheur & de misére. Uniquement occupez de ce que deviendront nos ames après cette vie ils ne témoignent nul soupçon que les corps puissent ressusciter un jour, croyant que la Mort les a détruits sans ressource. Et voilà qu'une Revelation nous apprend ce que notre Raison n'avoit jamais sû conjecturer. Voilà qu'elle donne tout d'un coup à l'homme une idée complette du bonheur dont il est capable, eu lui promettant ce bonheur. La Raison nous dictoit que nos ames sont immortelles, & qu'elles peuvent être heureuses après la mort ; le Christianisme seul nous enseigne que nos corps ressusciteront pour lier avec ces ames une societé éternelle & réunit deux véritez qui naturellement étoient

faites

Les ames selon eux ne descendent point dans les Enfers, selon l'idée la plus commune de la Theologie Payenne ; mais après la mort, elles vont animer de nouveaux corps dans quelque autre Monde. La mort ne fait que separer les diverses scenes & les différents periodes d'une même vie. Rien dans tout cela qui sente la Resurrection.

28. Le relâchement des glandes.
29. Les tuméfactions chroniques des glandes.
3o. Les écrouelles.
31. Le carreau.
32. Les affections dites scorbutiques où il n'y a encore
    qu'excès de sérosité dans le sang , sans corrup-
    tion.
33. Les affections dites scorbutiques où l'on trouve
    l'amollissement et la rougeur des lèvres et des
    gencives et quelques dents branlantes , mais
    sans corruption de sang , ni d'autres humeurs.
34. Les affections scorbutiques où il y a amollissement,
    rougeur , gonflement et suppuration des gen-
    cives et du périoste alvéolaire ; la chûte des
    dents; l'odeur fétide qu'exhalent ces parties ,
    qu'on appelle *Dysodie buccale.*
35. Le scorbut , les maladies des virus et les taches
    à la peau qui accompagnent le scorbut, la cor-
    ruption du sang circulant dans les vaisseaux, seule
    ou compliquée de corruption des autres hu—
    meurs qui ont lieu dans le scorbut.
36. Les ophtalmies adynamiques.
37. Les aphtes de forme excoriée.
38. Les aphtes tuberculeux.
39. Le muguet.
4o. Les hydatides.
41. Les polypes.
42. Les excroissances fibreuses.
43. Le gonflement chronique des amygdales.
44. Le croup.
45. Beaucoup de fièvres où le sang et les humeurs
    ont quelque degré de corruption.

48. Beaucoup de catarrhes.
49. Les aménorrhées maladives.
go. Les vers de beaucoup d'espèces.
51. La colliquation.
52. Les hémorrhagies des muqueuses.
53. L'hémoptysie spontanée.
54. Les glaires et mucosités surabondantes, accu-
    mulées et dégénérées.
55. Le diabêtes.
56. La consomption.
57. La constipation par atonie intestinale.
58. Plusieurs espèces de dartres.
57. L'accroissement précoce et extrême en grosseur
    et en longueur, etc.

Je pourrais citer beaucoup plus de maladies qu'on observe dans les sujets à sang altéré, parce que plus des deux tiers des maladies qui attaquent l'homme, sans les accidentelles, les virulentes, les vénéneuses et les infec-tantes, affectent ces sujets, et que ces mala-dies n'existent point sans que préalablement le sang ne soit altéré.

Voici encore plusieurs remarques incontes-tables qui confirment que c'est le sang qui est la source de ces maladies, et non ces maladies qui causent l'altération du sang.

Un enfant vient au monde avec une bonne constitution; ce qui peut le faire présumer,

c'est que le père et la mère ont cette constitution ; que la grossesse n'a été troublée en
rien ; que l'enfant est bien proportionné et
vigoureux : on le fait allaiter par une femme
sanguino-séreuse, que son embonpoint et ses
grosses mamelles font présumer avoir beaucoup de lait très-nourrissant. Cependant, son
lait abondant n'est que séreux, et n'a que la
qualité d'être blanc ; il n'est point nourricier.
L'enfant change ; il maigrit ; il lui survient
une secrétion muqueuse surabondante et glu-
tineuse qui tapisse généralement ou partielle-
ment la bouche, les bronches, l'œsophage,
l'estomac, les intestins, etc. Enfin, il survient
des aphtes, des éruptions sur la peau, l'engor-
gement des glandes, le rachitis, les écrouelles,
le scorbut, le carreau et des hernies, etc.
On attribue ces maladies à la dentition (qui
n'y a aucune part); on traite l'enfant dans
cette idée; on lui donne des remèdes et un
traitement débilitant. La consomption extrême
arrive, et l'enfant meurt.

Les enfans qui viennent au monde avec
le sang anémique ou surabondamment séreux,
ne peuvent avoir une bonne matière osseuse,
propre à faire de vigoureux muscles, de fortes
artères, ni des veines, ni des glandes, ni viscères, ni tissu cellulaire, ni autres parties

qui le composent , pour leur donner la force et la santé , comme ont ceux de sang louable : par conséquent, les fonctions des organes et les produits des secrétions doivent être imparfaites dans ces sujets ainsi que les excrétions , et il doit s'ensuivre une infinité de maladies qui n'ont pas d'autres source que la constitution débile. Si ces enfans sont nourris par une femme qui soit surabondamment séreuse, et dont le lait ait peu de qualité nourricière , la débilité de l'enfant augmentera , les maladies augmenteront et se multiplieront; elles se présenteront sous différentes formes , et attaqueront diverses parties, comme je le dis plus haut. Si ces enfans sont nourris d'un bon lait , leur sang, et, par conséquent leur santé , s'améliorent. S'ils parviennent à l'âge de deux ans, et qu'ils continuent de vivre sans que le sang acquière les qualités nécessaires pour que la matière osseuse puisse former de belles et dures couronnes de dents remplaçantes , comme sont celles des enfans de la première constitution , leurs dents seront érosées ; elles le seront dans les uns par des sillons plus ou moins profonds, dans les autres avec des trous et des sillons de différentes formes , mais toujours assez apparens pour faire distinguer cette espèce de sujets et cette constitution. Observez maintenant ces enfans de lustre en lustre, vous les trouverez toujours signalés de cette constitution et attaqués de quelques-unes des maladies citées ci-dessus.

Les enfans de la troisième constitution, par conséquent lymphatico-séreux, courent le même danger que ceux sanguino-séreux, et sont attaqués de plusieurs maladies qui attaquent les sanguino-séreux, lorsque leur nourriture n'est pas abondante en matière nutritive; mais, généralement, ils ont moins de vie; ils succombent plus vîte que les autres aux choses débilitantes. Je crois que le fer manque dans leur sang; et que c'est là la cause de la mort de beaucoup d'entre eux, parce que le fer est une des bases essentielles du sang, et que quand il manque, le sujet est toujours dans l'asthénie, et marche à la consomption et à la mort. Lorsque le sang de ces enfans acquiert du fer, ils deviennent plus viables; mais ils sont exposés aux mêmes maladies que ceux de la seconde classe : seulement les dents remplaçantes ne sont pas érosées, et elles viennent et restent blanches, et se carient à l'adolescence.

De ce que je viens d'exposer, il résulte donc que, 1° avec ma Séméiologie on distingue, par des signes univoques, qu'il y a trois classes d'individus, dont chacune manifeste une constitution particulière.

2º. Que la première classe est celle dont le sang est de matière louable, qui donne la constitution pure et parfaite et la santé.

3º. Que la seconde classe est celle où le sang très-rouge et surabondamment séreux, donne la constitution sanguino-séreuse et surabondamment séreuse, qui est sujette à beaucoup de maladies.

4º. Que la troisième classe est celle où le sang, presque blanc, donne la constitution lymphatico-séreuse. Elle est sujette à beaucoup de maladies adynamiques.

5º. On distingue, par ma Séméiologie, le sang louable, celui sanguino-séreux, et celui lymphatico-séreux dans chacune des constitutions, et l'on distingue encore par elle :

6º. La pléthore sanguine.

7º. La pléthore séreuse.

8º. L'anémie sanguino-séreuse.

9º. L'anémie séreuse.

10º. La qualité de la matière des sujets qui sont en santé et celle de ceux qui sont malades.

11º. La santé.

12º. La matière composante des sujets, altérée par le sang.

13º. Les maladies que le sang surabondamment séreux produit.

14º. Les maladies entretenues ou compliquées par le sang surabondamment séreux, etc.

Après cet exposé, on pourra demander si
cette Séméiologie est aussi univoque et aussi
certaine que je l'annonce? Je ne balance pas à
l'affirmer. Ce qui le prouve, c'est qu'elle est
démonstrative. Malgré son évidence, je m'at-
tends à trouver des hommes qui la repousse-
ront et qui voudront l'anéantir. D'autres,
pour ne pas lui reconnaître le mérite qu'elle
a, diront, contre leur conscience et la vérité:
Nous n'en avons pas besoin, nous en avons
d'autres qui valent mieux que celle-là. D'autres, avec aussi peu de bonne foi, diront:
Cette Séméiologie n'est pas nouvelle; elle est
connue depuis quatre ou cinq cents ans. D'autres diront: L'auteur ne fait que produire, sous
de nouveaux points de vue, ce que nous con-
naissons depuis long-tems. D'autres préten-
dront qu'elle est singulière; d'autres, que c'est
un système paradoxal; d'autres répéteront,
comme on l'a dit, que tous les livres de médecine rapportent cette doctrine. Ce n'est que
pour paraître original, diront-ils, que l'auteur la reproduit.

Je ne nie point qu'on n'ait dans certains cas

les signes des effets maladifs du sang , tels que dans la chlorose , l'ascite , l'anarsaque et la leucophlegmatie , et la pléthore présumée ; qu'un pouls plein fait juger, comme on juge, ainsi que de la petite quantité de sang par le pouls faible , mou et lent. Mais ce qu'on n'a pas connu, c'est la Séméiologie buccale. Non, cette Séméiologie si sûre et si utile n'a pas été connue des auteurs Alibert, Barthez, Baudeloque , Baumes , Bichat , Boyer , Brown , Cabanis , Chambon , Chaussier , Capuron , Corvisart , Deschamps , Double , Dumas , Fabre, Gardien, Hallé , Hernandez, Husson, Lalouette, Landré-Beauvais, Larrey,Lavater, Lieutaud., Pelletan., Perylle , Portal , Pinel , Richerand, Roussel, Roux, Sabatier, Sauvage, Swediaur , Tourtelle , ni de Vic-d'Azir. Ils n'ont même pas cité quelque chose qui puisse en approcher. On ne trouve dans leurs écrits aucune trace de Séméiologie univoque, qui puisse faire juger les constitutions et les qualités du sang. On n'en trouve pas non plus dans les neuf premiers volumes du *Dictionnaire des Sciences médicales*, ni dans aucune thèse soutenue aux écoles de médecine , ni dans aucun journal de médecine, où les auteurs avaient occasion de l'insérer si souvent. Aucune faculté de médecine ne l'enseigne ; aucun praticien ne s'en est servi , que depuis que je l'ai publiée ; aucun littérateur ni rapporteur d'observation ne la mentionne , quoiqu'elle soit réelle , évidente et salutaire. Ils ne l'ont donc pas connue.

Si le grand nombre d'auteurs qui ont trouvé le sang altéré et corrompu avaient connu les signes qui manifestent ces altérations sur le vivant , ne les auraient-ils pas transmis avec autant de générosité qu'ils nous ont donné ce qu'ils ont cru utile ? M. Corvisart , si justement attaché aux signes univoques des maladies , s'il avait connu ceux que j'expose , aurait-il manqué de les signaler dans son *Essai sur les Maladies du Cœur*, page 453, article 8, où il traite de l'état du sang des sujets qui ont des anévrismes au cœur et aux artères proches du cœur , et de l'état du sang après la mort ? M. Roux qui, dans son *Traité des Fièvres ady-namiques,* rapporte beaucoup de faits où l'on a observé le sang altéré de plusieurs manières et corrompu , fétide et même infectant en sortant des vaisseaux des sujets vivans , s'il avait aperçu des signes univoques , ne les aurait-il pas signalés ? M. Dechaumeton , biographe profond , qui a fait insérer dans le journal de M. Sedillot, novembre 1813 , son opinion sur l'ouvrage de M. Roux , lui qui a vu beaucoup de cas où le sang était ainsi altéré et corrompu sur le vivant , n'aurait-il pas mentionné les auteurs qui auraient indiqué des signes de divers états du sang , s'il y en avait eu de connus ? Sans doute que tous les auraient transmis ; les occasions , la nécessité et les avantages de ces notions en pathologie étaient trop importans pour les dédaigner.

L'assemblage de la bonne et de la suffisante quantité de matière, dans les proportions convenables , donne la bonne et belle constitution , la force et la santé et la longue durée de la vie.

L'assemblage de matières mauvaises ou disproportionnellement réunies , produit la mauvaise constitution , la faiblesse , des maladies et la courte durée de la vie.

On appelle *bon tempérament*, l'état de l'homme de bonne constitution , et en santé ; et *mauvais tempérament*, celui du sujet malade ou maladif.

On trouve dans les livres de médecine , que constitution et tempérament sont synonymes. C'est ce que je ne puis admettre, parce que constitution signifie assemblage de matières qui constituent le corps , et tempérament signifie état du corps constitué et vivant, ayant une manière particulière de vivre ; ce qui n'est pas clair pour moi, et qui a été très-obscur pour d'autres, et que je ne chercherai pas à débrouiller ici. Je me contenterai de dire que j'appliquerai au mot *constitution* la bonne ou mauvaise qualité de la matière qui compose le sujet ; au mot *bonne santé*, l'état du corps où le mouvement de la machine constituée se fait bien ; et à celui *mauvaise santé*, l'état du corps où le mouvement est atténué, lésé, altéré à differens degrés.

Voici un exemple relatif à cet objet : Les débilitans amènent souvent le sujet de bonne constitution au degré d'adynamie qu'ont les sujets de constitution sanguino-séreuse. Ils altèrent même les humeurs, et affaiblissent tant la fibre organique, que ces sujets sont attaqués des mêmes maladies qui affectent les sujets de la seconde constitution, lorsqu'ils sont surabondamment séreux. Par ce que j'ai dit plus haut, on voit que la matière qui constitue les sujets est bien de la même nature ; mais que les proportions ne sont pas les mêmes ; d'où résultent des composés différens qui restent distincts, et qui par l'inspection des dents ne peuvent plus être confondus ni pendant la vie ni même après la mort.

Le sujet de bonne constitution, amené dans l'état adynamique, est affecté de maladie chro-

niques ; et s'il est dans l'état asthénique ou
anémique , il a l'aspect maladif , semblable
à celui qu'ont très-souvent les sujets des deux
dernières constitutions. Rien de si ordinaire
que d'entendre dire d'un tel sujet : il est d'un
mauvais tempérament , et l'on ajoute : il est
d'un tempérament mélancolique ou de tel
autre désigné par la maladie qui prédomine
en lui. En parlant ainsi, l'on se trompe. C'est
une erreur qui naît de l'imperfection du langage ; car cet homme est dès sa naissance
d'une bonne constitution ; seulement, elle est
altérée par les choses qui l'ont attaquée, mais
qui n'étaient pas innées dans sa matière ni
dans ses humeurs , comme dans celles des
sujets sanguino-séreux par constitution ; et en
voici une preuve : c'est que , si l'on fait cesser
l'action des débilitans , la santé se rétablit et
ne laisse point d'autres signes de maladie que
les lésions organiques ; tandis que ceux qui
sont de la constitution sanguino - séreuse,
traités par les mêmes principes , ou enfin par
ceux qui peuvent lui rétablir la santé , gardent
toujours sur les dents les signes innés de leur
constitution ; et quelque bien que la matière
qui la constitue se rétablisse, et quelques
qualités que le sang acquière, jamais ils n'ac-
querront les signes parfaits de ces deux états

où se trouve l'homme rétabli dans sa bonne santé.

La matière des sujets sanguino - séreux est très - sujette à s'altérer, ainsi que leurs humeurs. Beaucoup d'entr'eux sont presque toujours malades, ou ont l'aspect malade : leurs fonctions (sinon toutes , au moins quelques-unes) se font mal. Pour désigner ces malades, on dit qu'ils sont de mauvais tempérament. Ce mot semble indiquer beaucoup dans ce cas ; mais il ne dit rien de clair, car pour juger ce sujet avec connaissance, il faut savoir s'il est de la première constitution , et amené dans cet état par des choses débilitantes, ou s'il est réellement malade ainsi par sa constitution ; par conséquent, si le mot tempérament veut dire mauvaise qualité de la matière qui le constitue, et mauvaises fonctions de toutes les parties organiques , ou mauvaises humeurs qui circulent dans lui, avec cette distinction je comprendrai quelque chose ; mais dans mon système , je n'admettrai pas cette expression , parce qu'elle est trop obscure pour moi. Je dirai : le sujet est de tel constitution ; dans tel état de santé ou de maladie ; son sang est de telle qualité , et à tel degré.

Si un médecin, un chirurgien ou un dentiste, sont obligés de rendre compte de la nature d'une maladie et de l'état d'un malade, instruiront-ils suffisamment en disant : ce malade est d'un mauvais tempérament; il est d'une susceptibilité nerveuse trop irritable, et d'un tempérament éminemment bilieux ou sanguin? Voilà ce que je ne comprendrais pas, parce que les affections nerveuses se trouvent dans les sujets sanguino-séreux et lymphatico-séreux et en anémie, et non dans ceux d'un sang louable et en suffisante quantité. Je connais les maladies bilieuses, et non le tempérament bilieux, parce qu'il n'y a que les symptômes des maladies qui se manifestent quand la bile les produit, et qu'il n'y a pas de signe inné de ce tempérament. Le tempérament sanguin n'a pas non plus de signe inné. Les blennorrhagies des muqueuses ne sont pas des signes univoques de pléthore sanguine, parce que l'on voit beaucoup de ces blennorrhagies à des sujets qui ont beaucoup de sang surabondamment séreux, quoique rouge, et qu'on en trouve encore autant, et peut-être plus, et sur-tout des utérines, à des sujets qui ont peu de sang, lorsque celui qu'ils ont est surabondamment séreux. Donc ces blennorrhagies ne constituent pas un tempérament sanguin.

Encore une preuve pour soutenir mon système, c'est que, lorsque le sang devient louable,
les hémorrhagies n'ont pas lieu, ni les cépha-
lagies, ni les oppressions pulmonaires, ni les
hémorrhoïdes, etc. Si le tempérament était
inné, on ne l'aurait pas plus changé qu'on ne
change une constitution en une autre.

On a trop abusé, suivant moi, de l'adjonc-
tion de nom de maladies au mot tempérament, ou du mot tempérament à celui de la
maladie principale, ou des maladies principales d'un sujet : c'est ce qui a arrêté, ou au
moins suspendu pour un tems, l'œil et l'idée
de l'homme, qui cherche les signes univoques
des constitutions qui font connaître l'état ac-
tuel du sang et des humeurs du sujet qu'il
examine ; mais en franchissant cette mauvaise
théorie, et trouvant une Séméiologie de la
constitution et des qualités des os, des chairs,
du sang et des humeurs du sujet, on obtient
un des moyens les plus précieux pour guérir
les malades, et pour prévenir beaucoup de
maladies.

La santé et la manière d'être varient dans chaque individu autant que les qualités du sang. Si
on voulait reconnaître encore le tempérament
d'un sujet dont on aurait guéri la maladie, d'a-
près laquelle on aurait assigné le nom de son

tempérament, six mois, un an ou deux ans après
la cure faite , il ne serait plus possible de lui
reconnaître le même tempérament. Un même
homme , dans un an, peut avoir à Paris une
blennorrhagie interne , une blennorrhée à
Montpellier, et une maladie bilieuse à Bordeaux. D'après la doctrine actuelle , on pourrait lui dire, à Paris, qu'il est d'un tempérament sanguin ; à Montpellier, qu'il est d'un
tempérament lymphatique ; et à Bordeaux,
d'un tempérament bilieux ; tandis que ce ne
sont là que des maladies.

Tous les auteurs de physiologie et d'hygiène ont désigné les tempéramens d'après
les corpulences, d'après des secrétions, des
évacuations, des habitudes, des maladies et
des dispositions aux maladies. Les auteurs de
pathologie et de thérapeutique, se sont servi
des mêmes Séméiotiques des physiologistes et
hygiénistes, pour désigner les constitutions
et les tempéramens des sujets , en transmettant
l'histoire de leurs maladies ; et malheureu-
sement aucun auteur ne fait connaître les
signes univoques innés indélébiles d'aucune
constitution ni d'aucun tempérament. On n'en
trouve point dans les ouvrages de MM. Hallé,
Tourtelle, Husson, Landré-Beauvais, Double,
qui sont les derniers en France qui aient

écrit sur ces Séméiologies. Si ces auteurs n'en ont pas exposés , c'est qu'ils n'en avaient point.; comme ceux qu'ils ont rapportés ne sont que des symptômes produits par des choses qui disparaissent , ils ne peuvent être considérés comme des signes univoques , puisqu'ils ne sont pas permanens.

Galien a fait un tableau de la bonne constitution ; mais il n'a donné que la santé pour signe de ce bienfait suprême du Créateur. M. Huffeland dit ce qu'il faut qu'ait chaque partie du corps pour être bien constituée ; mais il ne donne aucun signe inné qui fasse connaître cette heureuse composition. MM. Corvisart , Pariset et Husson nient l'existence de la bonne constitution décrite par Galien , quoique les deux cinquièmes de la population de la France , de l'Espagne , de l'Allemagne et de la Hongrie en jouissent. Si cette proportion n'est pas strictement soutenue dans tous les cantons , elle se trouve exacte en somme.

Si les signes univoques de la bonne constitution sont nécessaires et indispensables pour reconnaître cette heureuse facture de l'homme , combien plus nécessaires sont ceux qui font connaître les mauvaises constitutions, causes de tant de maladies! Combien dans ces cas paraît avantageuse ma Séméiologie , puisqu'elle fait distinguer la constitution qui est permanente, de ce qu'on appelle tempérament! Combien elle devient utile en l'appliquant à la prophylactique et à la pathologie! Mais aussi combien sont absurdes les Séméiotiques qui désignent la constitution par les formes du corps, et les tempéramens par les actions, par les habitudes, par les évacuations et par les maladies, même par celles qui se réitèrent à des époques presque fixes! La confusion dans laquelle on se trouve dans cette partie est grande et dangereuse: il ne serait que trop facile de le prouver.

N'ayant pas de signes innés et univoques pour signaler les constitutions ni les tempéramens, on les désigne ainsi : *forte*, ou *mauvaise*, ou *faible* constitution.

Forte constitution, parce que les sujets sont grands et gros. On n'a pas vu que cette corpulence est pure et a sang louable dans un individu, et sanguino-séreuse dans un autre ; et que cela fait la différence d'une moitié pour la force, la santé et pour la longévité.

Mauvaise constitution, parce que les sujets sont maladifs. On se contente de cette désignation, sans indiquer la nature de cette constitution, et sans dire si les maladies en sont nées ou si elles sont venues du dehors; si elles sont réunies aux maladies produites par la constitution, ou si elles ont altéré une bonne constitution au point où on la trouve.

Faible constitution, parce que les sujets sont petits et maigres, ou seulement menus et faibles, sans faire connaître si cet état est constitutionnel ou l'effet d'une maladie.

Constitution athlétique, parce que les sujets sont grands et qu'ils ont les muscles très-prononcés; désignation sujette à faire prendre toutes les corpulences pour de bonnes qualités, tandis qu'il faut désigner celles qui sont à sang louable et celles sanguino-séreuse, vu qu'il y a plus de ces dernières que des premières.

Constitution nerveuse, ou tempérament nerveux, parce que les sujets ont des affections nerveuses : désignation fautive, qui ne dit rien pour faire entendre ce que c'est que cette constitution ou ce tempérament.

Constitution ou *tempérament sanguin*, parce que le sujet a des hémorrhagies fréquentes par les membranes muqueuses, et d'autres fois par d'autres parties : ce qui n'indique pas si c'est du sang louable ou du sang altéré, ni quelle est la nature des os ni des chairs de ces sujets, comme doit les distinguer celui qui veut guérir ces maladies.

Constitution ou *tempérament bilieux ;* parce que le sujet a de tems en tems des maladies causées par la bile: mauvaise désignation, vu que ces maladies guérissent par un bon traitement, et qu'elles ne laissent aucune trace de ce qu'on appelle constitution et tempérament.

Constitution ou *tempérament attrabilaire ,* parce que le sujet est triste et mélancolique : au lieu de dire affections mélancoliques, habituelles aux sujets adynamiques, et que le sang surabondamment séreux produit, en affaiblissant les organes et leurs ligamens , en ne produisant que des secrétions imparfaites, des excrétions incomplètes , et en laissant corrompre dans eux les excrémens et les matières secrétées, et sur-tout la bile.

Constitution scorbutique , catarrhale , rachitique , glaireuse , muqueuse , dartreuse , cancéreuse, etc., parce que les sujets ont ces maladies, quoiqu'il n'y ait que les maladies qui les fassent désigner ainsi. On n'a pas voulu voir que tous ces symptômes peuvent survenir aux sujets de bonne constitution, quand les débilitans les ont désorganisés , et ont disposé le sang à produire les maladies dans ces individus, comme elle les produit aux sanguino - séreux constitutionnellement; et que si on corrige les

causes maladives dans le sang des malades ,
les maladies guérissent et disparaissent entièrement ; et que, la santé se rétablissant , il
ne restera aucun signe inné de ces prétendues
constitutions ou tempéramens : car le rachitis,
le scorbut, les écrouelles, les glaires , etc.,
dont les sujets sanguino-séreux sont affectés,
disparaissent entièrement quand le sang devient louable : il ne reste point de signes
innés ; ils ne laissent d'autres signes que les
lésions organiques qu'ils produisent : donc ce
ne sont pas des constitutions ni des tempéramens , mais bien des maladies.

Les dénominations de constitution ou de
tempérament, dans l'état fort, robuste , phthi-
sique , phlegmatique , ne sont pas mieux
fondés. La susceptibilité nerveuse , la fièvre
nerveuse, le tempérament sanguin-nerveux,
celui bilieux-nerveux, bilieux-sanguin , etc.,
n'ont pour fondement de leurs expressions
que des affections bilieuses et nerveuses, et non
la constitution. La désignation de ces affections
est obscure. L'idée qu'on s'en fait est dangereuse, parce que, dans la pathologie, on ne
peut faire une sûre application des remèdes
qui pourraient combattre le mal , et qu'on
laisse faire des progrès aux maladies , qui souvent même sont aggravées par le traitement.

La plus sûre manière de connaître la constitution, est de la juger par la matière qui la forme, et la santé par les qualités du sang : alors on reconnaîtra le vice de toute expression qui désigne la nature des sujets par ce qu'on appelle encore aujourd'hui tempérament.

Il y a des médecins praticiens qui jugent des qualités du sang et des humeurs par l'autopsie des personnes. Cela arrive sur-tout dans les maladies séreuses qui produisent des affections aux viscères du bas-ventre, et souvent aux poumons : cependant beaucoup de ces signes sont équivoques ; d'autres maladies produisent ces symptômes : par conséquent ils ne sont pas certains pour telle ou pour telle autre maladie, ce qui est dangereux.

Je ne puis dire ni présumer ce qu'on dira au *Dictionnaire des Sciences médicales*, à l'article *tempérament ;* mais l'article *constitution,* par M. de Montègre, est loin d'être suffisant pour faire connaître la constitution des sujets qu'on examine, même avec la doctrine de M. Husson, qu'il y a insérée. On pourrait même dire que cet article est si incomplet qu'il est à refaire. D'après tout cela, je ne crois pas que la médecine ait eu jusqu'ici aucune Séméiologie des constitutions et des tempéramens , fondée sur des signes innés dans chaque sujet.

Celui qui veut montrer qu'il connaît les constitutions et les tempéramens de tous les sujets qu'on lui présentera , doit procéder de la manière suivante ; et c'est ainsi que je me soumets à faire.

Préalablement à tout examen , il déclarera combien il croit qu'il y ait de constitutions et de tempéramens , et par quels signes démonstratifs il peut les connaître et faire connaître ; ensuite , dans un rassemblement nombreux , on prendra au hasard cinquante , cent ou deux cents personnes des deux sexes , en santé ou malades. Celui qui voudra faire preuve de ses connaissances , dira de quelle constitution et de quel tempérament est chaque sujet qu'il examine , et à quels signes il les connait : on écrira son prononcé , avec un n° au registre , et un pareil n° sera placé sur le sujet. Quand il aura prononcé sur tous , on mêlera tous ces sujets ; alors on les reprendra au hasard , et le même démonstrateur de Séméiologie recommencera son examen et son jugement sur chacun , et on écrira de même que les premières fois ses décisions et sur quoi elles sont fondées ; ensuite on confrontera ces décisions : si elles sont con-

formes entr'elles, la Séméiologie est bonne ;
s'il y a erreur, il n'y a pas de Séméiologie.

Application de la Séméiologie Buccale à la Pathologie.

Le sang altéré par excès de sérosité est la
cause des mauvaises constitutions et des mauvaises qualités des chairs : c'est lui qui relâche le tissu cellulaire de tous les systèmes,
et atténue, par cet effet, les fonctions de
toutes les parties ; c'est lui qui cause la faiblesse générale, l'asthénie, la débilité, la
dynamie, l'atonie et les maladies adynamiques (choses presque semblables). C'est lui
qui est la cause que les secrétions ne sont parfaites ni dans la totalité des matières qu'elles
doivent secréter, ni dans la qualité qu'elles
doivent avoir. C'est lui qui cause l'atonie aux
organes excréteurs, et la rétention, la dépra-
vation des excrémens dans le corps ; l'expan-
sion matérielle ou gazeuse de ces excrémens,
plus ou moins corrompus dans le corps, et
que souvent le sang reçoit. C'est encore lui
qui amollit toutes les parties, qui suspend l'as-
similation, qui l'empêche, et qui fait décomposer le sujet et lui donne la maigreur et la
consomption, etc. C'est donc un grand et

puissant moyen que la réunion des signes qui
font connaître les qualités du sang dans toutes
les maladies qui attaquent les hommes. Et,
par exemple, les sujets qui sont dans l'une ou
dans l'autre anémie séreuse, peuvent être attaqués par la phlegmasie, par des contusions
et des plaies, des virus, et des gaz infectans. Ces
maladies se trouvent compliquées sur-le-champ
par la mauvaise qualité du sang, que le devoir
du médecin est de connaître.

Dans toutes les maladies, il est d'une nécessité absolue d'observer la constitution et
les qualités du sang des sujets malades. Car, si
une ouverture d'artère ou d'une grosse veine,
ou un écrasement de membre, ou un accou-
chement qui ne peut se terminer seul, et autres maladies graves, forcent à agir sans aucune
considération de constitution ni des qualités
du sang, il faut au moins que l'on reconnaisse
l'une et l'autre, pour y avoir égard après les
soins urgens.

Dans les maladies internes, aiguës ou chroniques, on doit connaître la nature du sujet,
puisque le traitement qui convient à celui
dont le sang est louable ne peut convenir
à celui dont le sang est altéré, ou du moins
il ne pourrait le soutenir long-tems.

Il faut connaître la constitution et les qualités du sang des sujets, quand on ne peut guérir leurs maladies sans des opérations majeures, vu qu'il n'y a que les sujets dont le sang soit louable qui supportent ces opérations et les excitations générales qui en sont les suites, et que ceux-là seuls guérissent. *

Il en est de même dans l'accroissement précoce en longueur et en grosseur, et qui dépasse les formes ordinaires. Dans ces accroissemens, on trouve toujours les sujets sanguino-séreux. Jamais ces accroissemens n'arrivent aux sujets dont le sang est louable, ni à ceux qui sont lymphatico-séreux ; ils ont tous les dents molles, dont une partie se carie presqu'aussitôt qu'elle est sortie. Les lèvres sont molles et rouges, et signalent des chairs molles et faibles. Ces sujets ont des forces bien inférieures à celles que leur corpulence annonce.

La Séméiologie buccale faisant connaître la qualité du sang de ces sujets, devient utile dans la pathologie, vu qu'en indiquant la source de ces accroissemens vicieux, l'application des remèdes est bien mieux dirigée. Elle a les mêmes avantages dans l'asténie de

* Tous les invalides que j'ai vus et à qui on avait amputé des membres, étaient de bonne constitution et avaient le sang louable.

Brown et dans toutes les débilités constitutionnelles et celles accidentelles qui, jusqu'à
présent, n'ont été signalées par aucun signe
démonstratif et univoque. Il en est de même
dans les affusions d'eau froide ou d'eau chaude
et dans les bains de toutes espèces, parce que
les sujets à sang surabondamment séreux et
en anémie ne peuvent supporter les affusions et les bains que supportent les sujets à
sang louable, et que les succès dépendent
de l'application bien dirigée de ces moyens
aux cas où ils conviennent.

De quelle importance n'est pas cette Séméiologie pour l'allaitement des enfans, soit
qu'on veuille prononcer sur la quantité du
lait de la mère ou sur celui de la nourrice
mercenaire? Tous ceux qui ont traité de l'allaitement, ont manqué de connaissance sur
ce point, qui est la base de tout pour faire
allaiter avec succès. La femme à sang louable
et en suffisante quantité est seule propre à
nourrir des enfans; c'est dans ce bel état que
se trouve en abondance le suc nutritif pur.
L'allaitement devrait être interdit et défendu
aux femmes sanguino-séreuses et aux lym-
phatico-séreuses qui ont l'une ou l'autre
anémie, parce que le lait de l'une est trop
séreux, et que l'autre n'en a pas assez : celui

de toutes les deux n'est pas assez nutritif. Ces nourrices, qui augmentent l'altération de leur santé en allaitant, sont en partie la cause de la dégénération de l'espèce humaine.

La Séméiologie buccale est utile aussi dans les aliénations mentales; et pour classer les aliénés dans ces maladies, comme dans les autres, il faut connaître la constitution et les qualités du sang de ces malheureux sujets.

Jusqu'à ce que l'on ait classé ces personnes par les constitutions et par les qualités de leur sang, on n'aura pas la satisfaction de savoir si les mêmes aliénations frappent tous les sujets de toutes les constitutions, ou bien s'il y a un genre d'aliénation pour chaque constitution ; ni si les sujets à sang louable n'ont pas des genres d'aliénations différens de ceux sanguino-séreux et de ceux lymphatico-séreux ; ni quels sont les aliénés qui guérissent plutôt que d'autres ; ni quel genre de traitement convient à chaque espèce de sang ; ni dans quel état est le sang dans le moment de l'invasion de la maladie, et dans quel état il est quand les malades sont guéris.

De même dans l'aménorrhée maladive, parce qu'il faut juger des qualités du sang, et si la deviation est la cause des maladies qui existent. Ce qu'on nous a dit de la Séméiotique des tempéramens de ces malades, e st trop équivoque pour qu'on puisse s'y rapporter.

De même dans l'anatomie pathologique, parce qu'il faut connaître la constitution et les qualités du sang qu'avaient les sujets avant la mort, soit qu'on veuille s'en servir pour l'étude de l'art, ou qu'on doive faire rapport en justice.

De même dans l'anémie, fréquente maladie qui en cause d'autres elle-même, et qui en complique tant.

De même dans les anévrismes, pour savoir de quelles constitutions sont les sujets, et quelles sont les qualités de leur sang. Les signes sur ces objets sont tous équivoques dans les livres de l'art qui ont traité des anévrismes.

De même dans l'ankilose, soit qu'on veuille la protéger ou l'éviter, parce que le sang est la source d'où doit venir la matière propre à la former. S'il n'est pas louable, la soudure ne se fait point, comme cela arrive aux sujets surabondamment séreux.

De même dans les aphtes de tous les âges, parce que c'est par le sang surabondamment séreux, et altéré par le mucus buccal dégénéré et par d'autres affections vicieuses des humeurs qui infectent le sang, que les aphtes sont produits (excepté ceux accidentels et ceux causés par les racines et les angles des dents), et non par la dentition difficile, comme on ne cesse de le répéter ; car elle n'a jamais lieu, hors quelques cas, dans la sortie des dents de sagesse.

De même dans l'apoplexie. Comment jugera-t-on la nature de l'apoplexie sanguine ou séreuse arrivée spontanément, si on ne connaît pas les signes des qualités du sang de l'individu qui en est attaqué? Comment connaître le sang de la femme qui avorte, ou a avorté, et celui de la femme qui a une perte sanguine, si on ne les connaît pas par des signes univoques et parfaits? Les remèdes ne sont-ils pas mieux dirigés contre ces maladies quand on connaît les qualités du sang que lorsqu'on agit sans ces connaissances? Dans le concours de la place de professeur, en remplacement de M. Baudeloque, décédé, les candidats firent entrer la pléthore dans le nombre des causes qui produisent l'avortement et les pertes de sang utérines. Aucun ne demanda quel sang pouvait produire la pléthore, et qui pouvait causer l'avortement et la perte de sang. Cela était cependant nécessaire, parce qu'il faut savoir si le sang louable peut causer la pléthore, comme ces candidats parurent le croire, et ce que je ne pense point, ou si c'est le sang lymphatico-séreux, ce que je ne crois pas non plus, ou enfin, si c'est le sang sanguino-séreux, comme je le crois. Mais préalablement il faut connaître les signes univoques des qualités du sang, sur-tout dans ces hémorrhagies ; car le traitement doit différer beaucoup d'un sujet dont le sang est louable à celui surabondamment séreux ; et de celui qui a du sang en suffisante quantité, à celui qui en a peu.

C'est par la Séméiologie buccale qu'on connaît le sang des personnes attaquées de blennorrhagies ; et c'est par elle qu'on se dirige avantageusement dans le traitement : sitôt que la phlegmasie blennorrhagique est passée, il faut juger si le sang a assez de qualité pour guérir par lui-même le reste de la maladie, ou s'il faut lui en donner, comme il serait nécessaire dans les anémies séreuses ou dans les obésités sanguino-séreuses. Cette Séméiologie aide à distinguer les blennorrhées simples, qui suivent les blennorrhagies simples ou virulentes, et qu'on a tant de peine à reconnaître par les autres Séméiologies.

Les blennorrhées chroniques n'ont lieu que chez les sujets surabondamment séreux, quelquefois avec beaucoup de sang et d'autres fois dans l'état d'anémie séreuse. Le sang est surabondamment séreux dans les blennorrhées buccales, nazales, maxillaires, laryngées , stomacales, intestinales, etc. , qu'on appelle pituites, rhumes de cerveau, enchifrenemens tonsillaires, glaireux ; dans les blennorrhées bronchiques , qu'on appelle catarrhes et rhumes ; dans les blennorrhées de la vessie , qu'on appelle catarrhes de la vessie ; dans celles de l'urètre de l'un et de l'autre sexe , après les phlegmasies virulentes ; dans celles de la matrice et du vagin , qu'on appelle fleurs – blanches et leucorrhée , etc. La Séméiologie buccale aide donc à connaître les sujets dans lesquels le sang seul peut produire les blennorrhées bénignes , celles virulentes et celles qui sont compliquées : d'où doit s'ensuivre un traitement bien assuré , utile , moins long et moins dispendieux que celui qu'on fait d'après d'autres Séméiotiques.

La blennorrhée utérine laiteuse, qui est l'effet ou la suite des couches des femmes qui ne nourrissent point, et de la cessation de l'allaitement, disparaît promptement dans les femmes qui ont le sang louable : mais elle devient chronique et débilitante dans celles qui l'ont surabondamment séreux. Elle se trouve souvent avec d'autres maladies adynamiques dans diverses parties, même à la bouche. La

Séméiologie fait distinguer cette cause de blennorrhée chronique, et indique qu'on la guérira
par l'usage du carbonate de fer, comme les
autres.

Il y a beaucoup de maladies chroniques des
femmes qu'on attribue à leur lait, quoiqu'il
y ait long-tems que les seins n'en secrètent
plus. On fait des traitemens pour combattre ces maladies, comme venant de cette
source, et presque toujours sans succès ;
car on trouve des femmes qui disent les
avoir depuis six, huit, dix et vingt ans,
malgré les remèdes qu'on a employés pour
les guérir. Est-il présumable que le lait, qui
serait vicié dans le corps, puisse y rester si
long-tems et produire diverses maladies,
ou les entretenir, lors même que les seins
n'en secrètent plus depuis long-tems ? Je
crois bien que le lait dévié et fixé sur une
partie peut y causer des désorganisations,
produire même des maladies incurables ; mais
je ne crois pas qu'il en cause long-tems après
que les seins n'en secrètent plus. Je crois que la
source de ces maladies chroniques est dans le
sang surabondamment séreux seul, ou qui a
été infecté quelque tems par le lait dévié à la
suite des couches, et par celui qui n'est ex-
crété qu'après la cessation de l'allaitement.

Il faut donc faire attention à l'état du sang des femmes qui se trouvent dans l'un ou l'autre de ces cas. Si leur sang est dans l'état anémique et surabondamment séreux, elles doivent être faibles et adynamiques, les unes avec des maladies et d'autres sans maladies. Si elles ne veulent pas nourrir, le lait leur causera dans les suites de couche quelques maladies, tantôt légères, tantôt graves, qui se trouveront compliquées par le sang trop séreux ; ou bien les maladies elles-mêmes compliqueront celles qui existaient avant. Le lait peut produire les mêmes effets chez les femmes qui cessent de nourrir, et chez les femmes surabondamment séreuses.

Les femmes dont le sang est louable peuvent aussi avoir des maladies de lait. Comme il y a une grande différence d'elles avec celles qui sont surabondamment séreuses, et que les remèdes et le régime doivent être basés sur les qualités du sang, il faut distinguer les unes des autres.

Après les premiers accidens causés par le lait, si les maladies se multiplient ou se maintiennent au lieu de guérir, et que les seins ne secrètent plus de lait, on doit présumer que la cause de ces maux est ailleurs que dans le lait, ou du moins que quelque chose les complique : car les maladies chroniques qu'on remarque, comme causées par le lait, ne peuvent plus l'être deux, trois, six, huit et douze ans après que la femme n'a plus de lait ; il faut trouver la source du mal ou ce qui l'entretient. La Séméiologie buccale aide à faire cette découverte.

Cette Séméiologie trouve son application sur les sujets blessés, soit pour le traitement, soit pour la médecine légale, et sur-tout dans la chirurgie, pour les rapports à faire en justice.

De même dans la maladie bleue, pour ne pas confondre celle qui vient de la conservation du trou botal avec une autre maladie du cœur, ou des vaisseaux près de lui, ni celle qui a sa source dans l'excès de sérosité dans le sang.

De même dans les boutons considérés souvent comme peu de chose, et qui ne résistent aux remèdes que parce qu'on ne juge pas les qualités du sang, comme on devrait le faire, vu que c'est lui qui les fournit.

Pour la brûlure, il faut aussi les principes de la Séméiologie buccale.

Le cancer, plus que tout autre maladie, exige encore l'étude de la Séméiologie du sang : la confusion qui règne dans les opinions sur la guérison et non guérison de ces maladies, a sa source dans le manque de Séméiologie des constitutions et des qualités du sang. On pourrait faire sur les maladies cancereuses la même observation que j'ai faite sur les aliénations mentales et sur les anévrismes, et que l'on pourrait étendre à toutes les maladies.

Et en effet, quelles sont les constitutions des cancereux? Y a-t-il plusieurs espèces de cancers? Viennent-ils aux sujets qui ont le sang louable? ou ces maladies altèrent-elles le sang au point de le rendre sanguino-séreux avec anémie, comme on letrouve dans beaucoup de sujets? ou bien ces maladies n'attaquent-elles que les sujets sanguino-séreux? Les lymphatico-séreux sont ils sujets au cancer? Quel est l'état du sang des sujets qui guérissent de ces maux, et quel est celui où les remèdes calment lesdouleurs? et enfin, celui ou les remèdes ne produisent aucun soulagement? Pour faire une réponse juste sur ces objets, il faut avoir des Séméiologies univoques. La mienne peut aider à bien remplir cette indication.

Elle a aussi de grands avantages dans l'indication des cas où l'on doit appliquer les cantharides et autres vésicans, et même les cautères, parce que si les circonstances exigent l'application de ces moyens sans aucune

considération du sang, peu de tems après,
on doit juger s'ils doivent être continués, et
jusqu'à quel degré d'excitation ils doivent
l'être. Les sujets sanguino-séreux et surabondamment séreux, et ayant beaucoup de sang,
sont ceux à qui ils sont le plus utiles; ils le
seront peu à ceux qui ont le sang louable; et
ils seraient presque toujours nuisibles à ceux
qui sont dans l'anémie séreuse. Je n'entends
pas prononcer sur les sujets qui ont des virus
ou qui sont infectés.

L'emploi des carbonates de fer, et celui
de l'ammoniac, doivent être basés sur les qualités du sang, parce que l'un contribue à faire
du sang et à le rendre louable, et l'autre à le
diminuer et l'altérer. Ma Séméiologie est nécessaire pour connaître les sujets à qui il faut
les administrer.

Elle n'est pas moins utile dans la curation
de la carie des os, et dans les maladies des
cartilages, qui ne sont pas les suites de causes
externes, mais bien de causes internes. Ces
maladies affectent toujours les sujets surabondamment séreux Dans ces traitemens, il faut
juger aussi les qualités du sang. Les signes
qu'on nous a indiqués pour les connaître,
ainsi que ceux des tempéramens, sont trop
équivoques pour s'y appuyer.

Les cas rares en médecine et en chirurgie sont si graves, qu'ils épouvantent ceux qui en lisent la description. J'aurais voulu que les auteurs nous eussent dit de quelles constitutions étaient les malades qui ont été attaqués de ces cruels maux, et quelles étaient les qualités de leur sang : c'est ce qu'ils n'ont fait que très-superficiellement, et de manière à ne pouvoir pas en donner une idée juste. Ma Séméiologie aidera à faire connaître la classe des sujets qui par la suite seront attaqués de ces grandes maladies.

Dans les catarrhes, elle est indispensable ; car si l'excitant affecte au point de faire employer des remèdes, il faut distinguer les qualités du sang, parce que les béchiques sont utiles à ceux dont le sang est louable et en suffisante quantité, et que, continués un peu de tems aux personnes surabondamment séreuses et en anémie, ils éternisent les catarrhes et débilitent les sujets.

Elle fera connaître les personnes qui ont la voix propre au chant, celles qui doivent la conserver, celles qui ne peuvent l'avoir jamais fixe, celles en qui elle s'altère et se perd ; et elle le fera beaucoup mieux que ce qu'on a dit à l'article *chant*, dans le *Dictionnaire des Sciences médicales*.

On trouvera par elle que la chlorose provient du manque de fer dans le sang , et non des maladies des organes digestifs et de l'utérus , comme on vient de l'annoncer. L'estomac , les intestins et la matrice sont affaiblis dans la chlorose, parce que le sang étant surabondamment séreux, relâche, débilite toutes les parties du corps ; par conséquent ces maladies ont la même source que la chlorose , et ce qui le prouve, c'est qu'en rendant le sang louable, elles disparaissent et guérissent comme la chlorose.

Dans toutes les maladies chroniques , le sang est altéré et presque toujours en anémie et surabondamment séreux, Ma Séméiologie est donc utile dans la curation de ces maladies , et sur-tout dans les tuméfactions chroniques des viscères et des glandes de l'abdomen , du relâchement de leurs ligamens , dans le traitement et la curation des écrouelles et du carreau , afin de juger si le sang surabondamment séreux et en anémie n'est pas ce qui cause , ce qui entretient ou ce qui complique ces maladies.

Ma Séméiologie sera très - précieuse aux maîtres qui enseignent la médecine clinique ; ils la chériront , parce qu'en abordant les malades , on pourra juger sur-le-champ de quelle constitution ils sont, et quelles sont les qualités de leur sang ; choses que les professeurs n'ont pu faire jusqu'ici, parce qu'ils ne connaissaient pas les distinctions des constitutions ni les signes univoques de chacune des qualités du sang.

De même dans la colliquation, où les sujets se décomposent ; dans la consomption , dans la convalescence, où presque toujours le sang manque de qualités louables ; dans les maladies du corps fibreux de la matrice, les polypes, les hydatides, et les excroissances rouges qui viennent sur les muqueuses, parce que les sujets qui en sont attaqués sont tous sanguino-séreux avec plus ou moins de surabondance de sérosité, et plus ou moins anémiques. Jamais les sujets à sang louable ne sont attaqués de ces maux, à moins qu'une maladie locale n'ait existé long-tems , et n'ait amolli le tissu cellulaire et les vaisseaux des environs du lieu où est la maladie. Comme il faut rendre le sang louable avant d'attaquer ces excroissances, afin de prévenir les fortes hémorrhagies , et un renouvellement de ces tumeurs qui ont lieu quand on ne prend pas ces précautions, il faut avoir une Séméiologie du sang, sûre , et qui n'ait rien d'équivoque.

Dans la coqueluche , cette Séméiologie est

aussi précieuse, parce qu'en faisant connaître la constitution et les qualités du sang des enfans, elle fait administrer à propos les remèdes pour adoucir les parties excitées, arrêter la décomposition et la consomption, qui sont presque toujours les suites des longues coqueluches. Elle fait connaître quand le sang est surabondamment séreux et lymphatique, et quand les produits de la décomposition sont exhalés par l'endroit qui a été le siége de la coqueluche primitive, ou quand le sang seul produit la matière de l'exhalation ; elle fait administrer dans les tems convenables les toniques pour rendre le sang louable ; enfin, elle donne des lumières, et fait prescrire des remèdes, par lesquels on parvient plus directement à détruire ou arrêter le mal que quand on ne connaît pas la constitution et et les qualités du sang.

La *corpulence* est graisseuse, ou gélatineuse et séreuse. Comment, sans une bonne Séméiologie des qualités du sang et des chairs, connaître ces obésités si nécessaires à distinguer ? La pratique journalière ne prouve-t-elle pas qu'une telle Séméiologie manque à l'art de de guérir, et particulièrement au traitement de la fonte de l'obésité ? J'en dis autant sur la corruption d'un système, d'une partie ou d'une

humeur, parce que la constitution et les qualités du sang doivent être reconnues pour le
traitement qu'on doit employer. De même
dans le coup de sang à la peau, dans la coupe-
rose, dans la constipation par asthémie, dans
les convulsions de tout espèce, même celles
des enfans, qu'on attribue à la dentition difficile, quoiqu'elle n'ait jamais lieu.

De même, pour connaître les constitutions
et les qualités du sang des cretins, des cagots
et des ladres, qui ne diffèrent des autres que
par la qualité de la matière et du sang ; dans
les dartres de toutes les espèces, parce qu'il y
en a qui attaquent les sujets de bonne constitution, et dont le sang est louable ; dans d'autres,
ceux dont le sang est altéré par excès de sérosité, et d'autres, ceux qui sont dans l'une ou
dans l'autre anémie. Pour le bien de l'art, il
faudrait savoir si les dartres altèrent le sang
louable, et le rendent surabondamment séreux
et causent l'anémie, ou si le sang altéré ne
produit pas seul des dartres. Différens traitemens toniques ferrugineux, faits à des adynamiques avec des succès complets, me font
croire que le sang altéré par excès de sérosité
est la source de beaucoup de dartres. Ma Séméiologie est très-utile pour le traitement des
dartreux ; de même dans les maladies dar-

treuses , qu'on présume être le produit des vers microscopiques , parce qu'elle fait connaître le sang du sujet.

De même, dans le desséchement partiel ou général du corps , parce que tous les desséchés n'ont pas la même constitution. Les médecins doivent juger la constitution et les qualités du sang des sujets desséchés , pour leur prescrire les moyens hygiéniques, pathologiques et thérapeutiques, indépendamment du pays où ils sont ; rien ne doit éloigner la connaissance du sang du sujet , vu que c'est ce qui doit guider l'administration des remèdes.

De même, dans la désudation , parce que chez ces sujets, le sang est altéré par excès de sérosité , et que pour guérir il faut le rendre louable ; pour administrer les remèdes propres à obtenir cet effet, il faut préalablement connaître le sang.

De même , pour connaître le sang des sujets attaqués de diabètes : quand on s'appuiera des principes de cette Séméiologie, on discernera promptement ses qualités ; on le trouvera toujours surabondamment séreux , parce qu'il l'est ; et l'on jugera que les remèdes doivent être dirigés contre cette cause , afin de rendre le sang louable.

De même, dans le diagnostic sur toutes les maladies, parce qu'il faut juger les qualités du sang.

De même, dans le diapédèse, puisqu'il faut connaître la cause de la sueur de sang ; elle n'a lieu que lorsque le sang est surabondamment séreux, et qu'il a relâché les vaisseaux au point de laisser passer le sang où la transpiration seule passait. Cette Séméiologie est supérieure aux autres pour ces cas.

De même, dans les diathèses, parce que le sang surabondamment séreux en produit seul plusieurs, et que cet état se trouve dans les diathèses séreuses, muqueuses, glaireuses, et souvent dans les bilieuses.

Enfin, dans l'administration des remèdes diétiques, parce que les qualités du sang doivent faire faire un choix assuré pour être sûrement utile.

Les fièvres aiguës ou chroniques sont des maladies qui doivent attirer l'attention du médecin sur la constitution et les qualités du sang du sujet, parce que le même traitement ne peut convenir à celui qui a le sang louable et en suffisante quantité, et à celui qui est surabondamment séreux et en anémie. La Séméiologie buccale fait distinguer parfaitement bien ces sujets ; et avec son secours, on reconnaîtra

que tant que le sang est surabondamment séreux et en anémie dans les fièvres chroniques,
les malades ne guérissent point ; mais que les
fièvres disparaissent à mesure que le sang devient louable. Les médecins, dirigés par elle,
verront que le quinquina et autres amers donnés aux fiévreux adynamiques pendant plus
d'un mois, augmentent la débilité générale ;
que les fièvres augmentent par ce traitement
au lieu de diminuer, et que la consomption
menace la vie de ces malades ; tandis qu'au
contraire, l'usage du carbonate de fer refait
le sang, donne de la force et guérit les fièvres
mieux que tout le quinquina de l'Amérique,
si, à son usage, on joint les moyens hygiéniques.

La Séméiologie buccale n'indique pas directement des remèdes contre les fièvres pes-
tilentielles, jaunes, varioliques, d'aucun ty-
phus, etc. ; mais elle fait connaître la constitution et les qualités du sang des sujets attaqués de ces maladies, et c'est beaucoup.

Les glaires, la leucorrhée sont des maladies qui ont leur source dans le sang surabondamment séreux ; jamais ces maladies n'existent chez les sujets dont le sang est louable.
Les ophtalmies chroniques sont entretenues
par le sang surabondamment séreux. Les af-

fections scorbutiques, le scorbut, le rhumatisme et le rhumatisme goutteux (très-diffé-
rent de la goutte causée par excès de matière
animalisable), ont leur source dans le sang
surabondamment séreux ; la Séméiologie,
qui les fait connaître, est donc un moyen
précieux.

Dans les fractures, dans les maladies des
os, où il faut appliquer le feu, et dans le cas
où il faut amputer un membre ou faire une
des grandes opérations chirurgicales, on doit
préalablement connaître la constitution et les
qualités du sang des malades, parce que ces
maladies ne guérissent qu'autant que le sang
est louable ; ceux qui l'ont surabondamment
séreux ou dans l'anémie séreuse, ne survi-
vent pas aux opérations ni aux traitemens. La
Séméiologie buccale peut servir dans toutes
ces maladies.

Afin de ne pas attendre quarante jours
pour décider si une blennorrhée dépend de
l'excitation du virus, ou si elle est entretenue
par le sang anémique et surabondamment séreux, qui donne la débilité générale et qui
entretient la blennorrhée, il faut juger les
qualités du sang ; c'est le plus sûr moyen pour
diriger les remèdes convenables contre la phlegmasie et contre la blennorrhée vénérienne.

La Séméiologie buccale est utile aussi pour connaître la constitution et les qualités du sang des personnes vaporeuses qui ont des affections nerveuses, involontaires et réelles, et les distinguer de celles qui en ont à volonté ou qui en simulent par intérêt, par calcul, par combinaison, par astuce, par ton, par imitation, pour se faire plaindre, pour obtenir des égards, pour se soustraire au travail et pour paraître intéressantes. Je ne comprends point dans les affections nerveuses, involontaires, les aliénations mentales ni celles du mal caduc. Cette Séméiologie fera reconnaître que les personnes dont les nerfs sont affectés, sont toutes sanguino-séreuses avec anémie : jamais je n'en ai vu dont le sang fût louable et en suffisante quantité. La connaissance de la qualité du sang des personnes affectées des nerfs conduit au traitement favorable à ces malades, auxquels il faut rendre le sang louable.

Cette Séméiologie aidera à faire connaître les sujets à qui l'électricité, le magnétisme, le galvanisme sont utiles, et ceux en qui ils ne produisent aucune amélioration à la santé, etc.

La constitution et les qualités du sang doivent être toujours prises en considération dans les thérapeutiques , parce que l'indication de la vertu des médicamens contre les maladies est très-insuffisante et souvent dangereuse, si on ne distingue pas *les sujets qui ont telle constitution et telles qualités du sang.* Par exemple, les mercuriels guérissent la vérole des sujets dont le sang est louable, et ils ne la guérissent pas aux anémiques surabondamment séreux : ils tuent les vers dans quelques sujets et non dans tous , et ils augmente la débilité et les maladies des sanguino-séreux et surabondamment séreux. Les béchiques nuisent aux catarrhes chroniques des anémiques et surabondamment séreux. Les toniques nuisent aux sujets dont le sang est louable , et ils sont utiles à ceux dont le sang est pauvre. Le soufre tue les vers microscopiques de la gale , et ceux qui causent, dit-on , les dartres à bords géographiques aux sujets à sang louable , et ne guérit pas les sanguino-séreux ni les anémiques surabondamment séreux. Les cautères et les vésicatoires sont utiles aux sanguino-séreux qui sont près de la pléthore ; ils sont nuisibles aux anémiques, et inutiles à ceux dont le sang est louable, excepté dans les cas où il faut produire une déviation prompte. Ces citations sont suffisantes pour faire sentir la nécessité de connaître les constitutions et les qualités du sang des malades, ainsi que l'utilité de cette connaissance pour l'indication des remèdes prescrits aux sujets qui ont telle ou telle qualité du sang; enfin, les avantages que procure ma Séméiologie buccale, pour faire connaître l'état du sang de tous les sujets qu'on examine.

EXAMEN DES OUVRAGES

NOUVELLEMENT PUBLIÉS

SUR L'ART DU DENTISTE,

Faisant suite au Tableau critique inséré au 2ᵉ *volume de ma* Théorie et Pratique de l'Art du Dentiste.

Il y a peu d'arts scientifiques sur lesquels on ait écrit autant de fois et aussi vaguement que sur l'art du dentiste, et particulièrement sur la pathologie dentaire. Il n'y a pas d'ouvrages de nosographie médicale et chirurgicale, qui ne contienne des articles sur cet art. On en trouve aussi dans tous les dictionnaires de médecine et de chirurgie, dans les Encyclopédies, les dictionnaires des Arts et Métiers, les ouvrages sur divers points d'anatomie, de physologie, d'hygiène, de pathologie, de thérapeutique, de matière médicale et de pharmacie ; dans les monographies dentaires, les dissertations et annonces qui ont pour but de vanter et de faire vendre des remèdes, auxquels on attribue la propriété de conserver les dents, de les tenir propres, d'arrêter la carie, de calmer les douleurs de dents, de les guérir même, etc., etc. Dans tous il y a quelque chose d'utile, et dans tous il y a des erreurs et des choses qui ne peuvent faire partie de l'art de guérir.

Lorsque le livre du célèbre Fauchard parut, les dentistes de ce tems auraient dû se former en société pour conserver cet ouvrage, et y ajouter ce que l'expérience et les nouvelles découvertes auraient produit d'utile. On serait ainsi parvenu à avoir un traité complet, ou du moins bien plus parfait que ce que nous avons. Ce qui n'a pas été fait, il faudra le faire, afin que le public ait une garantie que sa confiance ne peut être placée que sur des dentistes éclairés, qui n'admettent dans leur pratique que les principes, les remèdes, les instrumens, les opérations qui constituent l'art ou en font partie : enfin, tout ce qui a été jugé le plus convenable et le plus sûrement utile par des hommes expérimentés. C'est ce que j'ai dit ailleurs ; mais on ne peut trop le répéter : il faudrait pour cet art rassembler ce qui dans chaque partie est le plus sûrement vrai dans la science, et le plus sûrement et avantageusement utile dans la pratique ; faire imprimer séparément chacune des parties, afin que cela fût plus commode pour y insérer les améliorations tous les cinq ou tous les dix ans.

Autant je crois utile de recueillir et de rassembler les choses qui constituent l'art du dentiste, autant je trouve nécessaire de relever, dans quelque lieu qu'on le trouve, les erreurs émises en anatomie, en physiologie, en hygiène, en pathologie et en thérapeutique dentaire, et de les bien signaler chacune, parce que le mal nuit plus encore que le bien ne sert. Mais il faut motiver la cause du rejet que l'on en fait, afin que le lecteur soit à portée de connaître lui-même, dans quelque tems que ce soit, si le jugement a été bien fondé.

La prosthèse dentaire ne devrait être que dans les mains de ceux qui connaissent parfaitement la chirurgie qui y a rapport ; il y a trop de points pathologiques dans les cas d'addition de dents artificielles, pour confier ce travail à celui qui n'en a pas la science. Tout ce qui constitue cette partie devrait être épuré, comme ce qui constitue la chirurgie dentaire. On ne devrait payer aux magistrats chargés de la police chirurgicale, que moitié du traitement qui leur est alloué par mois, tant qu'ils ne feront pas exécuter les lois relatives à cet art, vu qu'ils laissent mal faire ceux qui n'ont pas le talent ni le droit.

J'aurais voulu ne trouver que du bien à dire dans les ouvrages que je vais citer; mais comme dans la chirurgie dentaire les erreurs, les mauvais conseils, les instrumens impropres, les opérations inutiles, ou faites à contre tems, et les mauvais procédés opératoires, sont préjudiciables aux malades et à l'art, je ne dois pas laisser passer ce que je trouve nuisible, suivant mes lumières, mon expérience et mes observations.

Comme ceux qui ont annoncé les livres de l'art n'en ont pas signalé les erreurs, et qu'elles se trouvent en opposition avec ma *Théorie et Pratique*, que j'ai publiée, et qui contient ce qui est connu de plus avantageux, je les dénonce comme importantes à connaître à tous : au public pour ne pas tomber dans les piéges où l'ignorance et l'entêtement le précipitent; aux dentistes, pour ne pas les répéter et recommander; aux coteries, pour ne pas les préconiser par des éloges non mérités, qui sentent trop l'obligeance amicale et la congratulation littéraire; aux journalistes, pour ne pas les annoncer sans critique raisonnée, et n'en pas faire, au détriment du public, des spéculations où se décèlent trop une cupidité coupable et le sacrifice de la vérité.

CADET DE GASSICOURT (M.), article *cosmétique*, au *Dictionnaire des Sciences médicales*.

Cet auteur dit que l'on ne doit employer les poudres dentifrices qu'avec ménagement; que les opiats usent moins l'émail, et que l'on doit, pour frotter les dents, préférer une brosse douce aux racines de luzerne.

A l'article, *dentifrice* du même dictionnaire, il dit : Qu'on n'a pour enlever la concrétion qui se forme sur les dents que deux moyens, le frottement et les acides faibles; que les opiats, les poudres et les acides s'emploient avec l'extrémité d'une petite brosse mince, ou avec l'extrémité d'une racine de luzerne. La pathologie dentaire des apothicaires, médecins et chirurgiens de Paris , n'est qu'une pathologie marchande et empirique ; elle est trop en arrière de la nôtre pour que je ne le fasse pas apercevoir.

Les dentistes veulent, comme M. Cadet de Gassicourt, que ces poudres ne contiennent que peu d'acide ; mais il en faut un peu. Les dentistes veulent que les poudres qui s'emploient seules , et celles qui composent en partie les opiats , soient bien broyées : alors elles sont également utiles et n'ont pas plus d'inconvéniens en poudre qu'en opiats. Les dentistes reconnaissent depuis long-tems l'insuffisance des dentifrices pour enlever le tartre ; c'est pourquoi ils l'enlèvent avec les instrumens dont M. de Gassicourt ne parle point. Les dentistes ont proscrit depuis long-tems les bâtons de corail et les racines de luzerne et de guimauve pour frotter les dents ; le bâton de corail est trop dur et ne frotte pas par-tout, et il blesse les gencives ; les racines ne durent pas long-tems, et elles ne peuvent frotter où les brosses atteignent facilement. Les dentistes recommandent les brosses dures pour les personnes qui ont les gencives fermes , moyennes pour les gencives un peu douloureuses , et douces pour les gencives relâchées , rouges , sensibles et tuméfiées : M. Cadet de Gassi-

court aurait dû rapporter plutôt ces avis que
ceux qu'il nous a donnés.

CUVIER (M.) article *dent*, anatomie, au *Dictionnaire des Sciences médicales.*

M. Cuvier dit que la sortie des canines des
dents de lait suit celle des incisives. Tous
les enfans que j'ai examinés avaient les premières molaires avant les canines.

Il dit que, « à deux ans la première molaire de chaque côté a paru, et que la seconde
vient entre quatre et six ans. » M. Cuvier est
dans l'erreur : les molaires de lait sont, règle
générale, sorties à deux ans. J'ai relevé cette
erreur dans le tableau critique de la seconde
édition de ma *Théorie et Pratique*, aux articles de MM. Bichat, Sabatier, Boyer et
Bertin, etc.

M. Cuvier dit, page 325, que l'accroissement agit avec force sur l'os qui contient les
dents, pour l'étendre dans le sens où se fait
l'accroissement : c'était l'opinion d'Ætius ; je
l'ai combattue dans l'article sur Van-Swiéten,
parce que cela n'est point : l'alvéole est détruit
et absorbé avant que les dents y passent.

M. Cuvier dit que la dent n'est point sensible dans son ivoire ni dans son émail, mais

seulement dans son noyau pulpeux. Il nomme noyau pulpeux le faisceaux des vaisseaux qui portent la nourriture à la dent, et qui est enfermé dans les racines des dents. Gavard et Bichat l'appellent aussi noyau pulpeux ; nous le nommons cordons des vaisseaux dentaires. Ce faisceau de vaisseaux est considérable avant la formation des racines des dents ; il diminue à mesure que l'ossification des racines se fait. L'ossification renferme ces vaisseaux dans la couronne et dans les racines des dents ; il ne reste de non ossifié que le pertuis nécessaire pour contenir ce faisceau au bout des racines, qui, dans cet endroit, est moins gros que dans les autres parties du dedans des dents. L'ivoire des dents n'est pas toujours insensible ; il y a des points qui sont autant sensibles que les parties où il y a des nerfs ; ce qui prouve que l'ossification n'a pas été assez dense pour ôter la vie aux nerfs qui se trouvent dans l'ivoire. La compression et le limer des dents signalent ces points sensibles, que M. Cuvier ne pourrait méconnaître dans ces cas, ni dans la rougeur et l'amollissement des dents, qui arrivent dans les affections scorbutiques.

Desbordeaux (M.). *Nouvelle Orthopédie.*
Paris , 1805.

Ce qu'il dit de la déviation des dents est
faible , quoique ce ne soit que répétition. Les
moyens qu'il propose pour y remédier sont
trop imparfaits et trop insuffisans pour qu'on
les emploie ; ceux qu'il indique pour conserver
les dents , sont pris des livres des dentistes.
Le paragraphe 3 de la page 150, où il proscrit
l'usage de la brosse, et préfère l'éponge pour
nettoyer les dents muqueuses , est un article
ridicule , parce que , pour ces cas , il n'y a
rien qui équivaille à la brosse.

Demontègre (M.) , article *déviation* , au
Dictionnaire des Sciences médicales, page 72.

Plusieurs causes de déviation sont énoncées
dans cet article ; beaucoup d'autres y manquent. L'auteur paraît s'en être rapporté à
M. Duval ; c'est pourquoi on y trouve guère
qu'un très-petit nombre de faits , et seulement
la pratique de ce chirurgien dentiste , par
conséquent incomplète et imparfaite.
Puisque l'auteur avait entrepris cet article ,
il fallait diviser les déviations en internes et
cachées , et en externes et apparentes : il y a

déjà assez de faits connus pour s'occuper essentiellement des déviations cachées. Albinus,
Dessault, Gavard, Sabatier, Antoine Dubois
et moi-même en avons rapporté d'assez importans pour les prendre en considération.

Voici encore deux exemples de déviations
cachées de dents canines, qu'il faut joindre à
ceux que l'on connaît. Voyez aussi page 326,
paragraphe 210 de ma *Théorie et Pratique de
l'Art du Dentiste.*

En 1813, un homme de l'âge de quarante
ans, de constitution sanguino-séreuse, et dont
le sang était d'un sixième environ surabondamment séreux, quand je le vis pour la première fois, avait une tumeur fibreuse au milieu du palais. De tems en tems il sortait, à côté
de cette tumeur grosse comme un noyau de
cerise ordinaire, une matière blanchâtre et
sans odeur. Plusieurs chirurgiens qui l'avaient
vu pensaient que les racines des dents incisi-
vés (qui étaient en place) causaient ou entre-
tenaient ce mal. Les couronnes n'existaient
plus ; la désorganisation par amollissement et
carie les avaient détruites. J'ôtai trois de ces
racines et j'en laissai une à droite, qui était
ferme et point douloureuse ; aucune des racines ne me donna le signe qu'il y eût correspondance d'elles, ni du tissu alvéolaire envi-

ronnant, avec le mal du palais. J'en fis part
au malade. Le mal recommença à produire
de la suppuration à côté du bouton ; M. Boyer
le brûla deux fois dans l'espace de dix jours.
M. Pelletan crut qu'il y avait carie à la mâchoire : il demanda quelque tems pour décider. M. Dubois crut que la racine qui restait
pouvait entretenir le mal : il fut d'avis de la
faire arracher. M. Dupuytren pensa de même.
Avant de quitter le malade, qui avait grande
peur que le palais ne s'ouvrît d'avantage,
M. Dupuytren observa que tout le bord alvéolaire était sans aucun vestige de maladie,
mais plus gros qu'il n'est quand on a perdu les
dents. Il donna un coup de pointe de bistouri
sur ce qui lui paraissait le plus saillant ; c'était
à la gencive de l'alvéole de la petite incisive
du côté droit ; il n'y trouva ni fluide ni rien
qui pût diriger son attention sur la cause du
mal. J'arrachai la racine de la dent, que je
trouvai être celle d'une petite molaire. On
n'aurait pu la distinguer avant l'arrachement,
parce qu'elle était presque couverte par les
gencives. L'état du périoste alvéolaire et de la
racine me fit juger qu'elle ne causait pas le
mal du palais. Comme j'avais arraché ancien-
nement plusieurs racines, et que celle de la canine n'y était point, ni ne donnait aucun signe

d'existence , et que le malade soutenait n'en avoir fait arracher que par moi. J'eus des soupçons que la canine était placée le long du bord alvéolaire. J'en fis part au malade, qui me pria de me trouver chez lui avec M. Dupuytren; cela fut fait. Les motifs qui me faisaient soupçonner l'existence de cette dent, étaient que , malgré la perte des dents et des racines incisives , le bord alvéolaire n'avait point diminué ; qu'au contraire il était assez renflé pour faire présumer un corps contenu ; que la matière qui sortait du palais n'avait pas d'odeur ; qu'en cela elle était semblable à celle qui sortait des foyers des matières produites par des canines déviées et contenues dans les maxillaires mentionnées par Albinus , Jourdain , Dessault, rapportées par Gavard , Antoine Dubois, et que j'ai trouvées trois fois. M. Dupuytren eut la même idée sans apercevoir d'autres signes. Le malade était courageux; il se confia et laissa faire la recherche. M. Dupuytren avait senti avec le bistouri un os ; ma sonde me le faisait aussi sentir ; la substance compacte du maxillaire pouvait être ce corps au lieu de la racine de la dent. La couronne était éloignée du lieu où la recherche se faisait. Bientôt ces recherches firent soupçonner la présence de la dent. Une incision sur le bord dentaire la découvrit ; elle était placée dans le même lieu où étaient les racines , mais un peu postérieurement. La couronne était à gauche ; la pointe arrivait contre l'alvéole de la canine du côté gauche ; la racine était à droite , et derrière la racine de la petite molaire que j'avais arrachée le matin. La face externe de la dent déviée était tournée vers le bord mandibulant ; la dent était incrustée et sertie aux deux tiers, dans toute sa longueur, par le maxillaire, avec adhérence à la racine. L'extraction fut faite avec l'élévatoire pyramidal, la pointe placée à la face postérieure de la dent; l'appui fut fait sur la couronne de la face masticante de la petite molaire du côté gauche, que M. Dupuytren soutint pendant que j'agissais. L'arrachement fut fait avec lenteur et douceur , et sans beaucoup de souffrances : toutes ces maladies guérirent promptement sans autres remèdes qu'un gargarisme émollient les deux premiers jours, et du vin miellé ensuite.

La déviation ayant placé la dent derrière les racines des dents antérieures, les vaisseaux dentaires des racines des dents incisives avaient été désorganisés ; les dents n'ayant plus de nourriture, s'étaient amollies , cariées et détruites dans leur couronne, sans avoir causé de douleurs , autres que celles qui viennent aux gencives lorsque les racines branlent ; les racines étaient petites, rapetissées, sans avoir autour d'elles ce qu'ont les racines des dents de la première dentition , celles où il y a des abcès environnans et celles où il y a carie aux alvéoles; la décomposition des racines se faisait sans y causer des altérations autrement remarquables que la diminution.

Deuxième exemple de déviation cachée.

En 1812 , se présenta chez moi une dame de l'âge de trente ans (cette dame demeure rue Mauconseil à Paris) , se plaignant de douleurs à la mâchoire supérieure. Je sondai toutes les dents et les examinai avec le miroir buccal, sans y découvrir aucun mal, ni aux dents, ni au périoste alvéolaire, ni aux gencives. La personne est de constitution pure et a le sang louable et en suffisante quantité : je déclarai ne point connaître la source de ces douleurs. Plusieurs de mes confrères furent consultés pour ce même fait ; les uns dirent ne trouver rien qui pût motiver un jugement certain , d'autres furent d'avis d'arracher la petite incisive du côté gauche , lieu où la douleur se faisait plus sentir que dans d'autres endroits.

Six des chirurgiens en chef des différens hôpitaux furent du même avis , sans communiquer les motifs qui les portaient à faire extraire cette dent , bonne , saine , point branlante ; la gencive était en bon état. La malade fit tirer sa dent, non par moi, car je ne l'aurais pas extraite : elle en fit mettre une artificielle avec une attache.

En juin 1814 , elle vint me revoir , et me dit qu'elle souffrait toujours , et qu'elle me priait de la réexaminer. Je trouvai une fistule à la gencive de la dent qu'on avait arrachée , par où s'écoulait un peu de matière sans odeur. Il n'y avait encore aucune dent cariée, ni aucune de branlante ni douloureuse ; les gencives étaient fermes, le sang de bonne qualité , mais un peu diminué de ce qu'il était en 1812. L'arc dentaire ni aucune partie du maxillaire n'avaient aucun aspect maladif. Mais voici ce que je remarquai : la dent canine du côté droit manquait , et la dame n'en avait point fait arracher : l'alvéole et tout le maxillaire répondant à l'emplacement de cette dent, étaient de moitié plus minces que ce qui entourait les dents voisines : à partir de la petite incisive , l'arc alvéolaire , au-dessus du collet des dents , derrière les dents incisives , et même de la canine du côté gauche , était beaucoup plus

épais qu'il ne l'est ordinairement : la pression
de cette partie entre les doigts ne donnait
aucun signe de faiblesse ; il n'y avait aucun
craquement, comme cela arrive souvent aux
sinus maxillaires, lorsqu'il y a dilatation d'une
partie osseuse du sinus. Ici, on ne remarquait
pas cette dilatation des os par les fluides épanchés , telle qu'elle avait lieu chez le fils de
l'apothicaire de la rue de la Feuillade, que
M. Antoine Dubois opéra, et qui guérit bien de
la maladie de cette dent déviée ; car les fluides
épanchés , ou du moins le trop plein , sortent
par le trou fistuleux de la gencive de la dent
arrachée.

Voilà mon opinion, sans avoir d'autres symptômes que l'absence de la dent de sa place
ordinaire , l'amincissement de l'alvéole, et le
renflement non maladif du maxillaire à la face
postérieure des dents incisives. Comme je n'a-
vais d'autres conseils à donner à la malade
que d'attendre qu'il se manifestât des symptômes qui pussent faire juger son mal , elle
s'est adressée ailleurs.

M. Demontègre a donné quelques moyens
pour remédier à la déviation apparente des
dents : il s'en faut de beaucoup qu'ils soient
suffisans. On trouve quelque chose de mieux
dans ma *Théorie et Pratique*, au chapitre 25,

de même que pour rapprocher les dents, que l'absence d'une des incisives laisse éloignées ; opération dont M. Demontègre ne parle point. (Voyez mon chapitre 24 ; et un article sur la *déviation*, dans l'article sur celui de M. Fournier, ci-dessous.)

DEVILLENEUVE (M.), sur *l'Application des peaux de taupes sur la tête pour guérir les maux de dents.*

Ce médecin dit avoir vu des maux de dents guéris ainsi. Il est arrivé, comme il arrive toujours, que ces absurdités répétées par les journaux ont fait des dupes.

Qu'un taupier annonce que la peau des taupes guérit le mal de dents, cela ne paraîtra pas étonnant ; mais qu'un médecin le dise, cela est inconcevable, parce qu'il doit savoir que le mal de dents n'est pas unique, et qu'il y en a de plusieurs sortes. Alors, on est en droit de lui demander lequel est guéri par la peau des taupes ? est-ce l'excitation du nerf dans le canal de la dent qui produit la phlegmasie ? ou bien est-ce celle produite par un corps étranger qui pique le nerf ? ou celle causée par l'air froid, ou l'air chaud, ou même la chaleur du sujet ? ou celle que produisent les liquides froids ou chauds, simples ou salés ?

ou bien celle produite par le seul poids de l'air? ou bien celle causée par la section d'un tiers de nerf, d'une moitié ou plus ou moins ? Guérit-elle la tention excessive d'un nerf? guérit-elle aussi les maladies du périoste alvéolaire? arrête-t-elle les inflammations, les fluxions et les suppurations? fait-elle sortir les matières des dépôts qui sont souvent autour des dents? guérit-elle les ulcères et les fistules causés et entretenus par les maux de nerfs dentaires, ou bien ces peaux douces guérissent-elles toutes ces maladies? M. de Villeneuve et les admirateurs de ce remède auront sans doute la bonté de le dire au public, afin qu'il puisse en faire un sûr usage, et ne pas se livrer aux dentistes, qui ne savent guérir ces maux que par des opérations douloureuses, quoiqu'ils les guérissent subitement en arrachant les dents.

DUVAL (M.), sur *la cire appliquée dans les caries des dents*. Journal de Médecine, vol. 33, juin 1814.

Cet écrit a pour objets : 1° de prouver que la cire seule n'a pas de qualités suffisantes pour boucher immédiatement les trous de la carie, ni celle de représenter les dents détruites ; 2° de mettre les nerfs dentaires à l'abri des excitans ;

3º de faire connaître les substances perni-
cieuses, que plusieurs médecins, qu'il cite, ont
conseillé de mêler à la cire pour mastiquer
les cavités faites par la carie, et pour former
des dents artificielles. Cet article est bien
conçu et fait soupirer après la découverte d'un
mastic aglutinatif et indécomposable, propre
à boucher les trous des dents cariées, dont je
m'occupe depuis long-tems, et qui existe dans
plusieurs colonies insulaires de la Mer Paci-
fique, chez les sauvages du Canada et chez
les Bedouins africains. M. Duval aurait pu appuyer davantage sur l'inefficacité des dro-
gues qu'il cite, et encore plus sur le danger
de les employer.

DUVAL (Le même M.). *Observations sur l'etat
des os de la mâchoire dans les ulcères
fistuleux des gencives et dans les ulcères
dentaires.* Gazette de Santé, du 11 septem-
bre 1814.

L'infatigable M. Duval continue de com-
piler les livres des dentistes et de faire des
articles qu'il veut qu'on croie de son invention, et qu'on trouve très-importans, quoiqu'ils ne soient ni l'un ni l'autre. Il sait que les
membres de la société, qui ne s'occupent pas

de chirurgie dentaire, ne sont pas au courant
de la science ni du point où en est cette partie
de l'art de guérir, et qu'ils ne pourront pas
juger à la simple lecture si ce que contiennent
ses nombreux mémoires sont des produits de
son travail ou de celui des auteurs dentistes:
c'est pourquoi il donne presqu'autant de mémoires que la société tient de séances; et pour
qu'on parle plus souvent de lui, il fait annoncer séparément dans les journaux la lecture
qu'il a faite de ses mémoires à l'assemblée,
néanmoins sans rapporter le jugement de la
société.

Ses observations sur les ulcères et les fistules ne sont que du ressuscité et du réchauffé,
sans objet et sans utilité publiques, parce que
les ouvrages de MM. Fauchard, Bourdet,
Jourdain, Gariot, et ma *Théorie et Pratique*,
contiennent toutes ces observations, et bien
plus pathologiquement que celles de M. Duval.
D'ailleurs, l'ouvrage de M. Gariot et le mien
n'ont pas assez vieilli pour qu'il faille renou-
veler ces observations, à moins que ce ne
soit uniquement comme occasion de faire
parler de soi.

Quoique mes confrères et le public lettré
puissent remarquer que les annonces des observations de M. Duval montrent plus de complai-

sance de la part des journalistes et de désir de lui être agréables que de recherches pour savoir si elles sont de lui en propre, ou seulement des compilations faites sur les auteurs dentistes, il fallait néanmoins que cet article fût mentionné dans ce tableau critique.

FOURNIER (M.), *Dictionnaire des Sciences médicales*, article *davier*.

Le davier n'est pas un instrument unique. Il y en a de plusieurs formes. Ils diffèrent dans la longueur totale, dans l'écartement des branches servant de manche, dans l'épaisseur des mâchoires et dans la courbure du bec de la branche femelle. Ceux qui sont gravés dans divers ouvrages de l'art montrent cette différence.

Dans ma *Théorie et Pratique de l'art du Dentiste*, j'ai fait graver, planche 10, n° 35, celui que je crois au-dessus de tous ceux que j'ai connus (j'ai joint cette planche à la fin de ce traité critique) ; dans le même ouvrage j'ai fait connaître les inconvéniens qui y sont attachés, quand on veut l'employer aux arrachemens des dents adhérentes et non branlantes. J'ai dit qu'on doit en faire usage uniquement pour arracher les dents et racines branlantes de la mâchoire inférieure de tous les âges ; qu'il faut l'employer pour toutes celles qu'il peut saisir et que la commissure des lèvres permet de prendre ; que lui seul est préférable à tous les autres pour ces cas , et pour faire le moins de mal possible.

Ce que j'ai dit du davier courbe pour extraire les dents et racines branlantes inférieures, je l'ai dit pour la pince droite gravée planche 9, n° 33 de mon livre, et qui est jointe ci-après ; c'est-à-dire qu'avec cette pince, que des auteurs appellent davier droit, on doit extraire toutes les dents et racines branlantes de la mâchoire supérieure qu'on peut bien saisir , et qui ont assez de matière solide pour ne pas s'écraser par l'étreinte ; que ce sont les deux seuls instrumens qui doivent être employés pour ces cas, à cause des avantages qu'ils ont sur tous les autres. M. Fournier dit bien de cela quelque chose, qu'il a puisé dans mes principes ; mais il n'est pas assez ferme dans sa recommandation.

FOURNIER (Le même M.), article *dent* (pathologie) , au *Dictionnaire des Sciences médicales.*

M. Fournier attribue les maladies des dents « à la constitution physique du sujet, à ses

» dispositions pathologiques, à ses habitudes
» fluxionnaires ou catarrhales, qui dérivent
» de la variété des saisons et de la température
» du climat ; à diverses anomalies nerveuses
» qui rendent souvent toutes les dents dou-
» loureuses ; aux affections rhumatismales et
» goutteuses qui s'éloignent de leurs siéges
» habituels, et qui viennent se fixer à la tête,
» à la mâchoire, et déterminent aux dents
» des douleurs qui trompent tellement les
» malades, que souvent ils se font extraire plu-
» sieurs dents saines et qui n'étaient affectées
» que sympathiquement..... Le scorbut, les
» altérations de la membrane muqueuse de la
» bouche, l'usage des mercuriels, la syphilis,
» les affections herpétiques, etc. »

Ensuite, à la page 345, après l'exposé des causes externes des maladies des dents, il ajoute : « Les affections scrophuleuses, dar-
» treuses, rhumatismales, chroniques et
» aiguës, varioliques, rachitiques, scorbu-
» tiques, catarrhales, inflammatoires, gas-
» triques, adynamiques, nerveuses, odontal-
» giques, etc. »

Vu le nombre des causes auxquelles on attribue les maladies des dents, je suis surpris qu'il ne soit venu dans l'idée d'aucun auteur d'y ajouter le passage journalier du sujet devant le soleil et devant la lune. Car enfin cela a lieu, et cela peut tout aussi bien que toutes ces autres choses causer *des affections nerveuses et dentaires par les habitudes fluxionnaires qui dérivent de la variété des saisons et de la température des climats*, etc. Je ne crois pas à toutes ces sources de maladies de dents que M. Fournier cite, parce que souvent les maladies des dents existent avant celles auxquelles M. Fournier les attribue, d'autres fois, sans qu'aucunes d'elles aient lieu, et que d'autres fois elles ont lieu sans qu'il y ait aucun mal aux dents.

La pathologie dentaire doit être basée sur la constitution et sur les qualités du sang de chaque sujet, parce que chaque constitution a des dents qui tiennent d'elle, et que l'état des dents est relatif aux qualités qu'a ou qu'a eues le sang. Ce sont-là des faits dont les preuves existent sur chaque individu. En observant, d'après la Séméiologie buccale, on aperçoit évidemment et sans équivoque que les sujets à sang altéré constitutionnellement par excès de sérosité, ont l'ivoire et même l'émail de leurs dents plus lâches, plus mous, plus poreux, et par conséquent bien moins denses que ceux de la constitution pure et à sang louable ; qu'ils ont des maladies débiles et adynamiques générales, et souvent si graves que leurs caractères leur font donner les noms de rachitis, de scorbut, d'écrouelles, de rhumatismes, de catarrhes chroniques, de phthisies séreuses ou lymphatiques, etc.; maladies qui ont leur source dans le sang altéré par excès de sérosité, comme la désorganisation des dents par cause interne.

Considérons maintenant le pervertissement des humeurs excrémentitielles et celui du sang par des secrétions incomplètes; la corruption du sang par les infectans, par les virus et par les divers débilitans. Il doit arriver que les maladies des dents des sujets qui étaient précédemment surabondamment séreux, avec suffisante quantité de sang, ou dans l'état anémique, augmentent à proportion de l'augmentation des choses débilitantes; et il doit arriver aussi que les maladies adynamiques produites par le sang, dont j'ai dénommé quelques-unes ci-dessus, augmentent de même. Il arrive aussi que, dans beaucoup de ces cas, une de ces maladies influe sur l'autre, soit directement, soit par la corruption du sang et des humeurs; et c'est pourquoi l'on doit classer les maladies des dents en celles qui ont leur source dans le sang surabondamment séreux simplement, ou surabondamment séreux infecté, et dans celles du mucus buccal dégénéré et infecté.

La différence de ma pathologie et de celle du *Dictionnaire des Sciences médicales* est grande, parce que, dans ce livre, on attribue les maladies des dents au scorbut, au rachitisme, aux écrouelles, aux catarrhes, à la goutte, aux rhumatismes et aux maladies adynamiques, et que je prouve que ces maladies sont les effets de la même cause qui produit les maladies des dents; et les conséquences en sont infiniment frappantes dans le traitement. Par exemple, si c'est le sang altéré d'excès de sérosité qui cause les maladies des dents, et celles que M. Fournier cite comme les produisant, je conseille de rendre louable le sang, qui alors fait guérir toutes les maladies, excepté les lésions organiques dentaires : si, au contraire, on veut guérir les maladies des dents sans attaquer le sang, on ne les guérit pas, même quand on attaque le scorbut, les écrouelles, le rachitisme, le catarrhe et la phthisie, comme maladies *sui generis*. La même doctrine est applicable à l'article suivant du même auteur, page 243, sur le tartre.

L'auteur croit que les personnes « qui ont » les gencives pâles, d'un rouge terne, li-

» vides, molles et saignantes, dont la salive
» est abondante et plus visqueuse que celle
» d'un tempérament muqueux, sont plus su-
» jettes à faire du tartre que d'autres. » Il y
a dans cela quelque chose de vrai, mais qui se
trouve mêlé avec ce qui n'est pas clair, et qui
doit être épuré pour faire partie de la pathologie dentaire. Par exemple, pour prévenir
la formation de cet excès de tartre, il faudra
savoir pourquoi *les gencives sont pâles, rouges, ternes, livides, molles et saignantes ; et
pourquoi la salive est visqueuse et abondante ;
et pourquoi le tempérament est muqueux.*
C'est là le chemin qui conduit à la source de
ces symptômes.

Ces questions ne pourront être bien réso-
lues qu'en prenant pour base du raisonnement la constitution et l'état du sang du sujet
tartreux, parce que ceux qui sont de bonne
constitution et qui ont le sang louable ne font
presque point de tartre ; que les lymphatico-
séreux en font peu ; que les sanguino-séreux
et sur-tout ceux qui sont surabondamment séreux en font beaucoup. Avec cette Séméiologie, on trouvera que les personnes qui ont
les gencives rouges, ternes, livides, molles et
saignantes, la salive visqueuse et abondante,
ont le sang sanguino-séreux et surabondam-

ment séreux, et que celles qui ont excès de mucosité, sont dans cet état. Par conséquent, ces maladies, que l'on trouve aux sujets qui ont beaucoup de tartre, sont des maladies que ce sang produit; le tartre est l'effet de cet état du sang; la formation, qui s'en fait plutôt sur une partie des dents que sur une autre, vient de ce que ces dents ne servent que peu à la mastication, et de ce qu'elles ne sont pas assez frottées par les dentifrices.

Mon système de Séméiologie buccale et de pathologie dentaire peut faire faire ces questions : Pourquoi voit-on des sujets qui ont le sang plus surabondamment séreux et qui sont plus anémiques que d'autres, sans avoir de maladies comme ceux qui l'ont moins altéré qu'eux? Pourquoi y a-t-il des sujets qui sont moins séreux et moins anémiques que d'autres, qui ont les dents, les gencives et le périoste alvéolaire plus attaqués que les leurs? Je ne crois pas donner une solution satisfaisante à ces deux importantes questions par ce que je vais exposer; mais je dirai, sur ce point, que le sujet dont le sang est plus altéré et plus anémique, et qui ne travaille point ou qui ne fait aucune action forcée, doit avoir moins de lésion dans les parties qu'il pourrait faire agir que celui qui les exerce de plu-

sieurs manières, avec plus ou moins d'action;
que le premier ne manque point de nourriture suffisante, saine et agréable, et que l'autre
n'obtient que par un travail souvent pénible
un peu de nourriture malsaine et insuffisante;
ou que le premier n'est attaqué par aucun
virus, ni par les infectans, ni par les débilitans, et que l'autre l'est plus ou moins; ou
enfin que l'un est du premier degré de la
constitution de sa classe, et l'autre du second;
que l'un peut avoir eu plus que l'autre des
maladies qui aient plus lésé, directement ou
indirectement, quelque partie, comme on le
trouve fréquemment indiqué dans la pathologie générale; ou bien que les parties malades sont moins bien organisées dans l'un que
dans l'autre, à qualités égales d'ailleurs; ou
qu'elles ont été plus forcées; ou que l'excitant
ou le désorganisant est plus immédiatement
placé sur la partie malade.

M. Fournier dit, à la page 360, « que la
» douleur des dents est du ressort de la mé-
» decine interne; que l'expert dentiste ne
» trouve d'autre expédient que d'en faire l'ex-
» traction, tandis qu'un médecin éclairé par
» l'étude et par l'observation, fidèle *aux pré-*
» *ceptes tracés par Hippocrate, Arétée, Celse,*
» *Cœlius Aurelianus, reconnaissant dans une*

» *cause morbifique, exaltée momentanément*
» *par une circonstance fortuite, la raison de*
» *la douleur de son malade, saura lui con-*
» *server sa dent, en détruisant ou en détour-*
» *nant la cause de la douleur qui affecte la*
» *dent.* Combien de fois une saignée, un éva-
» cuant, les diaphorétiques, un vésicatoire,
» le moxa, les sinapismes, les narcotiques
» administrés intérieurement ou comme to-
» piques, n'ont-ils pas suffi pour apaiser les
» plus vives douleurs causées par une dent
» cariée! etc. » Il indique les remèdes à la
page 367.

Les experts ne contestent point aux médecins ni aux chirurgiens leur droit à traiter des
maladies des dents; mais ils se défendront
contre l'imputation de ne connaître d'autres
expédiens que d'extraire les dents douloureuses.

Si les remèdes calmaient les douleurs des
dents, les experts dentistes et les autres arracheurs de dents n'en extrairaient jamais aucune, parce que les médecins les guériraient
avec ces remèdes; mais il faut qu'ils les arra-
chent, quand les médecins ne les guérissent
point. Ils sont bien obligés d'arracher celles
que les médecins ont médicamentées inutilement pendant long-tems *par des saignées, des*

bains, les évacuans, les vésicatoires, les sina-pismes et les narcotiques, etc., même d'après les préceptes tracés par Hippocrate et ses disciples. Les experts dentistes savent que tous les remèdes employés contre des douleurs de dents en ont guéri; mais ils savent aussi que ces mêmes remèdes, employés d'autres fois, ont manqué la guérison : ils savent aussi que l'emploi des remèdes les mieux choisis, d'après les connaissances thérapeutiques et patholo-giques, ne peut atténuer, suspendre ni guérir les phlegmasies dentaires intenses, et que, malgré tous les remèdes, elles arrivent à la suppuration : enfin, ils savent qu'il y a des douleurs de dents qui cessent subitement, sans qu'on y ait fait aucun remède.

D'après toutes ces observations, les ex-perts dentistes ont classé les maladies des dents comme Fabre classe les maladies des nerfs; c'est-à-dire, dans la compression, dans l'aiguillonnement, dans la tension immodé-rée, dans la lésion d'un quart, d'une moitié ou de trois quarts du nerf, et dans l'excita-tion des nerfs, que toutes les choses excitantes peuvent produire, et ils ont indiqué ces choses. Ensuite, ils ont exposé les obstacles qui s'opposent à l'effet des remèdes employés contre les douleurs de dents; et pour ne pas préconiser l'administration des remèdes pour les cas où ils ne peuvent être utiles, et ne pas opérer où l'on nuirait, ils ont classé les maladies des dents en celles où l'on ne doit pas opérer, celles où l'on ne peut pas opérer, et celles où il faut opérer : par conséquent, celles où il faut médicamenter, et celles où les médicamens ne peuvent être d'aucune utilité ; et c'est ce que les médecins n'ont fait que très-imparfaitement.

La pathologie dentaire indique non pour opérer, mais bien pour médicamenter, les phlegmasies intenses avec fluxion et pendant la formation du pus, dans les cas de douleurs ambulantes, où il n'y a pas de dents cariées, ou quand celles qui le sont ne sont pas douloureuses et qu'il n'y a point de maladie au périoste alvéolaire ; dans les cas où la crainte de l'opération exposerait les malades à léser la fonction de quelqu'organe ou à arrêter leur fonction ; dans les cas où la contraction musculaire, continuée trop de tems, pourrait causer des hémorrhagies, des muqueuses, ou faire ouvrir des vaisseaux liés à la suite d'opérations ; dans les cas où les sujets ont des affections scorbutiques, où les hémorrhagies seraient à craindre ; dans les grossesses des femmes débiles et à sang anémique et surabondamment séreux ; dans les cas où la carie n'a détruit qu'une petite partie de la dent, et toutes les fois qu'on peut détruire le nerf ou le diviser entièrement dans le lieu excité, et lorsqu'on peut extraire les corps étrangers qui blessent les nerfs.

La pathologie dentaire prescrit d'arracher les dents de lait qui visiblement gênent la sortie de celles qui les remplacent, celles qui ne tiennent qu'aux gencives et qui causent douleur quand on les remue, ainsi que les racines. Elle veut et prescrit l'extraction des dents branlantes qui gênent et qui causent des douleurs au périoste alvéolaire et aux gencives, et celles qui, branlantes et allongées par leur sortie des alvéoles, heurtent et blessent la mâchoire opposée ; celles qui sont cariées et où la douleur n'est pas tolérable ; les dents cariées et les racines qui causent des abcès, qui entretiennent des fistules, des ulcères et des caries aux alvéoles et aux parties voisines ; celles qui causent bien évidemment des maladies aux sinus maxillaires ; celles qui sont fracturées par les contondans, et qui n'ont pu se raffermir dans les alvéoles ; les racines des dents qui ont été cassées par contusions, et qui produisent des maladies autour d'elles, etc. Voilà une

7

partie des maladies où la pathologie dentaire prescrit les arrachemens.

Je ne connais aucune pathologie médicale ni chirurgicale dans laquelle on apprécie les cas où il faut médicamenter et ceux où il faut opérer. Il y a bien quelque chose de cela dans celle de M. Fournier, mais traité beaucoup trop imparfaitement.

Si la médecine et la chirurgie, qui ont tant devancé la chirurgie dentaire, manquent de bons documens sur ce point, les experts dentistes seraient excusables de ne pas en avoir. M. Fournier ne devrait pas le leur reprocher ; car leur théorie est la fille de la médecine et de la chirurgie. La pratique leur a aussi quelques obligations. Mais si M. Fournier avait lu leurs livres, il y aurait trouvé la ligne de démarcation que je viens de citer, et que les experts dentistes suivent dans les cas où il faut médicamenter et dans les cas où il faut opérer.

L'auteur (page 358, des *dents branlantes*) range parmi les causes de cet ébranlement l'action des instrumens avec lesquels on nettoie les dents. Je n'ai jamais vu de pareils effets de cette opération. Si M. Duval a dit à M. Fournier que cela arrivait, et que sa propre pratique lui a fourni cette observation, cela me surprendrait, parce que je sais que les dentistes adroits savent opérer sans produire cet ébranlement.

Les remèdes que M. Fournier prescrit pour guérir les maladies adynamiques du périoste alvéolaire et celles des gencives , ici et page 365 , sont de beaucoup insuffisans , attendu que ces maladies ont leur source dans le sang surabondamment séreux et souvent anémique (excepté les cas de phlegmasies aiguës) , qu'on ne peut guérir qu'après avoir rendu le sang louable.

Le même M. Fournier , page 359 du même dictionnaire , disserte sur la généralité du traitement des maladies des dents.

Cet article est tout de la plume de M. Fournier , par conséquent bien écrit ; mais il montre que l'auteur n'est que littérateur ; qu'il est très-faible sur la science , et encore plus sur le métier. Il dit , page 362 , que c'est au poli de l'émail que l'on attribue la blancheur des dents : il est dans l'erreur ; c'est à la qualité de la matière qui le forme que la couleur est due , abstraction faite de l'émail , du tartre et des concavités qui réfléchissent la lumière diversement , et sur-tout aux incisives.

L'article des soins de propreté exposés

ensuite est faible, plus empirique que raisonné. Ce que je conseille dans mon livre est plus convenable et réussira toujours mieux.

Aux pages 374, 375, 376, 378 et 380, l'auteur parle de l'arrachement des dents de sagesse de la mâchoire inférieure, et de l'instrument propre à faire cet arrachement, appelé *langue de carpe*, par M. l'Ecluse, *trivelin*, par M. Fournier, et *élévatoire pyramidal*, par moi. M. Fournier doit avoir plus que d'autres médecins littérateurs la connaissance des obstacles qui s'opposent à ce que l'arrachement de ces dents soit facile, puisqu'il en a souffert les tentatives multipliées et long-tems sans succès, et qu'il en a éprouvé des maux cruels pendant quatre ans. Enfin, l'extraction difficile fit voir que les racines étaient déviées postérieurement et vers l'apophyse coronoïde. M. Fournier rapporte cette déviation comme une chose extraordinaire, quoique les planches des ouvrages de Hunter, Fauchard et Blacke la signalent, et que M. Jourdain, moi-même et bien d'autres, ayons mentionné cette déviation avec beaucoup d'étendue, et comme un des grands obstacles à l'extraction des dents.

M. Fournier reproduit une erreur émise

par plusieurs anatomistes , quand il dit que les racines des dents de sagesse se réunissent pour n'en former qu'une peu longue , et qui ne fait pas obstacle à l'arrachement. Cela est ainsi à quelques personnes , mais en très-petit nombre ; et il y en a bien plus qui les ont longues , divergentes , convergentes , tortueuses et déviées postérieurement. Il est surprenant que M. Duval n'en ait pas parlé à M. Fournier. Ce sont des faits que tous les dentistes ont vus quand ils ont travaillé trois mois.

La longueur d'une moitié ou d'un quart de ces racines plus que dans les cas ordinaires , chez d'autres leur divergence , chez d'autres leur déviation sous la base de l'apophyse coronoïde, l'épaisseur extrême de l'alvéole , la carie de la couronne de la dent qui a détruit la partie sur laquelle il faut placer les crochets des instrumens , et qui doit résister à leur action , et d'autres choses établies et annoncées dans le chapitre des causes qui s'opposent à l'extraction facile de ces dents , m'ont fait dire que le *pélican* et la *clef* de Garengeot ne pouvaient les extraire ni en dehors ni en dedans , quand l'apophyse montante forme une forte épaisseur à l'alvéole , et que la carie a trop détruit la dent pour qu'on puisse y placer les crochets qui doivent la luxer en dedans. Cette doctrine, basée sur l'anatomie, est incontestable. Pour remplacer le *pélican* et la *clef*, l'Ecluse a inventé son *élévatoire* en feuille de myrthe. Lui ayant reconnu l'inconvénient de se casser dans l'opération, je l'ai fait faire en pointe pyramidale quadrangulaire, afin d'éviter la fracture, et pour bien faire soulever la dent de bas en haut et de devant en arrière, conformément aux dispositions les plus générales de ces racines, qui exigent que l'action se fasse ainsi pour les extraire plus vîte sans fracture et sans blesser aucune des parties voisines.

MM. Duval, Fournier, Dubois-Foucou et Cornelio, ne veulent pas admettre mon instrument ni mes procédés opératoires. On lit dans le *Journal de Médecine et de Chirurgie*, de janvier 1814, que MM. Dubois-Foucou, Duval, Cornelio et la société, se sont occupés de cet objet, et qu'ils n'ont pas encore réussi à trouver un instrument convenable pour faire l'extraction de ces dents. Il est surprenant que des membres de la société ne leur aient pas demandé pourquoi ils n'admettaient ni n'employaient *l'élévatoire* de l'Ecluse, corrigé par moi? J'aurais pu répondre aux motifs qu'ils auraient allégués, s'ils en avaient pu alléguer. Les deux dentistes de Paris susnommés connaissent cet instrument, et M. Fournier aussi. Il y a 27 ou 28 ans que je présentai mon *élévatoire* à l'Académie de chirurgie. M. Dubois-Foucou fut nommé commissaire pour l'examiner. Je ne sais ce que le commissaire en dit ; mais on se moqua du pauvre expert dentiste, qui avait la hardiesse de présenter à une Académie une amélioration d'instrument propre à mieux arracher les dents, sans faire autant de douleur qu'avec les autres. Cet instrument est gravé planches 10 et 11 de mon livre. Voyez la figure n° 36 à la planche 10, jointe ci-après. Il a toujours les qualités que je lui ai attribuées, et il les conservera toujours : c'est de quoi 28 ans d'expérience de plus me donnent l'asssurance.

La conduite qu'ont tenue MM. Dubois et Duval pour ne pas reconnaître les avantages de cet instrument, me fait faire les questions suivantes. En passant, pour le bien public, pardessus les considérations que se doivent réciproquement les dentistes, MM. Dubois-Foucou et Duval sont-ils en état de juger en pathologie dentaire ? Ont-ils assez de connaissances et de bonne foi pour juger les pre-

priétés des instrumens et les procédés opératoires ? Je dis que non. Le commissariat de
M. Dubois, sur mon *élévatoire*, et les recherches d'un instrument pour arracher les
dents de sagesse faites dans la société de médecine, le prouvent.

Comment se fait-il que ces dentistes n'aient
pas parlé de mon instrument à la société ?
Est-ce parce que je ne suis qu'expert, et qu'ils
sont maîtres en chirurgie ? Leur conduite
semble le prouver. Car de tout tems les maîtres ont eu du mépris pour les experts, même
pour ceux qui ont fait preuves de connaissances et de talent.

M. Fournier, qui a dû se souvenir des
maux inouis qu'il a soufferts de sa dent malade, et des tentatives de l'extraction, a cru
(sans doute pour ne pas désobliger M. Duval),
ne devoir pas indiquer mon *élévatoire* pour
ce cas, reconnu si important pour lui-même. Il
dit, et il a raison de le dire, p. 380 : « Lorsque
» ces dents (il aurait dû y ajouter et les racines
» de ces dents) sont inclinées de dedans en
» dehors, et que les couronnes sont très-rap-
» prochées de la gencive, la mauvaise direc-
» tion des racines et le peu de prise qu'offre
» la dent préparent des difficultés au succès
» de l'opération ; l'éloignement de ces dents

» et l'étroitesse de la bouche sont causes que
» l'artiste a de la peine à placer son instru-
» ment avec solidité. Ces inconvéniens dimi-
» nuent la facilité naturelle que les dernières
» molaires présentent pour l'extraction, et
» fait que beaucoup de dentistes peu exercés
» les brisent. Quand le dentiste, quel que soit
» l'instrument qu'il adopte, a fait l'extraction
» d'une dent, il laisse écouler le sang pendant
» une ou deux minutes ; il favorise cet écoule-
» ment par des gargarismes d'eau tiéde, etc. »

M. Fournier, vous nous laissez dans l'embarras, comme vous y étiez lorsqu'on vous
manqua votre dent. Vous vous échappez ; vous
vous sauvez au gargarisme avant que ces dents
difficiles soient arrachées. Les dentistes peu
exercés vous demandent les moyens de surmonter les obstacles que vous avez signalés.
Revenez donc ; et donnez-nous quelques bons
conseils ; ne nous abandonnez pas dans cette
triste situation. Pourquoi ne proposez-vous
pas ce *pélican* tant vanté par vous, pages 374 et
377 ? ou cette *clef* à laquelle *M. Duval a fait*
des corrections, qui en diminuent les incon-
véniens et la rendent très-utile pour l'extrac-
tion des molaires les plus ienaces (page 378)?
cet unique instrument, dont l'habile et adroit
dentiste se sert pour des usages divers (p. 373).

Pourquoi ? Ah ! pourquoi ? C'est parce que vous avez avancé des choses que vous ne pouvez soutenir , pour faire arracher les dents avec ces instrumens. Vous fuyez à d'autres articles sans terminer celui-ci ; vous laissez croire aux étrangers que nous n'avons pas d'instrumens ni de procédés opératoires pour surmonter les obstacles que vous mentionnez , et que les malades sont abandonnés à ces cruelles maladies ; et cela , parce que vous n'avez pas trouvé dans la chirurgie de M. Duval les moyens qui sont nécessaires pour ces opérations. Cela n'est pas bien.

Mes principes sont de ne point extraire les dents très-adhérentes et très-fermes dans les alvéoles , si ce n'est lorsque les douleurs sont insupportables , parce que les dents cassent dans l'opération, et que la douleur de l'arrachement est plus vive et plus longue que lorsqu'il y a un peu d'ébranlement , et que des fluxions suivent plus souvent les arrachemens des dents. Cette théorie doit être plus appliquée à l'extraction des dents de sagesse qu'à tout autre , parce que les choses qui font obstacle à un arrachement facile sont plus nombreuses et plus insurmontables ici qu'ailleurs. Pour l'arrachement de cette dent, je me sers de mon élévatoire pyramidal , mince et presque quadrangulaire, quand les dents sont très-près de la deuxième grosse molaire : j'en emploie un plus large quand ces dents sont plus éloignées ; j'introduis cet instrument entre les deux dents, et je soulève la dent de bas en haut et de devant en arrière avec le bord de l'instrument, etc. Voyez dans ma *Théorie et Pratique* le surplus de l'opération ; ce procédé est le plus sûr, le plus court et le moins douloureux, pour extraire ces dents : M. Duval connaît l'instrument et le procédé ; M. Fournier ne peut l'ignorer, puisqu'il a mon ouvrage : cependant ils ne l'ont pas admis dans leur article.

Il faut encore une observation sur cet article.

Dans le *journal de médecine, de chirurgie et de pharmacie* de M. Sédillot, janvier 1814, M. Duval dit : « Qu'on ne croie pas que je sois » partisan de la clef de Garengeot ; je ne m'en » sers pas deux fois sur deux cents opéra-» tions. »

On peut voir dans cette déclaration de M. Duval combien M. Fournier est dupe, et entraîné par son penchant à louanger le savant et modeste M. Duval, quand il lui attribue des *améliorations à la clef de Garengeot, avec laquelle on peut extraire les molaires les plus tenaces*, tandis que M. Duval lui-même, dans le sein de la société, déclare ne point faire usage de cet instrument.

Le même M. Fournier, dans le même *Dictionnaire des Sciences médicales*, page 355, traite de l'inflammation et du gonflement des racines des dents. C'est encore une erreur qu'il faut que je fasse connaître.

Les racines des dents ne se gonflent ni ne s'enflamment point, comme le dit M. Fournier. Le périoste alvéolaire s'enflamme, et une ossification par juxta-position a lieu quelquefois à l'extérieur des racines, et non autrement; l'examen des racines ainsi accrues de volume peut le prouver.

L'auteur, page 332, croit, sur la foi de MM. Duval et Jourdain, qu'une dent fracturée dans sa racine peut se cicatriser par un calus, comme les autres os. M. Fauchard dit, vol. 1er, page 90, que les racines une fois divisées ne se réunissent jamais. J'ai dit dans ma théorie, au sujet de cette fracture, que la langue, les lèvres et les dents de la mâchoire opposée faisaient remuer la dent fracturée pendant la mastication et la déglutition, et empêchaient le repos parfait qui doit avoir lieu pour la formation du col ; que cette prétendue soudure est une pure chimère,

qui ne pouvait être reconnue dans la pathologie dentaire : et je le soutiens encore.

Page 336, l'auteur dit : Qu'on peut extraire
toutes les racines ; que M. Catalan les extrait
toutes, quelque difficiles qu'elles soient. Je
nie cela, parce qu'il y en a qu'on ne peut
extraire : ce sont celles qui sont au fond des
alvéoles et qui y sont fortement adhérentes ;
celles qui sont placées entre deux dents, quand
la partie qu'on devrait saisir ou sur laquelle
on devrait placer l'instrument saisissant est
si profonde, qu'on ne peut y arriver comme
il le faudrait. D'autres fois il y a des inflammations et des gonflemens douloureux aux
gencives qui empêchent de saisir les racines
qu'elles couvrent; d'autres fois il faudrait employer trop de force et faire plus de mal en
écartant les alvéoles très-adhérens aux racines que les racines n'en font. Quelquefois
enfin, les opérations ne doivent pas être en-
treprises, parce que les malades n'ont pas le
courage de la laisser faire, et que par leurs
mouvemens ils empêcheraient d'opérer, et
que cela cause trop de désagrémens à l'opérateur.

J'aurais voulu trouver dans cet article plus
de détails sur les moyens propres à extraire
les racines ; car il ne suffit pas de dire que

tout dentiste adroit les extrait, il faut encore donner des avis à ceux qui n'ont pas toute l'intelligence de ceux qui sont habiles, et il faut leur dire avec quoi on arrache les racines, et comment on procède. Ainsi, on aurait dû dire que les racines antérieures doivent être extraites avec les mêmes instrumens et par les mêmes procédés qu'on emploie pour extraire ces dents ; que les racines des grosses molaires doivent être luxées avec la clef ; et, lorsque les crochets de la clef ne peuvent les saisir, qu'il faut les ébranler avec l'élévatoire pyramidal et les soulever en appuyant l'instrument sur les dents voisines, ou seulement à la propre paroi de l'alvéole, quand on y a pénétré ; et qu'ensuite on les saisit avec une des pinces courbes, n° 34, planche 9, si elles sont grosses ; ou avec celle n° 113, planche 10, si elles sont minces et profondément situées. Si ce ne sont pas là les instrumens et les procédés dont se servent les dentistes, ce sont les miens et ceux que j'enseigne à mes élèves. J'espère qu'au mot exérèse ou extraction, ce dictionnaire nous fera part de ce que l'on fait de mieux dans cette partie.

M. Fournier, après avoir témoigné sa reconnaissance à deux dentistes de ses amis, dit, page 377 : *Que le pélican, perfectionné comme il l'est aujourd'hui, est le meilleur de tous les instrumens pour l'extraction de toutes les dents, même des racines, et n'est insuf- fisant dans aucun cas : c'est l'unique dont se serve M. Catalan, qui depuis long-tems a renoncé à tous les autres.* Ici il y a quelque chose à éclaircir ; il s'agirait de savoir s'il est vrai que M. Catalan ne se serve que de cet instrument : et, si cela est vrai, s'il arrache toutes les dents et les racines qu'il entreprend ; s'il les arrache avec moins de douleur que nous ne le faisons avec les autres, ou bien s'il n'en produit pas plus, comme je le crois ; et si les ébranlemens, les arrachemens des dents et la meurtrissure des gencives causés par l'appui du pélican ne sont pas les mêmes qui avaient lieu avant que je les eusse dénoncés dans ma *Théorie et Pratique ?* accident qui me l'ont fait proscrire sans aucune réserve.

M. Fournier, souvent en contradiction dans son examen des instrumens, a préféré celui-ci pour exalter le mérite de M. Catalan ; éloge qui serait mal fondé, vu les inconvé- niens de cet instrument. Heureusement la réputation de notre confrère est mieux établie que si elle l'était par l'emploi du pélican.

Le pélican est un instrument qui mutile les malades, au point qu'on peut promptement reconnaître les habitans des villages où les chirurgiens s'en servent ; et je persiste à dire qu'il meurtrit sans nécessité les gencives des dents voisines de celles qu'on arrache ; qu'il ébranle et souvent fait tomber les dents sur lesquelles on l'appuie , et qu'il fait beaucoup plus de douleur que les autres instrumens.

« La clef de Garengeot , dit M. Fournier ,
» est , après le pélican , le meilleur instrument
» pour l'extraction des molaires. Cependant ,
« il emporte avec lui l'inconvénient d'appuyer
» sur la gencive de la dent qu'on veut ex-
» traire , et souvent il fait casser la dent : ce
» qui n'est pas à craindre avec le pélican ,
» page 378. » Voyez ci-dessus ce qui est dit sur la clef.

Le nettoyé , le plombé , le limer et la cautérisation des dents , sont aux pages 367 , 368 , 369 et 370 ; ce n'est que pour remplir les cadres : ce qu'on y dit est très-insuffisant aux dentistes. Cette pathologie est mieux exposée dans la chirurgie des experts dentistes.

M. Fournier , page 371 , sur l'extraction des dents , après avoir recommandé comme moi de bien reconnaître le siége de la douleur des dents , et de ne point en arracher sans avoir bien reconnu que le siége du mal réside dans elles ou autour d'elles , et que ce sont elles

quille causent ou l'entretiennent , M. Fournier , dis-je , passe à l'exposé des instrumens
les plus avantageux (suivant lui et M. Duval) ,
pour extraire les dents. Il admet le davier , la
clef de Garengeot , le pied de biche , le pélican , le levier droit , le poussoir , la pince
droite , la pince demi-courbe , et la langue de
carpe.

L'admission du pied de biche était singulière , parce que c'est un mauvais instrument ,
comme je l'ai dit dans mon livre. La proscrip-
tion que j'en ai faite , avant que M. Fournier
se fût ravisé , était motivée ; et la sienne ne
l'est que faiblement ; et de certains motifs ,
qu'il donne , ne sont pas tous fondés.

Il dit , page 377 , que l'on reconnaît l'adhérence des dents et la divergence des racines ,
par la saillie du bord alvéolaire correspondant
aux racines. D'accord pour la divergence des
racines des canines et des trois premières
molaires , et seulement dans la partie qui saille
le plus : tout le reste est équivoque.

Il donne , page 379 , la manière d'employer
le levier droit.

Quel est ce levier ? Est-ce ce que j'appelle
le tirtoir ? Si cela est , lequel préférez-vous ,
M. Fournier , celui de Phaff , celui de Fauchard , celui de Bourdet , celui de Jourdain ,

celui de Bell , celui de Beaupreau , celui de
Gariot, ou le mien , gravé dans ma deuxième
édition , planche 17? Comme tous ces instrumens varient , il faudrait indiquer le meilleur.
J'ai dit qu'avec mon tirtoir on arrache mieux
qu'avec tout autre les incisives , les canines ,
et les petites molaires de la mâchoire supérieure , et toutes les incisives , canines, petites
molaires et premières grosses molaires de la
mâchoire inférieure. Pourquoi, M. Fournier,
ne l'avez-vous pas dit? Avez-vous présumé que
je me trompais , ou avez-vous craint de dé-
plaire à votre ami Duval ? Pourquoi ajoutez-
vous que cet instrument ne peut prendre son
point d'appui que sur la dent qu'on veut extraire ? N'est-ce pas vouloir trouver mal ce qui
est bien ? La pathologie dentaire (et sur-tout
la mienne) a pour principe de ne point appuyer l'instrument sur les dents et les gencives
voisines de celles qu'on veut extraire , parce
que ces compressions sont nuisibles à ces
parties (c'est pourquoi j'ai proscrit le pélican). Ce principe est bon , et je le soutiens.
Vous dites plus bas : « parce que cet instru-
» ment ne peut prendre son point d'appui
» que sur la dent qu'on veut extraire ; il ne
» convient qu'aux dents qui règnent d'une
» commissure à l'autre, » c'est-à-dire, pour

vingt-deux dents. Cela n'est-il donc rien ? Avez-vous bien réfléchi à cela , Monsieur ? Vous auriez dû dire : *cet instrument a le grand avantage de ne faire son point d'appui que sur la gencive de la dent qu'on veut extraire , et il est supérieurement utile pour dix dents de la mâchoire supérieure , et pour douze de la mâchoire inférieure.* M. Duval ne vous a pas indiqué un instrument qui eût autant de qualités et aussi peu d'inconvéniens.

A la page 380, l'arrachement des dents et des racines de la première dentition est si peu mentionné, qu'autant vaut dire qu'on n'en a pas parlé.

A la page 381, la déviation des dents n'est pas traitée comme il convient. On n'y a pas assez exposé les cas où il faut extraire les dents de lait, pour empêcher la déviation des remplaçantes, et pour remédier à celle qui est commencée, à moitié faite, ou finie ; on n'y discute pas les cas où il faut arracher la dent déviée, celle qui est postérieure ou celle postérieure à la dent voisine de celle qui est déviée ; dans quel cas le quart, le tiers ou la moitié d'un emplacement édenté suffisent pour recevoir le quart, le tiers ou la moitié de la dent déviée ; et où l'élargissement ou allongement de l'arc alvéolaire protégera le parfait placement de la dent déviée ; les cas ou l'arrachement d'une dent ferait une édentation plus désagréable à la vue qu'une partie de la dent hors du rang. On n'y parle pas non plus du rapprochement des dents fait par la ligature, comme je l'ai exposé.

A la page 382, on met en doute s'il y a des inconvéniens de se servir d'un levier ou d'une pince pour dresser les dents déviées. Ce doute me surprend et en surprendra bien d'autres. Quoi ! le savant dentiste et son panégyriste ignorent que les alvéoles sont compacts et denses, et non élastiques ! et que les racines des dents ont diverses faces aplaties ! et que les racines sont plus ou moins tortueuses et plus ou moins divergentes ! et que, à vouloir les retourner, les dresser ou les altérer avec les instrumens, on s'expose à casser les dents ou les racines, et à arracher ces dents ! Celui qui a proscrit ce procédé par ces motifs dans sa *Théorie et Pratique de l'art du Dentiste*, avait raison : M. Duval, ou M. Fournier, aurait dû le répéter.

M. Duval, dont la modestie égale le savoir, auquel M. Fournier rend si souvent hommage, veut qu'on mette un baillon pour tenir la bouche ouverte pendant le tems que les dents marcheront pour aller occuper la place qui

leur est destinée. Il s'est rencontré avec
M. Lavran, qui en avait fait usage pendant
long-tems, et comme un de ses élèves le met
encore en pratique. M. Catalan veut qu'on
applique un autre genre de baillon appelé
plan incliné, sur lequel il dit que les den ts
glissent pour se placer où elles doivent être
généralement, et sur-tout les dents de la mâchoire supérieure qui sont placées derrière les
dents incisives de la mâchoire inférieure, la
bouche étant fermée ; ce qui constitue en
partie le menton de galoche.

Le baillon seul, et le plan incliné seul, sont
insuffisans pour dresser les dents déviées. Il faut,
premièrement, que l'emplacement édenté soit
suffisamment spacieux pour que les dents puissent s'y placer ; deuxièmement, qu'une force
attractive y amène les dents ; troisièmement,
que rien ne s'oppose à la marche que l'attraction produit, ou que l'obstacle puisse être sur-
monté pendant l'attraction.

L'attraction se fait avec des plaques d'or
ou d'ivoire, que l'on place à l'extérieur des
dents voisines de la dent qu'on veut amener
en dehors, et à l'intérieur, quand on veut les
faire rentrer de dehors en dedans ; des cor-
donnets de soie forment les liens qui attirent
les dents vers les plaques. Voyez ma *Théorie*

et Pratique de l'art du Dentiste , 2ᵉ édition.

La force attractive fait marcher la dent vers le lieu où on la tire , malgré le choc des dents de la mâchoire opposée. Lorsque la dent déviée est arrivée au point de contact avec la dent de la mâchoire opposée , le malade évite le heurtement qu'elle peut lui faire , parce que cela lui causerait de la douleur dans le périoste alvéolaire de la dent qui est en marche : alors les malades s'observent et placent leurs mâchoires de manière à éviter le choc : cela ne dure que deux , quatre , six ou huit jours au plus. Voilà la marche et les moyens de lever l'obstacle que font les dents qui sont opposées aux dents déviées. On peut facilement juger qu'il y a des cas où il faut placer une plaque pour faire sortir les dents incisives de la mâchoire supérieure , et en même tems une autre pour faire rentrer celles de la mâchoire inférieure , et que tout cela se fait sans *baillon ni plan incliné* , et que le baillon ni le plan incliné ne peuvent rien faire sans les plaques et les liens qui attirent les dents.

Quant au doute de M. Duval sur la possibilité de remédier au menton de galoche , je suis de son avis , et je ne crois pas qu'on puisse y remédier.

J'entends par menton de galoche cet état

qui constitue la mâchoire inférieure plus longue que la mâchoire supérieure, et où les dents inférieures passent sur la face antérieure des dents de la mâchoire supérieure, lorsque ces sujets rapprochent les deux mâchoires, et lorsque les molaires en contact reçoivent dans leurs cavités les éminences des dents de la mâchoire opposée.

La longueur extraordinaire de la mâchoire inférieure a différens degrés ; et les dents incisives ont aussi plusieurs degrés de déviation, à partir depuis le vertical jusqu'à la déviation la plus oblique en dehors de la bouche et vers les lèvres.

Il y a des mâchoires supérieures qui sont plus allongées extraordinairement sur l'inférieure. Elles forment un vice de conformation souvent plus désagréable à la vue que l'allongement de la mâchoire inférieure, qui fait le menton de galoche. Il n'est pas au pouvoir de l'art de raccourcir les excédans, ni de faire rentrer les dents pour diminuer le vice de cette conformation, quand elle est évidemment dans l'intention de la nature. Mais, lorsque les dents incisives galochées de la mâchoire inférieure sortent uniquement par accident, ou par l'obstacle qu'ont fait les dents de la mâchoire supérieure à s'arranger comme elles le sont ordinairement, et qu'il y a en-tr'elles assez d'espaces vides pour leur faciliter la rentrée, l'art y parvient avec succès.

Il est très-difficile de donner des règles par écrit sur les cas où l'on doit extraire des dents pour faire rentrer celles qui sortent trop dans les cas de mâchoires allongées. Il faudrait faire un traité *ad hoc;* c'est ce qu'on fera bientôt, sans doute. En attendant, je reviens au redressement des dents déviées accidentellement, faisant *la denture galoche,* et non le *menton de galoche,* et je dis, que l'on peut les faire rentrer avec des plaques sans baillon ni plan incliné; et que le baillon ni le plan incliné ne peuvent les faire rentrer sans des attaches attractives ; que les plaques simples sont moins gênantes, moins dispen-dieuses que les baillons et les plans inclinés, et font parvenir à la cure plus vîte que les autres moyens.

Il reste à examiner quelques articles de M. Fournier, notamment celui de la trans-plantation des dents d'une bouche à une autre. *Au Dictionnaire des Sciences Médicales,* page 386.

J'ai dit que cette opération devait être proscrite ; et je le soutiens, parce qu'elle ne peut réussir, attendu que rien ne s'assimile

et ne se greffe sur l'homme que ceq ui lui est
donné par le sang circulant dans les vaisseaux
et par la nutrition. Je suis entré à cet égard
dans des détails où aucun dentiste n'était
entré avant moi. M. Fournier m'a copié, sans
le dire, dans ce qui concerne les mutilations
qu'on faisait aux enfans qui se laissaient
prendre leurs dents, et l'invitation à la police
de s'y opposer. De même dans l'exposé des
qualités que devraient avoir ceux dont on
prendrait les dents, et ceux à qui on veut les
placer. L'attention que les parties soient saignantes pour y mettre les dents, exigée par
MM. Fournier et Duval pour faire réussir la
transplantation et donner la vie à la dent,
est de la doctrine de ces deux auteurs. Ils
pouvaient se dispenser de la recommander,
parce qu'on ne peut toucher à ces parties sans
faire sortir du sang des vaisseaux.

M. Fournier conseille la transplantation.
Je m'y oppose, par la raison que ces dents
ne se greffent point au corps, et que ce sont
des corps étrangers qui causent constamment
de la douleur, de l'inflammation, de la suppuration, une odeur infecte, et beaucoup de
perte de substance.

Si M. Fournier avait réfléchi sur les choses
qu'il dit devoir se trouver réunies dans l'in-

dividu, pour que cette opération réussisse, il l'aurait proscrite comme moi, parce que jamais on ne trouvera réunies toutes ces dispositions ; et d'ailleurs, quand cela se trouverait, l'opération ne réussirait point encore

Page 390, sur les dents artificielles, on y dit que M. Catalan a imaginé d'entourer le pivot avec des feuilles d'or. M. Catalan sait bien qu'il n'est pas l'inventeur de ce procédé, et que cela n'est pas applicable à tous les pivots.

Page 390, M. Fournier trouve que les racines artificielles en or, décrites par Maggiolo, sont utiles, et qu'il faut faire usage de ce moyen. Il n'y a pas un dentiste qui suive cet avis ; et je ne le conseille pas. Premièrement, parce qu'on n'est pas sûr de casser la racine naturelle en long, pour l'extraire ensuite entièrement sans fracturer l'alvéole ; deuxièmement, parce que les adhérences fermes et solides du périoste alvéolaire et les racines avec l'alvéole empêchent qu'on ne puisse toujours extraire les racines sans fracturer l'alvéole ; accident qui, suivant Maggiolo et Jourdan, s'opposerait à la réussite ; troisièmement, parce qu'après l'arrachement de toutes les racines et la mise en place des racines artificielles, il survient une inflammation au périoste alvéolaire, qui produit la suppuration et l'odeur fétide que j'ai dit plus haut sortir des alvéoles des dents transplantées. Voilà à-peu-près ce que j'ai dit dans mon *Tableau critique* pour proscrire cette opération; et je le soutiens encore, comme base d'une pratique sage.

Même page : il dit que M. Maggiolo est l'inventeur du canon taraudé placé dans les racines des dents pour recevoir un tenon à cliquet. J'ai dit dans mon *Tableau critique* que Maggiolo n'en est pas l'inventeur, parce qu'on le mettait en usage avant qu'il fût dentiste; mais, qu'il se trouve gravé et bien décrit dans son ouvrage, et que cela seul, vaut le prix de son livre, qui est beaucoup au-dessous des éloges que M. Fournier en fait.

Page 390, *dents à ligature*. L'auteur attribue à M. Catalan l'invention de prendre le modèle des emplacemens édentés avec la cire, et celle de faire des tiges qui embrassent les dents voisines des emplacemens édentés, comme M. Fabré les avaient attribués à M. Fonzy. MM. Fournier et Duval auraient pu trouver au volume 2ᵉ de ma *Théorie et Pratique*, pag. 18, 19, 20 et 255, les renseignemens qui prouvent que l'on modèle ces emplacemens depuis lon g-tems, etque les ailettes de toutes les formes sont employées aussi depuis long-tems par beaucoup de dentistes. Voyez encore mon chapitre sur les dents artificielles.

Page 392, M. Fournier donne un article sur les dents artificielles faites avec la terre à porcelaine. M. Fournier ne connaît pas tous les hommes qui ont travaillé sur cette partie. Il donne trop à ceux qui méritent moins que d'autres. C'est Duchâteau qui a employé le premier la pâte à porcelaine, ensuite Dubois-Duchemant, Dubois-Foucou, Fonzi, Gariot, Perné, Legros, et moi-même. Maintenant, d'autres l'emploient. Ce que M. Fournier rapporte sur la fabrication de ces dents est bien au-dessous de ce qui est nécessaire pour les faire bien.

A l'article des dents, considéré sous le rapport de la Séméiotique, pag. 393, l'auteur a fait beaucoup d'aphorismes qui, excepté six, sont tous basés sur des signes équivoques, parce qu'ils ont lieu dans d'autres cas que ceux qu'il désigne. Le 1er, le 2e, le 5e et le 6e, sont de la doctrine de MM. Bunon, Mahon, et de la mienne. Le troisième est de ma Séméiologie, excepté ce qui suit : « Cohérens avec des gencives ver- » meilles, qui couvrent leur collet, et s'avan- » çant angulairement sur l'émail. » Plus, le mot *complexion* employé de préférence à celui de constitution.

Page 401 , *Bibliographie Pathologique dentaire.*

M. Fournier dit que « mon ouvrage est » prolixe, d'ailleurs, peu recommandable ; » que le chapitre consacré à la Séméiotique » a le grand défaut de n'être ni méthodique, » ni appuyé sur des connaissances médicales. » Il se peut qu'il ait raison sur le premier point. Je lui donne ma parole que j'ai fait de mon mieux, et sans aucune prétention littéraire, ni à l'art de faire des livres. Le seul but que je me sois proposé en écrivant, a été de donner des documens certains, pour que les chirurgiens puissent s'en servir lorsqu'ils voudront établir des principes de chirurgie dentaires, et faire connaître les constitutions par des signes innés, et les qualités du sang par les symptômes qu'il produit lui-même, selon ses qualités. Ma seule ambition a été d'améliorer l'art, que les médecins lettrés ne cessent de mutiler, de déguiser, de défigurer, d'estropier et d'empoisonner.

Lorsque M. Fournier dit que mon ouvrage n'est pas médical, s'il entend selon sa médecine, il a raison ; au reste, je n'ai voulu que le faire chirurgical ; et voici pourquoi. La médecine dentaire, loin d'être éclaircie par les médecins littérateurs qui l'ont décrite, est devenue une mer sans rivage, couverte de brumes de tous côtés, et infestée d'esprit follets : les brumes empêchent de rien découvrir ; et les impitoyables esprits, au lieu de conduire, trompent et égarent toujours : je n'ai pu les prendre pour guide.

C'est donc avec plaisir que j'en ai rencontré un autre plus sûr ; c'est la Séméiologie buccale, qui me fait connaître, sans équivoque, la constitution et les qualités du sang des sujets malades des dents, les maladies des dents et leur source, celles qu'elles causent et celles qu'elles compliquent ; leur simplicité et leur complication ; les maladies des gencives, comme celles des dents, et les moyens de les guérir ; et enfin la route la plus sûre, la plus douce, la plus courte et la moins dispendieuse pour conduire les malades à la santé, port où veulent arriver les dentistes qui entreprennent de guérir des malades.

Ce livre, si ravalé dans ses qualités chirurgicales par M. Fournier, sera consulté plus long-tems que son article *dent* (pathologie) par ceux qui veulent être dentistes, et par ceux qui veulent faire, avec des connaissances positives, la chirurgie dentaire. J'en réfère aux hommes impartiaux, et je leur demande aussi lequel du *Dentiste de la Jeunesse* et de l'article *dent* (pathologie), ou de ma *Théorie et Pratique de l'art du Dentiste*, contient la meilleure théorie et pratique? Il ne s'agit point du style; j'abandonne à ces Messieurs la gloire d'écrire. Il s'agit de la science et du métier. Je rendrais même juges MM. Fournier et Duval, à condition que leur jugement motivé serait imprimé.

Puisque cet ouvrage manque de tant de qualités, il fallait citer quelques-unes de celles qui y manquent, comme je l'ai fait sur le *Dentiste de la Jeunesse*, ce qui a tant déplu à M. Duval; et comme je le fais ici sur l'article *dent* (pathologie) : or c'est ce qu'on n'a point fait. On s'aperçoit dans le Dictionnaire, que la *Bibliographie* (pathologique dentaire) a été faite de plusieurs mains. L'article contre mon livre, par M. Duval; l'article sur M. Gallette, par M. Dechaumeton; le reste, par M. Fournier, excepté ce qui termine l'article sur M. Baumes, qui sent la reconnaissance de M. Duval, et l'estime d'un livre qui n'est fondé que sur une chimère.

Dans la *Bibliographie* (pathologique dentaire), on dit que ce que contient de bon ma dissertation, « n'est pas neuf, que le reste est paradoxal , et sur-tout fort peu médical. » Cela est-il vrai? ou n'est-ce qu'une vengeance de M. Duval, de ce que j'ai apprécié à sa juste valeur son *Dentiste de la Jeunesse?* Cette dernière version me paraît vraisemblable ; et l'article *dent* (pathologie), m'a fait croire souvent que M. Fournier n'a pas lu mon livre , et qu'il s'en est rapporté aveuglément à M. Duval. Au reste , quel est l'auteur qui ait pénétré aussi avant que moi dans cette partie ; qui soit entré dans plus de détails sur ce qui environne les dents de lait dans les alvéoles, les dents elles-mêmes et les parties à travers lesquelles elles doivent passer , et qui ait mieux fait connaître les symptômes et les maladies qui auraient lieu , si la première dentition causait les maux qu'on lui attribue ? Si ce que j'ai dit , en signalant des absurdités , ou au moins des erreurs , dans Hippocrate , Van Swiéten, Undervood, Rosenn, Chambon, M. Duval et autres , n'est pas fondé , et que ce soit moi qui aie des notions contraires à ce que la nature produit , on doit légalement m'interdire de toutes fonctions ; et je m'y soumets , sitôt qu'on l'aura prouvé. Mes adversaires en feront-ils autant ?

Pourquoi , M. Fournier, trouvez-vous que cette dissertation n'est pas médicale? Est-ce parce que j'y nie que les maladies des enfans aient leur source dans leur dentition, et parce que je dis qu'elle ne produit aucune maladie, quoique M. Duval votre ami, et M. Baumes votre ennemi en littérature, sur divers articles médicaux, aient fait des livres qui ont pour base que l'accroissement et la sortie des dents de lait causent une infinité de maladies aux enfans, et qu'ils causent la mort à un sixième d'entr'eux?

Que peuvent dire le Gouvernement et les mères sur cette opinion toute opposée à la mienne, et qui doit avoir des résultats si différens dans le traitement des maladies des enfans? Vous en êtes-vous fait une idée pour y répondre? Sans doute que c'est moi qui ai tort, ou vous, et ceux que vous soutenez.

Vous, et les Français qui ont une opinion toute contraire à la mienne, êtes-vous bien en état de soutenir votre système, et de prouver que je suis dans l'erreur? Voici le moment de faire cette preuve. L'honneur vous appelle; l'intérêt de la médecine vous y oblige, et la nation doit avoir de vous une solution juste et certaine, et basée, non sur le contenu des livres, mais bien sur des signes si univoques et des notions tellement anatomiques, physiologiques et pathologiques, qu'on ne puisse les attaquer sans confondre ceux qui croiraient ne pas les trouver bien fondées. Pour vous y exciter encore, et prouver avec quelle bonne foi je cherche la vérité, je promets dix mille francs à vous ou au premier, quel qu'il soit, des partisans de ce malheureux système qui, d'ici au premier janvier 1815, présentera aux professeurs de l'Académie de médecine et de chirurgie de Paris, que je prends pour juges de cette affaire, un enfant qui aura des signes univoques que l'accroissement et la sortie des dents de lait lui causent des maladies, à condition que je serai appelé, que je pourrai défendre mon avis sur le sujet présenté, quoique je ne doive pas avoir de voix dans la délibération.

Mais si vous, ni qui que ce soit, ne pouvez faire preuve de ce que vous soutenez depuis si long tems pour le malheur des enfans, ne devez-vous pas, en conscience, rendre hommage à la vérité, convenir enfin de votre erreur, et publier votre rétractation d'une si détestable doctrine?

J'ai dit ailleurs que je ne connais pas la langue allemande, et que je ne veux publier que ce que je connais bien. Mais vous, Monsieur, si vous la connaissez, vous pouvez juger ce qu'ont dit M. Veckman et six autres que M. Haranson a cités dans la traduction qu'il a faite en allemand de ma *Théorie et Pratique*, et qui ne croient pas que la dentition cause aux enfans les maladies qu'on lui attribue.

Amstrong avait dit auparavant qu'il ne croyait pas que cette dentition causât autant de maux qu'on le disait : quelques médecins ont eu aussi cette idée ; mais les uns et les autres ont si mal motivé leur opinion, que les auteurs venus après eux n'y ont eu aucun égard. En France, les Facultés de médecine et de chirurgie enseignent le traitement *qui convient aux enfans tourmentés par la dentition difficile* ; et les collaborateurs du *Dictionnaire des Sciences médicales* disent, dans plusieurs articles, que la dentition difficile cause l'aliénation, des maladies bilieuses, des convulsions, et bien d'autres maladies. Ainsi, les motifs que mes prédécesseurs ont avancés contre cette cause de maladies n'ont pas été trouvés justes par vos confrères ; et cela équivaut à une décision négative.

D'après cela, il est clair que mes argumens sont nouveaux et qu'ils m'appartiennent. Ni vous, ni aucun médecin, ni aucun chirurgien ne les avez attaqués ; aucun de vous n'est parvenu à prouver que je suis dans l'erreur, en gagnant des prix de 25, de 5o, de 5oo et de 1,ooo fr., que j'ai proposés tant de fois jusqu'aujourd'hui 12 octobre 1814.

Les signes de dentition difficile doivent être les effets de phlegmasie du périoste alvéolaire, par conséquent le gonflement et l'inflammation, la tuméfaction, l'écartement des alvéoles souvent en suppuration, l'extravasasion de la matière purulente des abcès, des dépôts, des ulcères et des fistules, la désorganisation du germe des dents, et sur-tout celle de leurs vaisseaux nourriciers, etc ; aux gencives, il doit y avoir tension, inflammation, rougeur auréolaire autour du point excité, tuméfaction et suppuration. Voilà les symptômes locaux qui doivent exister pour dire que la dentition cause des maladies aux enfans. Pour le surplus, voyez le paragraphe numéroté 25 dans ma *Théorie et Pratique de l'art du Dentiste*, et l'article ci-dessous sur M. Murat.

La lecture de l'article de M. Fournier prouvera à tout homme impartial, que l'auteur n'avait pas suffisamment de connaissances dans la science ni dans le métier pour faire cet article et le mettre au niveau des connaissances actuelles ; que *le Dentiste de la Jeunesse*, qui paraît être le seul qui ait fourni

les bases de l'article *dent* (pathologie), est
trop incomplet, trop imparfait et trop plein
d'erreurs pour avoir pu donner des documens certains et nécessaires à l'auteur; que
ce qu'on y a rassemblé est au-dessous de ce
qu'on connaît; que la prophylactique y est si
faible, qu'elle équivaut à un manque absolu;
qu'on n'y expose pas la science relative aux
maladies difficiles à traiter; que les signes
et la source des maladies y manquent; que
la partie des instrumens y est mal traitée,
l'explication mal faite, le choix des instrumens,
propres ou impropres à certaines opérations, point reconnue; que, par exemple,
le pélican y est recommandé, quoique des
praticiens l'aient proscrit comme ayant les
inconvéniens de causer plus de douleur que
d'autres, d'ébranler et faire arracher les dents
sur lesquelles on place son point d'appui, et
de ne pouvoir arracher les dents de sagesse
qui ont quelques obstacles à leur sortie, ni
extraire les racines enfoncées dans les alvéoles; que la meilleure forme de la clef n'y est
pas désignée, quoique connue; qu'on prête à
cet instrument des qualités qu'il n'a point, et
qu'on ne l'apprécie pas assez pour les cas où
lui seul peut servir; que le davier n'a pas été
mieux apprécié que la clef, quoiqu'il offre des

moyens uniques pour extraire les dents branlantes de la mâchoire inférieure ; que les avantages de la pince droite, pour extraire les dents branlantes de la mâchoire supérieure, n'ont pas non plus été appréciés ; qu'on en a attribué de supérieurs à la langue de carpe, pour extraire les dents de sagesse, quoiqu'ils n'approchent pas de ceux de l'élévatoire pyramidal, que l'on proscrit en faveur du pélican ; que ceux du tirtoir, pour extraire les dents et racines antérieures adhérentes, y sont méconnus, et plutôt considérés comme nuisibles ; que la description du manuel y est très-incomplète et très-imparfaite ; que la luxation des dents et leur remise en place, dans l'intention de les conserver, y est recommandée, quoiqu'elle soit plus nuisible qu'avantageuse ; que la transplantation des dents d'une bouche à une autre y est admise, quoiqu'il soit prouvé que rien ne s'assimile au corps que ce qui lui est donné par le sang et la nutrition, et que ces dents, ainsi que les racines artificielles de l'invention de MM. Magiello et Jourdan, approuvées par M. Fournier, ne sont que des corps étrangers qui produisent sans cesse des irritations au périoste alvéolaire et aux gencives, qui entretiennent une suppuration continuelle, fétide et insupportable aux malades et à ceux qui les approchent ; que les baillons et autres machines qu'on propose pour tenir la bouche ouverte, pendant qu'on redresse les dents déviées, sont inutiles et mal imaginés, puisqu'on peut faire ces redressemens avec les plaques, qui sont moins gênantes, moins douloureuses et plus économiques ; que le traitement des accidens qui suivent les arrachemens des dents y est très-insuffisant ; qu'on y attribue des découvertes à ceux à qui elles n'appartiennent point ; que ce qu'on y rapporte pour fabriquer les dents de porcelaine est très-incomplet ; que le jugement qu'on porte de mes ouvrages, dans la *Bibliographie*, est injuste et point motivé, etc. ; enfin, que toutes les imperfections de ces articles du *Dictionnaire des Sciences médicales* étaient trop importantes pour n'être pas relevées et redressées par une critique plus éclairée, plus motivée et moins partiale que celle de M. Fournier.

GUIANINI (M.), *de la nature des Fièvres. Affusion d'eau froide contre la douleur des dents.*

Cet auteur dit que l'eau froide appliquée sur la dent douloureuse, calme la douleur.

On sait que M. Guianini attribue cette douleur à l'excès de calorique. Il croit que les affusions d'eau froide faites en gargarisme sur les dents malades, soutirent le calorique, que, par ce moyen, l'excitation s'atténue, et que la douleur diminue à mesure que l'excitation perd de son activité.

Il y a des douleurs de dents qui cessent par les affusions d'eau froide faites en gargarisme ; d'autres qui ne sont que suspendues pendant le gargarisme ; d'autres qui sont augmentées par le gargarisme d'eau froide. Il y a des personnes chez qui l'eau chaude produit les mêmes effets que l'eau froide aux dents douloureuses ; c'est-à-dire, qu'elle augmente de même la douleur dans les uns, l'atténue dans d'autres, et la suspend dans d'autres ; seulement tant que le gargarisme est chaud.

Soit que le gargarisme d'eau froide agisse sur les nerfs, ou qu'en resserrant les vaisseaux il empêche le sang d'arriver en suffisante quantité pour produire la douleur à chaque systole du cœur, ou qu'il soutire le sang et le calorique au point d'éteindre la moitié ou plus de la vie de la partie malade et du tissu cellulaire environnant le point irrité (comme on voit que cela arrive aux mains et aux pieds trempés pendant quelques minutes dans l'eau très-froide), de quelque manière que cette température de l'eau agisse, le calme ou la diminution de la douleur ont lieu par fois et par moment, comme je l'ai dit ci-dessus. Mais aussitôt que l'action du gargarisme froid cesse, la douleur revient ; et souvent elle est plus vive qu'elle ne l'était avant l'affusion ou le gargarisme froid. A chaque systole du cœur, le malade est si attaqué, si tourmenté, et bientôt si accablé, qu'un aiguillonnement continuel ne pourrait causer plus de douleur. Alors, la maladie se termine par la suppuration, à moins que le malade ne fasse arracher sa dent. D'où je conclus que le gargarisme d'eau froide, et rendu très-froide par les procédés chimiques, ne faisant que suspendre la douleur pour un moment, n'est pas un remède assuré pour guérir la douleur des dents, mais qu'on peut l'employer pour gagner du tems et pour arriver au moment de l'arrachement.

JAHNN (M.). Lévier destiné à extraire les dents verticalement, annoncé dans le *Journal de Médecine et de Chirurgie pratique*, par MM. Hufeland et Hémly, mars 1814.

Je n'ai pas vu l'instrument : mais je crois, d'après l'annonce, qu'il est fait dans les mêmes intentions que ceux de Charpentier, de Simpson, de Mortet et de Aitken, mentionnés au *Tableau critique* dans ma *Théorie et Pratique*, seconde édition. Si cela est, comme je le pense, je dois en juger de la même manière ; c'est-à-dire, que la divergence des racines des dents, leur convergence, leurs adhérences aux alvéoles, et la destruction partielle ou totale des couronnes des dents font que cet instrument ne peut servir que pour un très-petit nombre de cas, et toujours moins avantageusement que les autres.

LEMAIRE (M.), *le Dentiste des Dames.*
In-12, 1811.

Quoique M. Lemaire soit mon élève, et qu'il ait parlé peut-être trop favorablement de moi, je ne puis m'empêcher de dire que cet ouvrage ne contient que peu de chose de l'art du dentiste. Presque tout roule sur la nécessité d'avoir soin de ses dents et de celles des enfans, et sur les avantages qui en résultent. Il engage bien les maîtres de pension à faire soigner leurs élèves, mais cela est insuffisant. L'intérêt des chefs de colléges, lycées et pensions, est de payer peu les dentistes ; celui des dentistes est de ne faire du travail que pour la somme qu'on leur donne, et de laisser à faire ce dont on ne les paierait pas.

Voilà pourquoi on trouve à tant de jeunes étudians des dents cariées, d'autres déviées et tartreuses. Tant que les choses seront ainsi, et que les dentistes auront plus de protecteurs que de science, et point assez d'amour propre pour bien s'acquitter de leur devoir, les pères et les mères n'auront sur cela rien qui leur donne de garantie. Il faudrait peut-être que les dentistes composassent un jury pour examiner ceux qui aspirent à ces places et visiter ensuite les élèves. L'ouvrage de M. Lemaire sera toujours lu avec plaisir.

MOUTON et FOURNIER (MM.), *Dictionnaire des Sciences médicales*, article *clef*, par M. Mouton; *idem*, par M. Fournier, à l'article *dent* (pathologie), au même *Dictionnaire*, pages 373—374—378.

Ces deux auteurs n'ont fait que balbutier dans ce qu'ils ont dit de cet instrument. Ils ont même traité ces articles avec la plus grande négligence.

La clef à extraire les dents est, après la lancette, l'instrument qui est le plus souvent employé dans la chirurgie. On s'en sert en

France presque continuellement pour des opérations qui guérissent les maladies les plus cruelles et les plus difficiles à guérir sans elle.

Cet instrument varie beaucoup : il y en a de plusieurs façons ; tous ne sont pas également avantageux. MM. Mouton et Fournier n'en font pas la distinction, ni l'appréciation que j'ai faite dans ma *Théorie et Pratique.*

Les chirurgiens veulent extraire toutes les dents avec cet instrument, sans avoir égard à sa forme ; ils veulent, et les auteurs disent, que par lui on arrache également les dents de dedans en dehors et de dehors en dedans. Je suis loin d'admettre cette pratique.

MM. Mouton et Fournier n'ont pas indiqué la clef qu'ils préfèrent pour extraire les dents de dedans en dehors, ni celle pour les extraire de dehors en dedans. C'est une grande omission. Ils n'ont même pas suffisamment exposé les cas où elle doit être employée de préférence à tout autre instrument ; cas où elle seule peut faire avantageusement l'extraction. On dirait qu'ils ne la connaissent que par ouï-dire, et non pour s'en être servi long-tems, comme il faudrait avoir fait pour la juger.

La clef d'Anguermann, gravée dans la traduction en allemand de ma première édition de la *Théorie et Pratique,* que j'ai copiée à peu près et insérée dans ma seconde édition, figure 114, planche 18 (*je l'ai jointe à la fin de ce livre*), est la meilleure de toutes celles connues à Paris, pour extraire de dedans en dehors; et celle n° 32, planche 8 de mon livre (*aussi jointe ci-après*), est la plus avantageuse pour le renversement de dehors en dedans. Je soutiens cela parce que cela est prouvé.

Une clef qui aurait beaucoup de crochets différens, par l'étendue plus ou moins grande du cercle, et par la largeur et l'épaisseur du bout qui saisit la dent, pourrait en extraire plusieurs ; mais comme le panneton glisse vers le collet de la dent quand on ne s'y oppose pas, et que cela fait casser des dents, il ne faut se servir de cet instrument que pour celles que lui seul peut extraire, en mettant en usage toutes les précautions nécessaires pour empêcher le panneton de marcher vers le collet de la dent. Il ne faut donc s'en servir que pour les deux premières molaires de chaque côté de la mâchoire supérieure, lorsque les crochets sont justes à la couronne ; et pour celles de sagesse, lorsqu'on peut passer le panneton entre l'apophyse coronoïde et la dent, et enfin quand leurs couronnes sont encore assez solides pour résister à l'effort nécessaire pour les renverser, et qu'elles ne sont pas obliques en dehors. La clef doit être employée pour extraire les dents d'onze ans, dites secondes grosses molaires de la mâchoire inférieure, et celles de sagesse, quand elles ont assez de matière solide pour les pouvoir saisir et pour résister à l'effort que l'opérateur fera, et quand la ligne oblique qui forme la base de l'apophyse coronoïde n'est pas trop épaisse pour s'opposer à leur sortie. Toutes ces extractions doivent être faites de dedans en dehors avec cette clef, parce que jusqu'à présent nous n'en avons pas qui ait les mêmes avantages.

La clef nº 32, mentionnée ci-dessus, ne doit servir que pour renverser en dedans les grosses molaires de la mâchoire inférieure, qu'on ne peut extraire de dedans en dehors : encore faut-il qu'il y ait assez de matière solide et saisissable pour l'employer. J'ai fait connaître dans mon livre les effets désagréables que produit souvent cette clef. Voilà les propriétés et les inconvéniens de ces deux instrumens, à tous autres égards excellens : aucun autre ne possède leurs avantages ; et jusqu'à présent nous n'avons rien qui puisse les remplacer.

M. Mouton dit que j'ai proposé une vis à

tête aplatie , pour pouvoir changer promptement et facilement de crochet. Je ne l'ai pas proposée ; je l'ai admise sans restriction.

M. Fournier, très-versatile sur l'usage de la clef , dit qu'après le pélican, c'est le meilleur instrument pour extraire les molaires; et comme il lui a reconnu des défauts, il ajoute, page 378 , que M. Duval a fait à la clef de Garengeot des corrections qui en diminuent les inconvéniens , et la rendent très-utile pour extraire les dents molaires les plus tenaces.

Qu'est-ce que ces corrections ? qui les a jugées bonnes ? M. Fournier, qui trouve mal que le panneton s'appuie sur la gencive de la dent qu'on veut extraire , est-il en état de les juger ? Pourquoi ne les avoir pas décrites et n'avoir pas représenté l'instrument par la gravure , pour que les dentistes le puissent juger ? S'il est si parfait , pourquoi ne pas l'avoir recommandé uniquement , en rejetant les autres ? Pourquoi ne pas avoir attaqué plus positivement les défauts des autres, et ne pas avoir prouvé la supériorité de celui-ci sur eux , par la comparaison que l'explication pouvait fournir ? Si les corrections sont si parfaites , pourquoi donner la préférence au pélican , qui martyrise ? Pourquoi recommander cet instrument qui ébranle ou arrache les dents sur lesquelles l'appui se fait? Pourquoi, M. Fournier, ne donnez-vous pas pour cette correction des louanges proportionnées à M. Duval, que vous adulez jusqu'à satiété, à propos de futilités et de niaiseries, dans presque tous vos paragraphes? C'était la véritable occasion de le préconiser. Si vous avez reconnu l'imperfection de ces corrections, il ne fallait pas en parler. (Voyez page 107, où M. Duval nie qu'il se serve de cet instrument.)

D'après ce que je viens d'exposer, on peut juger que l'article *clef* est très-imparfait dans ce dictionnaire. (Voyez l'article de M. Fournier sur le pélican et la clef.)

MURAT (M.), article *dentition*, au *Dictionnaire des Sciences médicales.*

Quand l'homme ne peut découvrir les secrets de la nature, il fait des contes sur des objets qu'il voudrait qui fussent comme ses idées les lui figurent.

Je ne puis savoir quel est le premier qui a fait le conte que l'accroissement et la sortie des dents de lait causent des maladies aux enfans, et qu'elles en font périr un sixième : si on le connaissait, il faudrait le signaler pour avoir été le fléau des enfans.

Ce conte a plu ; il a été accueilli, s'est sou-

tenu ; et a été répandu par ceux à qui il devient
nécessaire , pour cacher leur ignorance sur
les maladies et les sources des maladies des enfans, qu'ils ne connaissent point. Ils se croient
à couvert de tout en disant : la dentition se fait ;
c'est elle qui est la cause de ces maladies : nous
n'y pouvons rien faire. Ou bien, s'ils adminis-
trent des remèdes , ils les prennent dans la
classe des débilitans, qui augmentent presque
toujours les maladies chroniques des enfans.

L'accroissement des dents dans les alvéoles,
le passage des dents de lait à travers les alvéoles , le périoste alvéolaire et les gencives ,
sont-ils interrompus par les parties qui les
entourent et celles qu'elles doivent traver-
ser ? Cela cause-t-il des maladies aux enfans ,
et la mort d'un sixième, comme on l'a dit ?
Voilà de quoi l'article de M. Murat devait
traiter. Il devait donner une solution claire
et définitive.

Pour savoir qui a raison , de ceux qui disent
que la dentition est souvent entravée et qu'elle
cause des maladies, ou de ceux qui disent que
cette dentition se fait sans obstacle, comme l'accroissement de toutes les autres parties , et
qu'elle ne cause aucune maladie, il fallait examiner les os maxillaires de squelettes de cet âge.
On aurait trouvé, en faveur des derniers, que la

partie de l'alvéole par où la dent doit passer se décompose, se détruit, et que la matière est absorbée avant que les dents y passent; que les racines des dents ne sont point formées entièrement avant que la couronne ne soit hors de la gencive; que le périoste alvéolaire et les gencives s'amollissent, et livrent passage aux dents sans se soulever, ni s'étendre ni s'enflammer : cela est connu. Les collaborateurs du *Dictionnaire des Sciences médicales* le savent, ou du moins je le crois, quoiqu'ils n'en aient pas parlé.

Il fallait aussi examiner l'intention de la nature dans l'accroissement. On aurait reconnu que tout est prévu dans la dentition, comme dans l'accroissement des autres parties du corps; et que quand la nutrition se fait, et que la matière animalisable est abondante et de bonne qualité, les dents croissent et sortent sans obstacle et sans maladie, non pas à quelques sujets, mais dans tous.

Que, s'il était vrai que l'accroissement, la marche et la sortie des dents causassent des maladies, elles devraient être de la nature des phlegmasies dans le commencement, le milieu et la fin ; et ces phlegmasies seraient accompagnées de symptômes qu'on ne pourrait jamais atténuer ni cacher ; et on ne pourrait pas empêcher la désorganisation qu'elles feraient où elles agiraient. (Voyez ci-dessus , page 132.)

Cependant, M. Murat sait que MM. Amstrong, Vichmann, Hecker, Kreber, Mercurialis, et moi-même, avons une opinion plus ou moins différente de celle d'Hippocrate , Van-Swiéten, Undervood, Rosen, Chambon , Baumes et leurs copistes. Cela méritait bien qu'on examinât les motifs qui font penser si différemment, et qui doivent tant influer sur le traitement des enfans malades. M. Murat ne l'a point fait ; il s'est contenté de donner son opinion en faveur de la dentition difficile, sans donner aucun signe univoque de cette prétendue source de maladies.

En lui remettant un exemplaire de mon ouvrage, et après avoir entendu la lecture de son article, qu'il eut la complaisance de me faire , je l'engageai à voir M. Chaussier , qui est médecin de l'hospice de la Maternité et de l'allaitement , qui aurait sans doute la bonté de lui donner des renseignemens positifs sur ces objets bien différens de ce qu'il les croit. Rien dans son écrit ne dénote qu'il ait fait cette démarche ; c'est ce qui me fait dire que nous avons un article de plus et toujours la même erreur.

Ce que j'ai dit ci-dessus, page 128 et dans les suivantes, est applicable à l'article de M. Murat. Tous les partisans de leur dangereux système sont admis à faire preuve qu'il est bien fondé. S'ils y parviennent, le mien doit être proscrit, et l'on doit publier que je suis dans l'erreur. Mais s'ils ne réussissent point, M. Murat et ses collaborateurs auront sans doute la bonté de me rendre justice, et de m'aider à repousser et faire rentrer dans la classe des contes toutes les absurdités dites, en faveur de la dentition difficile, par Hippocrate, Van-Swiéten et les auteurs qu'il cite pour s'en appuyer. Il en est de même de ce qu'ont dit Undervood, Rosen, Chambon, Baumes et la Société de Médecine, qui a couronné son Mémoire. Le *Traité de la Dentition* et des maladies *très-graves* qui souvent en dépendent, par le même M. Baumes ; les articles sur le même sujet, insérés dans *le Dentiste de la Jeunesse*, par M. Duval ; *idem* dans le *Traité des Maladies de la Bouche*, par M. Gariot ; les articles du Dictionnaire des Sciences médicales, *aliénations*, par M. Pinel, qui attribue cette maladie de l'enfance à la dentition difficile ; *bilieux*, par M. Renauldin, qui attribue à la dentition quelques maladies des enfans ; *convulsions*.

par M. Savary, qui dit que la dentition difficile les produit ; *dysenterie*, par M. Fournier ; *dentition*, par M. Murat : tous ces
livres et articles, dis-je, sont erronés ou
nuls, parce que la dentition difficile n'ayant
pas lieu, toutes les choses qu'on a écrites à
cet égard sont des contes qui ne peuvent
faire partie de l'art de guérir.

RIVIÈRE (M). *Instruction pour conserver les
Dents belles et saines aux diverses époques
de la vie, ainsi que pour maintenir la
Bouche fraîche.* 108 p. In-12. Paris, 1811.

Cette brochure ne contient que des répéti-
tions des choses les plus communes et les plus
connues de *l'Art du Dentiste.* On y répète,
sans le prouver, et seulement d'après l'opinion transmise empiriquement, que la pousse
et la sortie des dents de lait causent des maladies aux enfans. L'auteur est très-faible dans
toutes les parties de la pathologie. Il ne connaît ni les constitutions des sujets ; ni les véritables causes de maladies des dents, ni les
signes univoques des maladies. Il ne donne point
de description d'aucun procédé opératoire.
M. Rivière me paraît avoir eu de bonnes intentions en faisant son ouvrage ; mais, ne con-

naissant pas les auteurs qui ont traité les mêmes articles que lui, il est resté beaucoup au-dessous d'eux. Son ouvrage n'est d'aucun avantage aux dentistes.

Saucerote (M. Victor). *Avis sur la conservation des Dents.*

Les dentistes n'y trouveront rien qu'ils ne connaissent, excepté « la vertu attribuée aux » frictions faites sur les gencives avec une » brosse mouillée d'une teinture faite de » cachou, de quinquina et d'écorce de winter, » avec assez de force pour échauffer les gen- » cives relâchées par le scorbut; et l'usage du » mercure, quand le gonflement des gen- » cives ne tient pas à un état inflammatoire. » M. Fournier, dans sa *Bibliographie Dentaire,* a sacrifié douze lignes pour cette annonce, plus amicale pour l'auteur qu'avantageuse à l'art ; et il n'en a donné que deux à M. Fauchard, le créateur de *l'Art du Dentiste!*

La chirurgie dentaire ne connaît pas différentes vertus dans les teintures alcooliques aromatiques. Il n'y a que le degré de pesanteur à l'aréomètre qui en constitue la différence.

Les frictions excitantes, au point que le prescrit M. Saucerote, peuvent avoir quelqu'avantage dans le cas où le mucus buccal dégénéré est comme glutiné à la muqueuse et aux dents ; mais ces cas sont rares, comparativement au nombre des maladies qui attaquent ces parties. M. Saucerote, qui a étudié la chirurgie, doit savoir que les frictions, qu'il recommande, ne remédient pas à la cause du mal, et sur-tout aux affections scorbutiques qui ont leur source dans le sang surabondamment séreux, simplement ou avec complication d'autres maladies internes. Il doit savoir qu'il faut diriger les remèdes contre la source du mal ; qu'alors toutes les teintures alcooliques ont la même vertu pour toniser localement les gencives, et que le surplus est charlatanisme. Ce sont au moins les principes qu'il a reçus de moi, lorsque je lui enseignais la pathologie dentaire.

VERGANI, *Dentiste.* Vingt pages d'impression in-8°, sans désignation d'imprimeur, libraire, ni date.

Cet imprimé ne contient rien de nouveau ni même de remarquable dans le choix des choses précieuses que l'art possède. Au contraire, il contient de vieilles erreurs dangereuses ; beaucoup de certificats qui annoncent de grandes réussites par la main-d'œuvre, rassemblement charlatanique, que les arracheurs de dents ambulans sont dans l'habitude de faire et de présenter au public, qui n'est pas à portée de vérifier. De plus, il contient l'annonce d'un élixir auquel l'auteur attribue autant de qualités que tous les arracheurs de dents italiens sont dans l'habitude d'en supposer à leurs teintures, quoiqu'elles n'aient, ainsi que l'élixir de Leroy de La Faudignière, de Botot et autres, que la vertu de l'alcool porté au même degré que les élixirs et teintures. Ces remèdes ne sont qu'anti-muqueux, et ne doivent être employés qu'en gargarismes et en frottemens avec des brosses.

ADDITION.

Comme on finissait l'impression de cette feuille, le dixième volume du *Dictionnaire des Sciences médicales* a été annoncé. Voici les articles où je n'ai point trouvé de Séméiologie des constitutions et des qualités du sang, quoique je croie qu'il aurait été nécessaire qu'on y en eût mis pour bien les traiter.

Articles,	par Messieurs
Disposition	Pariset et Villeneuve.
Dissection	Percy.
Dissimulées (maladies) . . .	Marc.
Dissolution	Reullier.
Dysenterie.	Fournier et Vaidy.

Dans ce dernier article, on donne à entendre que la première dentition cause la dysenterie aux enfans. Mon dernier mot sur cette dentition, est que ce sont les maladies constitutionnelles et celles accidentelles des enfans qui causent le retard de l'accroissement des dents de lait et de leur sortie des alvéoles et des gencives, et les maladies des gencives et les aphtes, etc., plutôt que la dentition ne cause aucune de ces maladies aux enfans.

FIN.

TABLE DES ARTICLES.

TABLE

Des Noms des Auteurs mentionnés à la suite du Tableau critique des ouvrages sur la chirurgie dentaire.

FIN.

ERRATA.

Page 7, ligne 14, *dessus*, lisez *dessous*.

Page 60, *diétique*, lisez *diététique*.

Page 108, avant-dernière ligne, *col*, lisez *cal*.

Page 113, *quille*, lisez *qui le*.

Page 129, ligne 2, *leur*, lisez *la*.

Page *id.*, ligne 12, *les mères*, lisez *les pères et les mères*.

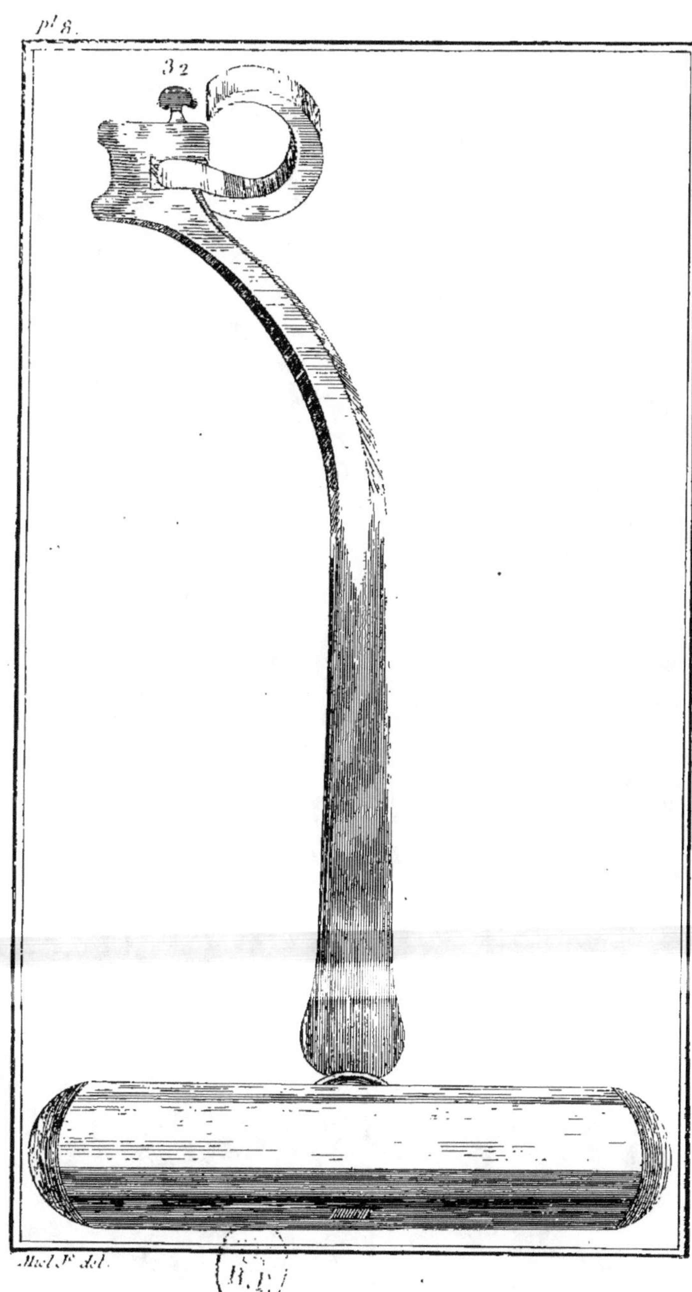

Pl. 8.
32
Mich.te del.

Pl. 9
34
33
Miel J.e del.

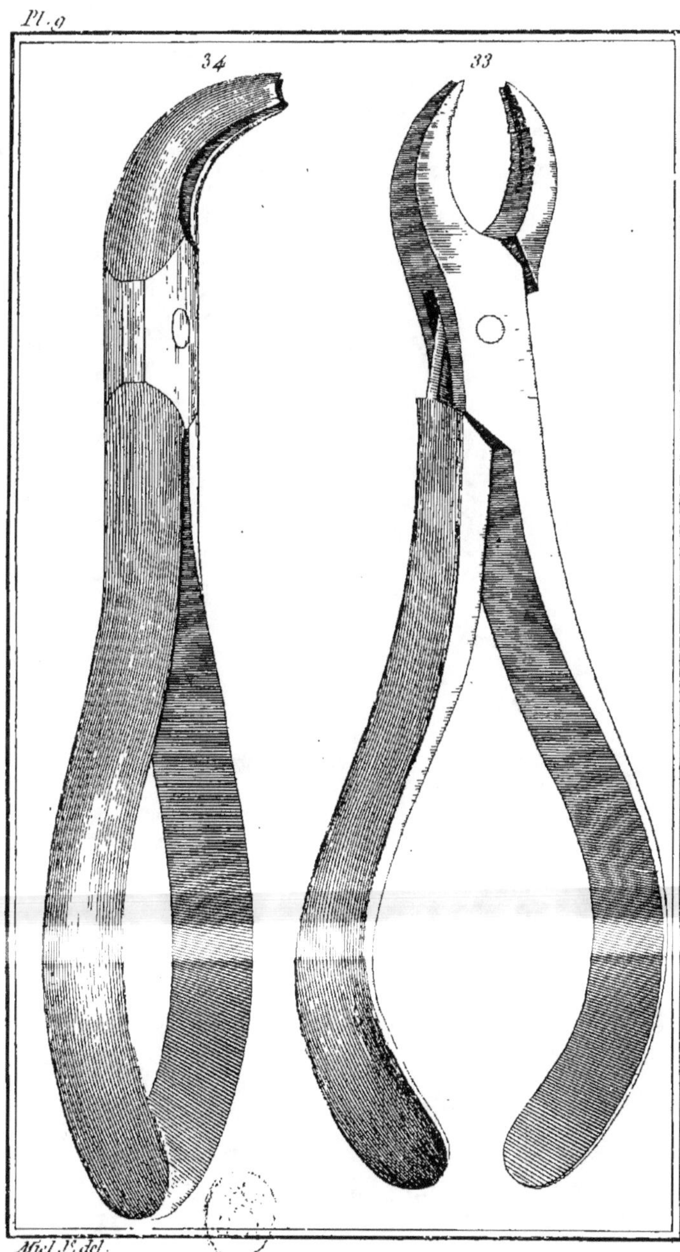

Pl. 20
36
35

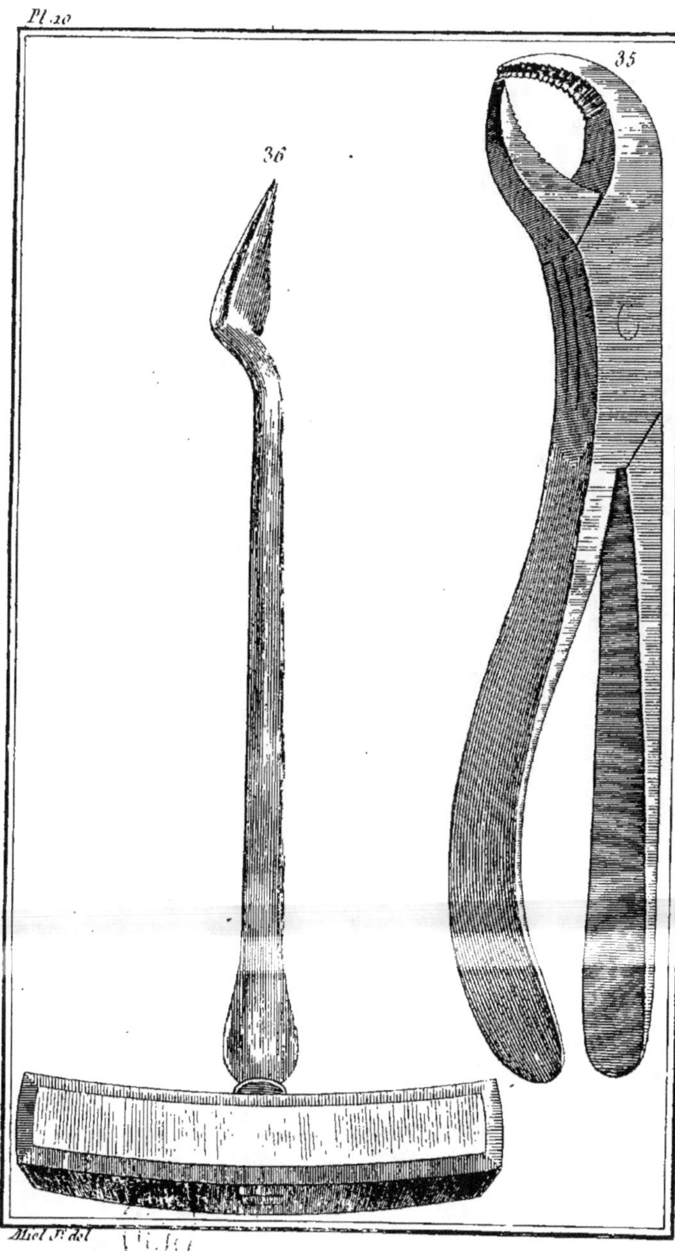

Abel F. del

Pl. 17.
113.
112.
111.

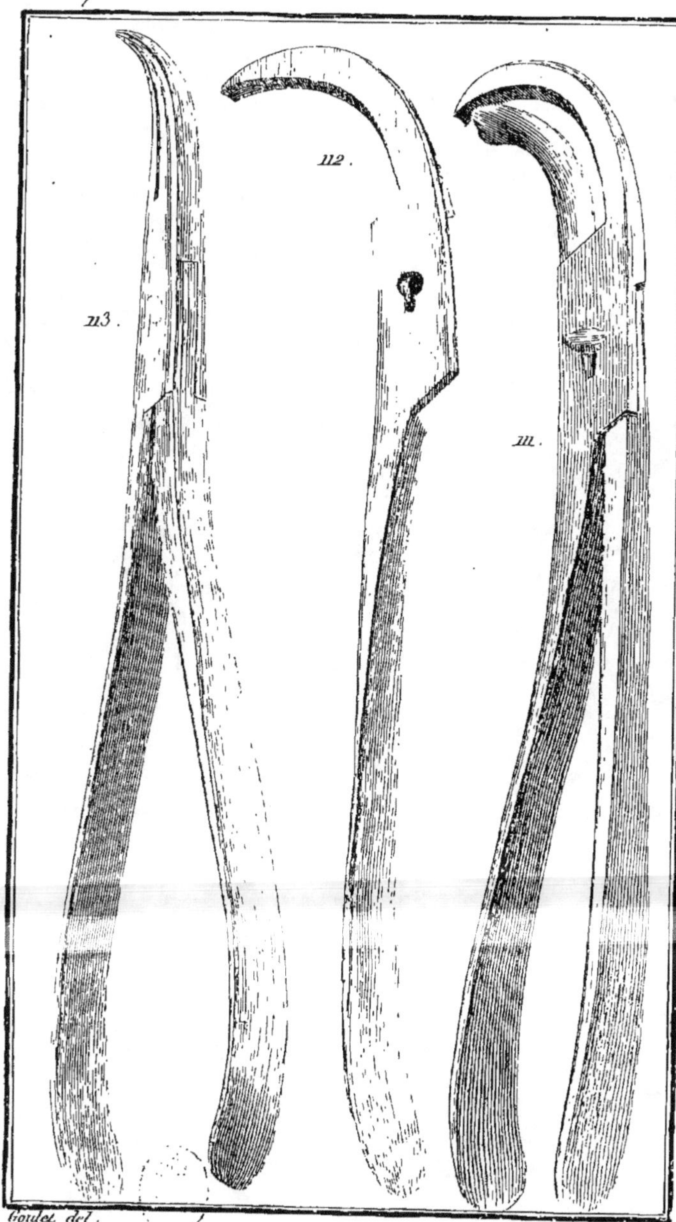

Goulet del.
el sculp.

Pl. 18.
114.
130.
Goulet del.
et sculp.